張政烺文集

苑峰雜著

中華書局

圖書在版編目(CIP)數據

苑峰雜著/張政烺著. —北京:中華書局,2012.4
(張政烺文集)
ISBN 978 – 7 – 101 – 08601 – 0

Ⅰ.苑…　Ⅱ.張…　Ⅲ.雜著 – 中國 – 現代 – 選集
Ⅳ.Z429.7

中國版本圖書館 CIP 數據核字(2012)第 053390 號

責任編輯:張繼海

張政烺文集

苑 峰 雜 著

張政烺 著

*

中 華 書 局 出 版 發 行
(北京市豐臺區太平橋西里 38 號　100073)
http://www.zhbc.com.cn
E – mail:zhbc@ zhbc.com.cn
北京天來印務有限公司

*

880×1230 毫米 1/32 · 11 印張 · 插頁 2 · 220 千字
2012 年 4 月第 1 版　2012 年 4 月北京第 1 次印刷
印數:1 – 3000 册　定價:42.00 元

ISBN 978 – 7 – 101 – 08601 – 0

張政烺先生

厚宣我兄。久未通訊，甚念。歷史教學月刊

向承愛護，銷路日廣，遠及國外各地，為

荅訂購甚多，雅意，敬祈　惠賜鴻文以

光篇幅，至感至盼。甯滬甲骨集已購

讀，深佩搜集之精，摹寫之工及傳布

資料大公無私之偉志，後生有作其佔

溉學術界，必事更多也。五四遇梁茂修

頗談及　兄在滬情況，之屏已返國，將

往科學院考古研究所作，在英野內

近代史資料甚多，不久定可二公布

顧老年近沈疴，不常見面。崇唐薩波

敬礼。　弟啟邦上　青月廿八日

《張政烺文集》出版説明

張政烺,字苑峰,1912 年 4 月 15 日生於山東省榮成縣崖頭鎮。1936 年畢業於北京大學史學系,同年進入中央研究院歷史語言研究所,歷任圖書管理員、助理研究員、副研究員。1946 年應聘任北京大學史學系教授。1954 年參與籌建中國科學院歷史研究所,並兼任研究員。1960 年被任命爲中華書局副總編輯,並繼續兼任中國科學院歷史研究所研究員。1966 年調離中華書局,專任中國科學院歷史研究所(今屬中國社會科學院)研究員。曾先後擔任物質文化研究室主任、古文字古文獻研究室主任;考古研究所學術委員、歷史研究所學術委員;中國社會科學院研究生院教授、博士生導師。曾先後被聘任爲國務院古籍整理出版規劃小組成員、顧問;中國歷史博物館學術委員會委員、國家文物事業管理局文物諮詢委員會委員、文化部中國文物委員會委員、國家文物鑒定委員會委員;中國古文字研究會理事,中國考古學會常務理事,中國史學會理事等。2005 年 1 月 29 日在北京逝世,享年 93 歲。

張政烺先生一生踐行"真誠求實是爲人爲學之本"的信條,學問淵博,識見卓越,道德文章,人所共欽。在中國古代史、古文字學、考古學、古器物學、古文獻學等諸多學術領域都做出了具有開拓性的重要貢獻,在海内外學術界産生了廣泛和深遠的影響。

2004 年 4 月,在張政烺先生夫人傅學苓先生的多年推動和學術界的通力協助下,彙編張政烺先生一生主要學術成果的《張政烺文史論集》在中華書局正式出版。張政烺先生去世後,傅學苓先生承擔起整理出版張先生遺著的重任,繼續蒐集遺稿,委托李零先生主持整理張先生研究易學的有關資料,編爲《馬王堆帛書〈周易〉經傳校讀》(中華書局 2008 年出版)和《張政烺論易叢稿》(中華書局 2011 年出版);委托朱鳳瀚先生主持整理張先生對《兩周金文辭大系考釋》所作批注,編爲《張政烺批注〈兩周金文辭大系考釋〉》(中華書局 2011 年出版)。同時,傅學苓先生也一直在蒐集整理相關資料,準備對《張政烺文史論集》進行增補修訂。可惜的是,傅先生在 2010 年年中病重住院,於 2010 年 12 月 22 日去世。病重期間,傅學苓先生仍念念不忘《張政烺文史論集》的修訂和其他未出版著作的整理工作。

2011 年初,張政烺先生的哲嗣張極井先生約請朱鳳瀚、李零、林小安先生與我們會商,啟動《張政烺文史論集》的增補、修訂和重編工作;經廣泛徵求學術界的各方意見,並反復磋商,考慮到《張政烺文史論集》把各篇不同專題、不同類型的文章按發表時間編排,雖然可以瞭解張政烺先生學術發展的歷程,卻難以清晰體現其學術特色和研究重點,且卷帙浩繁,不便讀者研讀,因此最終確定,將蒐集到的張先生存世的各類文字進行分類重編,成《張政烺文集》五卷。

《張政烺文集》第一卷《甲骨金文與商周史研究》,收錄張政烺先生運用甲骨金文研究商周歷史的論文及書信共 36 篇。其中 35 篇已見於《張政烺文史論集》,《致裘錫圭討論殷墟卜辭"族"與"衆人"性質問題的信》一篇,係裘錫圭先生提供,爲首次公開發表。需要說明的是,我們之所以將《甲骨金文與商周史研究》列爲《張政烺文集》的首卷,是考慮到張政烺先生一生精研古文字和考古學,但他首先更是一位歷史學家,他對甲骨刻辭和商周銘文的考證與釋讀,主要目的乃是解決上古史研究中的問題。

《張政烺文集》第二卷《文史叢考》,收録張政烺先生關於古代文史方面的論文、隨筆、書信共 34 篇,均見於《張政烺文史論集》。張政烺先生一生博聞强識,在多個古代文史領域如考古學、古器物學、版本目録學以及古代文學等方面都做過精深的研究,可惜系統成文並最終發表者很少,爲學界引爲憾事。本卷所收録的文字,僅僅是張政烺先生研治古代文史的少量遺存,看似不成系統,但每一篇都能給後學極大的啟發。

《張政烺文集》第三卷《論易叢稿》。易學研究是張政烺先生晚年治學的重點。本卷以李零先生所編《張政烺論易叢稿》爲基礎,爲保持《張政烺文集》的體例統一,故略去了李零先生的前言和相關附録。

《張政烺文集》第四卷《古史講義》,共收録張政烺先生授課講義六種,大部分未見於《張政烺文史論集》,爲此次新蒐集到的資料。其中《先秦史講義》兩種,1952 年本爲王世民先生提供,1959 年本爲陳紹棣先生提供,二者皆爲油印本,非張先生親筆。需要特别説明的是,張政烺先生在北京大學多年講授中國通史課程中的先秦史,而五十年代時北大歷史系的中國通史課程,系教研室共同討論授課提綱,體現了當時主流史學觀點。因此,講義中的一些學術觀點和表述,帶有一定的時代烙印,未必與張先生自己的學術主張一致。但是,這兩份珍貴的講義,畢竟從多方面體現了張先生的治學成果和學術造詣,精義疊見,讓我們想見當時張政烺等名師爲本科生講授基礎課的風采。

同時,張政烺先生曾爲北京大學考古專業講授"中國考古學史之金石學部分"。課程分爲緒論和五個單元,其中一、二、三單元當時有油印本講義,已經由王世民先生整理,命名爲《中國考古學史講義》,收錄在《張政烺文史論集》中。此次新編《張政烺文集》,我們商請王世民先生根據自己的課堂筆記,對當時未發講義的緒論和四、五單元作了整理,一併收入《中國考古學史講義》中,使這份講義得以以相對完整的面貌呈現出來。

1959年,北京大學在中文系成立了古典文獻專業,設有"中國文化史"講座課程,由陰法魯先生主持,邀請名師開設專題講座,其中的古器物學專題是由張政烺先生講授的,首次授課在1962年11月。收入本卷的《中國古代的禮器和日用物》,就是由向仍旦先生根據張先生的授課記錄整理的講義。

《張政烺文集》第五卷《苑峰雜著》,收錄張政烺先生自述、紀念文章、序跋、書評、書信、講話以及其他一些文字。此次新蒐集到的未見於《張政烺文史論集》中的是:《斯人離世去,業績在人間——悼念尹達同志》(與楊向奎先生合著)、《關於"張楚"問題的一封信》、《致胡厚宣的四封書信》(胡振宇先生提供)、《在晉文化研究會上的發言》、《在湖南省博物館的學術報告》(高至喜先生整理並提供)共五篇;在《中國大百科全書·語言文字卷》(第一版)中,我們輯得署名張政烺撰寫的辭條共13條,也一併收入本卷。另外,收錄在《張政烺文史論集》中的《中國歷史圖譜資料目錄》(封建社會部分)爲打印草稿的影印件,爲了方便閱讀,此次我們全部進行了排印整理。

多年以來,爲蒐集、整理和出版張政烺先生的著作,傅學苓先生苦心孤詣,謀劃整理,付出了艱辛的努力,學術界、出版界的許多同仁都給予了無私的幫助。爲編集《張政烺文史論集》,王世民、王曾瑜、史樹青、朱鳳瀚、呂一芳、安守仁、李零、李解民、吳榮曾、吳九龍、何齡修、汪桂海、林小安、林永匡、胡振宇、孫關根、張永山、陳平、陳抗、陳祖武、程毅中、裘錫圭、趙平安、劉源、劉宗漢、劉樂賢、謝桂華、羅琨、顧青、關惠珍等曾參與文稿的整理工作。此次修訂重編《張政烺文集》，張極井先生在百忙中給予了全力支持和配合，並代表家屬撰寫了《回憶父親二三事——代〈張政烺文集〉編後記》；林小安、朱鳳瀚、李零、顧青、張繼海等先生用力尤著，王世民、裘錫圭、胡振宇、陳紹棣、鄭振香、高至喜、向仍旦、劉玉才等先生提供了新的資料，北京大學歷史系、中文系的部分博士研究生也參加了審校工作，在此，我們一併致以誠摯的感謝！

2012 年 4 月 15 日，是張政烺先生百歲誕辰的紀念日。《張政烺文集》的出版，是我們對張政烺先生的最好的紀念！

中華書局編輯部
2012 年 3 月

目 録

我在史語所的十年 *

　　一九三六年我進歷史語言研究所,被分配做圖書管理工作,至一九四六年離開史語所到母校北京大學任教,在史語所服務近十年之久,先後歷任圖書管理員、助理研究員、副研究員。這期間正是國難當頭,人民顛沛流離的時期。史語所在傅斯年所長果斷和艱辛的籌劃指揮下,一九三七年秋全所人員携帶大量珍貴資料遷往長沙,接着又輾轉大西南,一九四〇年才在四川南溪縣李莊安頓下來。當時的生活條件很差,工作環境也不安寧,但史語所始終堅持初創時的辦所方針,視學術工作爲自己的職責,繼續組織人員開拓史料來源,整理和刊佈鮮爲人知的新史料和方言調查報告。同時,著名學者寫出一批史學和語言學的論著,造就和培養了許多青年學者,在史學界和語言學界起着帶頭作用。在這樣的學術氛圍中,我同其他青年學子一樣,立足於本職工作,努力學習和運用與全所共存亡的大量古籍和各種新史料。我在中國古代史和版本等方面做了一些探索,至今仍被學術界認可,當然是與史語所良好的學術氣氛和前輩提挈分不開的。

　　少年時期我接受的是舊教育,在家塾讀古書,漸漸養成了一種習慣。在北京大學讀了史學系,又與古書結下了不解之緣,畢業後傅所長又派我在史語所做圖書管理工作,更有機會遍覽史

---

　　* 本文由張永山整理。

語所藏書。傅所長是一位博聞强記的學者，他對圖書工作要求很嚴格，單就購書而言，規定買書不能重複，即使書名不同，内容重複的也不能買，但又不能遺漏有用的資料。這一要求看似簡單，做起來却相當困難，達到這一要求的前提是對所藏圖書心中有數。爲達此目的，我儘快掌握所内藏書的種類和圖書的内容，督促自己在短期内多讀書，從歷史典籍、各家文集、筆記、天文曆算、農業、氣象、方志到古代戲曲、小説、俗文學等，從傳統小學到甲骨、金文、碑刻、陶文、璽印、封泥、古文字、古器物圖錄及各家論著等等，無所不讀。在南京的那一年裏，掌握了所内藏書的家底，也鍛練了記憶力和辨析力，重點圖書的内容幾乎能背誦出來，自然在實現傅所長采購圖書的原則時就不會出現大的差誤。購書時我注意選擇那些經濟實用的好書，讓一定的經費發揮最大的作用。現在史語所有的中青年學者説，當年我挑選的書，對他們的科研工作有用的都有，没用的都没有。這樣的議論，反映出那時我們忠實執行傅斯年所長的治所方針，收到了較好的效果。受益於這種鞭策、培養，我在完成本職工作的同時，進一步充實和完善自己的知識結構，深刻體會到博與精的結合、舊文獻與新史料的結合，是新時代治史者成長的最佳途徑。只有這樣前進才能接近傅先生提出的擴張史料來源、研究新問題的主張。這一時期我發表在《中央研究院歷史語言研究所集刊》和《六同別錄》上的文章，如《〈説文〉燕召公〈史篇〉名醜解》、《"殌"字説》、《六書古義》、《邵王之諻鼎及殷銘考證》、《講史與詠史詩》、《〈問答錄〉與〈説參請〉》、《一枝花話》等，都是在這樣的治史思想影響下寫成的。

我喜讀古書，在汲取書中寶貴知識的同時，也留意古書的版本。在南京時，傅斯年所長正組織史語所有關人員核校《明實録》，而所内的版本不完善，他讓那廉君和我於一九三七年二月至三月到南潯嘉業堂購買《明實録》。這正是一次飽覽善本書的好機會。嘉業堂主人劉承幹是江南大藏書家之一。他所藏圖書雖無丁氏持静齋、范氏天一閣、東倉書庫那樣多的古佚書，但却不乏宋、明、清中葉以前經史子集的佳品，還有各種年譜、金石著作等。順路還參觀了嘉業堂之外的藏書所和刻書局，看到善本書不可勝數，瞭解到某些刻古書的脈絡，開闊了眼界，鞏固和增强了我對古書版本及其流傳的知識和辨別能力。有了這次實踐，再細細品味所内藏書，基本理清某些書的版本源流，先後撰寫刊出《〈王逸集〉牙籤考證》、《讀〈相臺書塾刊正九經三傳沿革例〉》（一九四三年草成，只在友人中談論，一九六〇年趙萬里編《中國版刻圖録》，采納了我的考證。一九九一年刊於《中國與日本文化研究》第一集），後來撰寫的《岳飛"還我河山"拓本辨偽》（一九八九年刊於《余嘉錫先生紀念論文集》）等，也與我在史語所讀碑刻拓片積累的知識和經驗有直接關係。

在史語所令我欣慰的一件事，就是完成押運圖書入川任務。史語所遷到長沙不久，南京淪陷，全所人員又轉移到昆明，而傅斯年所長命我和潘寶君携書入川。所裏有中文圖書十二萬册，西文圖書一萬册。我們在長沙租用怡和公司一條船，沿湘江而下，穿越洞庭湖，達漢口，又西抵宜昌。在宜昌中轉換船耽擱時間較長，直到一九三八年三月才把書運到重慶。這批書完好地運達目的地，存放在沙坪壩新蓋起的三間大房子裏，爲全所人員從昆明再遷四川南溪李莊開展科研工作，提前做好了準備。這是我到史語所後完成的最重要一件工作，當然是一大快事。西行入川任務下達後，我自願承擔爲傅斯年所長鈔寫《性命古訓辨證》的上卷（中下卷已由陳鈍先生抄畢）。中轉換船在宜昌停留兩個多月，我一邊看書，一邊核校書中引用金文資料出處，有時敵機轟炸就作罷。好在時間充裕，在宜昌抄完，到重慶呈所長審閱。先生把這點小事寫進序中説："張苑峰先生（政烺）送古籍入川，慨然願爲我抄之，携稿西行，在停宜昌屢睹空襲爲我抄成，至可感矣。故上卷前月寄商務印書館，一段心事遂了，此皆苑峰、驥塵之惠我無疆也。"與其説先生謝我，不如説我應感謝先生，在先生大作未面世之前，我已學到先生治學的方法及其著作的精髓。《性命古訓辨證》一書的結論，今天看來未必完全妥當，但立論的依據較阮元的《性命古訓》更爲充實和精密。上卷開篇徵引西周金文有關生、令、命的材料，推尋其本義，進而結合兩周文獻中的性、命資料，探討性、命二字用法的演變、分化，以及隨時代變遷而發生的區別，而後再深入分析先秦性命説的來源、形成和變化。這種廣收新史料，結合文獻研究思想史的實踐，對後來研究中國古代思想史很有影響。在此種治學思想方法的激勵下，我的治史道路更爲寬廣了，深挖甲骨文、金文及其他形式的出土文獻隱含的真實史料，與傳世文獻相互發明，探索中國古代社會的歷史面貌，成爲我研究上古史始終遵循的一條原則。

　　史語所安陽殷墟發掘，是二十世紀中國考古學史上的壯舉，規模之大和收獲之豐富是空前的。由於衆多遺迹和遺物的發現，特別是記録商王室占卜活動甲骨的再現，不僅恢復了三千多年前王都的概貌，而且改寫了晚商時期朦朧的歷史，真正把這段歷史建立在堅實的物質和文字史料的基礎之上，從此考古資料成爲譜寫中國文明史的重要史料來源。埋藏文字史料最集中的H127坑著稱於世，一萬餘片甲骨同出一坑。面對如此之多的"檔案"，發掘者本想科學地揭取和整理，偶然的原因使這一目的未能完全實現。董作賓先生在《殷虛文字乙編》序中説：
"H127 這一坑甲骨文字，是帶著泥土瓦礫，裝入一個特製的大木
箱中，由安陽運至南京的。到京之後，箱子經過了翻轉，打開來
時，是坑底朝天的"，"原來是龜甲的正面向下，現在都向上了。"
H127 坑甲骨運到南京時的情況我親眼目睹。一九三六年七月
十二日，一輛大卡車開進南京北極閣史語所圖書館前，車上載着
一隻大木箱，數十人無法同時在車上作業，只有部分工人合力把
大木箱從車上翻到搭在車尾的斜坡木板上，而後又沿鋪在臺階
處木板斜面上推拉，好不容易運到圖書館的大廳內。發掘者興
奮不已，令工人立即拆去木箱四周和頂蓋木板。衆人一看，眼前
這堆與泥粘結在一起的甲骨，同原來堆積的方位正相反，底朝天
了。現場工人卸車忙亂，指揮者集中精力協調工人卸車和鋪路，
無暇顧及木箱的正倒，待拆開木箱見到甲骨底朝天，已經無可挽
回了。室內發掘較爲細緻，將底朝天的甲骨自上而下按層揭取、
編號、繪圖，想恢復原來的堆積狀況。清理完畢，根據繪圖、編號
結合甲骨文字判斷，認爲甲骨是一次拋棄，沒有什麼層位關係。
但用嚴格的田野考古要求來衡量，這一坑甲骨的發掘科學性受
到影響是不言而喻的。何況 H127 坑發現的當天，在兩小時不到
的時間內已取出四千餘片甲骨，顯然現場來不及編號、繪圖，再
加上室內發掘的具體操作人員不見得每片揭取後立即編號，揭
取下來堆放在紙盒裏，過後再編號也是有的，這就難免不發生差
誤。抗戰期間，史語所大轉移時，對甲骨的保護措施並不理想，
我到昆明看到破損很嚴重，原來有的編號已失落，有的甲骨已散
作若干塊，甚至有的當初就沒編號，而是在昆明補上去的。這些
客觀存在的事實，在某種程度上對科學整理和分析 H127 坑甲骨
及深入細緻研究帶來一定困難。分期、分組研究是目前甲骨學

的熱點和難點,若能從這一坑堆積豐富的典型甲骨研究中得出令人信服的結論,必能更有利於甲骨學乃至商史研究的發展。希望有志於甲骨學研究的青年學者,在可能的條件下,采取補救的辦法,將這一坑甲骨、連同其他遺物和遺迹重新整理發表,便於從事這方面科學研究的學者更好地利用這批資料,多角度地研究商代社會各方面的問題。我想,這一工作將是功德無量的。

我在史語所還有機會摩挲和觀賞田野發掘的青銅器和陶器等,青銅器辨僞知識很大程度上是在這個時期奠下基礎的。可以説,當時的史語所爲每個青年人創造了優越的學習環境和充足的實物和文獻資料,只要能坐下來,鑽進去,都會在或長或短的時期内收到成效。這是我在史語所十年間的親身體會。

(《新學術之路》,臺北中央研究院歷史語言研究所,一九九八年十月)

我與古文字學*

一

　　我對古文字學的愛好，緣於少年時所受啓蒙教育。十二歲時，在家鄉榮成讀家塾，即曾從先伯藝芸先生習文字訓詁之學。伯父好書法，尤善篆書，我在讀書之餘，常仿傚之，亦以臨摹秦石鼓文爲樂。但當時所有者，僅坊間影印的徐坊舊藏所謂宋拓本及尹彭壽《石鼓文匯》而已，本既不精，加之對石鼓文字不能遍識，所識者不過十之三四而已。伯父偶見，時加指正，指導書法外，間或亦解說文字。

　　一九二六年十四歲時，我從家鄉去青島，到禮賢中學讀書。十八歲時，轉入北京弘達中學讀高中。一九三二年，高中畢業考入北大史學系學習。北京大學，師友衆多，聞見漸廣，日益認識到舊知識的不足和新知識的海洋更是一望無際。在古文字學方面，我曾從馬叔平（衡）先生學習金石學、從唐立厂（蘭）先生學習甲骨文、金文。他們都是傑出的學者。唐立厂先生《古文字學導論》，當時是石印的，隨堂發給學生做講義，把中國一兩千年間古文字學研究的歷史講得很細緻，帶有理論色彩。後來正式出版，成爲唐先生的名著。兩位名師對於我研究古文字學的影響

---

* 本文由朱鳳瀚整理。

是極大的。我上大學的幾年裏,也正是安陽殷墟考古發掘工作日益取得輝煌成果的時候,大批有明確地點和地層的甲骨文字出土。同時,清末以來傳世及陸續出土的青銅器銘文摹本或拓本與器形圖片、歷代石刻、陶文、簡牘等古文字資料亦得以印製成書。如此豐富的古文字資料面世,推動了傳統小學與金石學向科學的古文字學發展的進程。就我個人而言,我雖對古文字學有濃厚的興趣,但是產生興趣的起因在於古文字資料可以解決古書裏的難題。進入北大歷史系之後所讀古書越多,越認識到:我國歷史悠久,古代流傳下來的書籍有的是經過口授、傳鈔的,可以發生錯漏,印刷術發明之前有錯簡、丟簡的,刻印也可以出錯,這是外在的問題。對於同一事物的記載,各家及其流派有各自的主張,同一部書的注疏者們也會各有己見,還有語義字義的流變、方言音義的差異等等,問題是說不盡的。要把時隔幾千年的歷史認識清楚,相當困難。地下埋藏的古文字是最真實的史料,而且也有古書中所沒有的史料,但是它們只有經過整理和考釋才能發揮作用。這就使我很自然地把古文字學和史學融為一體。從那時起步,幾十年間,我致力於以古文字學的理論和方法考釋甲骨文、金文、陶文(包括磚瓦文)、簡帛、石刻與璽印文字,輔之以各類古代字書,追求中國文字的形、音、義發展演變的真迹,為的是解決一些歷史上的問題。

在北大三年級的時候,我們史學系的一些同學組織過一個學術團體——潛社,有楊向奎、胡厚宣、王樹民、孫以悌、高去尋諸兄。出版過兩期《史學論叢》,由北大印刷所印製。在這兩期論叢中,刊載了我最初發表的兩篇古文字學的文章,即《獵碣考釋初稿》(一九三四年)與《"平陵墜旱立事歲"陶考證》(一九三五年)。有關獵碣(即石鼓文)的文章,創始於少時習書石鼓之情結。入北大後因從馬叔平先生處得知坊間影印之明安國舊藏十鼓齋中甲本爲傳世碣文善本，前所未見文字此本多明晰，於是購得以修訂舊稿，日有箋記，舊稿文字竟至塗抹亦盡，遂成此文，並請唐立厂先生審閱一過。文中逐字考釋碣文，與前人不同的是，除引《説文》等字書釋其形、音、義外，廣徵甲骨文、金文尋其字源，解其詞義，對《説文》之誤與前人考釋中之未妥者多有匡正。本文除考釋文字外，亦涉及對古文字學理論的體會，如從論碣文"遷"字，講到古文字中形聲、會意之字有今所謂"義近形旁通用"之規律。這個規律今天雖已被古文字研究者所承認，但當時是需要在文中舉出許多例子來證明的。此後，我在考釋古文字時，得益於此種規律性認識之處甚多。此外，由碣文"麃"字，論及甲骨文 𠂎、𠂎、𠂎、𤉼 與 𠇗、𠇗、𠇗 等字，強調此類字中之匕、土皆用以別性，皆表其獸之牝若牡者，爲實字而非虛字。凡此可謂之合書，亦可謂之會意，但不可謂爲形聲，非"牝"、"牡"之異文。這個問題雖講於六十餘年前，但迄今似還未失去其意義。文末以碣文語句與《詩經》對照，從文詞格式之相類論及秦起西戎而承襲宗周文化，此亦爲後世考古發掘所得衆多秦人遺存所證實。

　　《"平陵墜旲立事歲"陶考證》一文，是從田齊陶文入手，聯繫同時銅器銘文來考證歷史的。"平陵墜（陳）旲（得）立事歲"陶文中"陳得"名又見於陳簠齋（介祺）所藏子禾子釜，而考定子禾子釜爲田和時物。其時田和尚未爲諸侯，則陳得爲同時代之人，即田成子兄弟惠子得，並肯定方濬益"立事"爲齊大夫嗣爲大夫之年，否定陳介祺的爲相當國説。文中復由陶文中"陳得"考證亦出現此人之名的陳騂壺銘文，徵引《史記》文字，否定郭沫若先生將此壺銘文所記"佳王五年"定爲齊襄王五年説。《獵碣考釋初稿》刊出後，郭老曾擲函討論。《"平陵墜旲立事歲"陶考證》因涉及郭老對陳騂壺年代的考定,當時曾將此文印樣呈郭老。郭老虛懷若谷,不僅覆函首肯此文對子禾子釜、陳騂壺年代之考釋,且多有鼓勵。郭老覆函與拙文同時刊於《論叢》第二期。這類事情反映出當年著名學者對於尚未學成的年輕人的態度,是學術界可貴的風氣。

二

一九三六年我大學畢業,進入了設在南京的中央研究院歷史語言研究所(人們習稱"史語所")。當時的所長是傅斯年先生。傅先生二十年代曾在英、德兩國留學,接受了西方現代人文與自然科學訓練,回國後決心將當時較先進的科學研究方法引進到中國的歷史研究中來。他特別強調研究材料的擴充,認爲學術要進步,必須要能直接研究材料,能擴張研究材料與擴充研究時應用工具。一九二八年他在《歷史語言研究所集刊》發刊詞上,提出要以"上窮碧落下黃泉"的精神去發現新史料。當然,按現在史學觀點來看,史學研究的進步,不是單純史料的問題,同時要有科學的歷史觀。但在二三十年代,歷史學在中國還主要是書齋中的學問的時候,傅先生強調史料擴張與采用新工具,強調實踐,無疑是有進步作用的。史語所不僅在歷史學研究的方法、手段上有了革新,而且開闢了許多中國舊學術界從未有過的、新的研究領域,像田野考古學、古人類學、民族學與現代語言學、語音學等,成爲中國現代學術發展史上非常重要的一個歷史階段。從一九三六年始直到一九四六年,我在史語所工作了十年,儘管其間因抗日戰爭,史語所先遷長沙,又遷昆明,再遷四川南溪,顛沛流離,但史語所所奉行的進步的學術宗旨與濃厚而清新的學術氣氛,對我此後的學術思想與治學方法仍起到了非常重要的影響,促使我傾注更多的精力,以更勤奮的態度去鑽研已經公之於世和不斷發現的各種古文字資料,並始終以極大的興趣關注田野考古工作與其提供的新的實物資料,認爲這是古史研究的必要路程。一九五八年我開始從事主編《中國歷史圖集》的工作。我傾注全力,想編成這部物質文化史,可惜由於種種原因,斷斷續續,雖降格以求,也終須放棄。不能以此對學術界做一份貢獻,是此生一大遺憾。

在史語所工作期間,開始時任圖書管理員。傅斯年所長對於采購圖書有嚴格要求,不允許重複或缺漏。這並不是指哪一本書,指的是對於研究工作有用的材料。這就必須對已有的和選購的圖書都熟讀詳記,還要辨識版本的優劣。這樣的鍛煉增強了我的記憶能力,同時加強了古文獻學和古文字學的基本功,也使我心中積累起更多的古史中的問題。

傅斯年先生主張擴充材料,也主張下考據工夫,這是相輔相成的。要從大量材料中取得確實的成果,就必須深入考察,做到有根有據,扎扎實實。史語所入藏一幅《卲王之諻鼎銘》拓本,見於著錄的還有同名之簋二件。三器中唯有一簋之圖像見於著錄。前人曾因“諻”字右半不易辨認,以爲“之卹”乃卲王之名。三十年代又多有辨識“諻”字而以“諻”音通“兄”,説爲楚昭王之兄令尹子西或司馬子期之器。日本侵略軍佔領華北,我隨船運書西上,滯留宜昌多暇,憶及該簋之形制、花紋以及三器銘文字體風格,以爲定此三器爲春秋晚期之物、釋“卲王”爲楚昭王,皆無可疑。至於釋“卲王之諻”爲“昭王之兄”,且以子西、子期當之,非但於史無徵,以與同時期各國諸多青銅器銘文中相同句法比較,知史有賢名之子西、子期絕無作銅器標舉閥閱以自重之理。此前，我曾考釋侯家莊出土大龜七甲上"斃斃"二字爲"鳳凰"，但"皇"與"兄"音通相假之關係却非固定不變。自古代親屬稱謂考之，於《方言》中發現"南楚瀑洭之間母謂之媓"，《爾雅·釋親》亦有"媓，母也"。楊雄、張揖雖晚於楚昭王四五百年，而親屬稱謂乃習於舊俗之事，地方習俗多有長久不變者，至今亦然。古者女子有三從，夫死從子，禮所當然。母以子貴，製器亦不嫌以子名爲主名。考諸《左傳》、《史記》，知昭王之母於昭王卒時不過年五十餘，無論"昭王"爲生稱或死謚，謂此三器爲昭王之母所作，非爲不可。終以於昭王之母之事迹不甚瞭解而未着筆。一九三八年抵達昆明，因病瘧，長日偃卧，雜取古籍中記昭王之母之文讀之，其中多相扞格。乃就公、穀、左三家經説仔細條理，見一時吳楚之間無數可歌可泣之事無不由楚平王自娶其爲太子建迎娶之秦女伯嬴啓之，此影響竟至於國之興亡盛衰。及吳入郢都，伯嬴之子昭王出奔，楚國君臣之妻皆受辱，唯昭王之母以義理拒吳王闔閭於宮門之外，得以自保。及秦之救援，昭王得復國。如此一婦人，作器自銘昭王之母，實有以也。遂寫《䣄王之諲鼎及殷銘考證》初稿，至十二月删除所涉過泛之段落。這是我在史語所發表的第一篇考釋古文字的文章。現詳述其内容，作爲我考釋古文字與考證古史之一例。

　　在古文字學方面，我積思最久，疑惑最深的一個問題就是"六書"之説。上學時期我即留意考察。這也是我研究古文字一開始就不走傳統小學遵奉《説文》之路，而在科學的古文字學日見興起之時，直入以地下出土之各類古文字爲研究對象之門的原因。入史語所，所見日廣，時常引起思慮的是："六書"之學原本《周官》，著於《七略》，大顯於《説文解字》。古代學童初入小學所學的"六書"，後世學者畢生致力竟難通其義。它流傳近兩千年至清代而猶盛。它統領解詁一切經籍之思路，成爲古文字學理論之核心。三十年代，大量古文字資料經著録、整理、考證而公佈。面對漢字成熟與發展的真實面貌，"六書"之説仍然起着束縛學者觀念的作用。於是，我細讀有關的古今書籍，清理東漢"六書"條例四家三説之師承關係，從三説之條例涵義雖同而名詞不一之現象分析，知曲解《周官》"六書"一詞，乃始於當時。遂從考察漢代學制之實況入手，追檢歷代文獻，明《周官》之"六書"實即"六甲"，亦即六旬之干支日名。每旬首日之天干爲甲，學習書寫之課本以每甲爲一篇，六篇於《周官》稱"六書"。自漢代直抵科舉之興，於學童課業皆稱"六甲"。比驗漢簡、殷墟甲骨等考古資料，且知以"六甲"爲啓蒙課業之源流甚古。東漢學者未必不明真相。欲考其所以，必究其社會根源。春秋戰國文化大發展時期，分析偏旁以説解文字於當時著作中即已有之，如《左傳》中"止戈爲武"、"反正爲乏"。西漢緯書之中此類説解多不勝數，《説文》從同之説亦多見。然望文生義至於荒謬者不少。西漢末年，文獻所記教授書寫識讀之書散失殆盡，俗師不教、學士曲解之事，觸目驚心。許沖《上説文表》有"蓋聖人不妄作，皆有依據。今《五經》之道昭炳光明，而文字之所由生，自《周禮》、《漢律》皆當學六書貫通其義，恐巧説邪辭使學者疑"，當是許慎撰《説文解字》之本旨，亦即劉歆創建"六書"條例之本旨。蓋欲自小學起規範解讀文字之觀念。我還根據大量文獻資料考證："六甲、九數"自戰國以來與陰陽五行相表裏而爲一切迷忌之基本，伏羲作八卦、倉頡造字之傳説與造六法、作九九之數等來源於《易》之論調早已見於《管子》。劉歆之學亦源於《易》，其"六書"條例之中象形、象事、象意、象聲即本於《易》之四象。許慎撰《説文》，無論自叙其立意，即其書收字與分部之數目、部首之排列等等，無不本於《易》。徐鍇治《說文》，作《部敘》，所云皆《易》，其書名、分篇皆規模《易傳》。我如此做，意在闡明"六書"條例之發生發展與我國古代哲學思想之關係。並申明我雖考證劉歆創立"六書"條例是托《周官》"六書"一詞而抽換"六甲"之實，於今世古文字學之發展爲阻障，然於當時使說字之術有所統紀，化占驗法戒之說，廓清文字之學，實是一大進步。今日重提我於四十多年前考證"六書"古義之動機及方法，則是出於希冀創建我國新的古文字學之系統理論與方法的學者，使此學早日達到更加完善之境界。劉歆未以漢時小學之制解說"六書"，而是創立象形、象事、象意、象聲、轉注、假借六名（見《漢書·藝文志》）依托《周禮》而行之，是欲托古改制以提高小學課程的地位。文章並論說劉歆"六書"之理論雖本於分析文字之術，而其學則源於《易》。至鄭衆、許慎又改定劉說，實爲進步。但《說文解字》在形式上仍有仿乎《易》之處，如取五百四十部首，即是爲了取六與九之成數。其部首排次亦有取乎《易》學之處。我當初所以在"六書"問題上下此功夫尋根探源，考究其實，是爲了進一步清除清代以來在許慎《說文》學與"六書"問題上種種迷信，使中國的古文字學能在批判地繼承古代有價值的文字學理論基礎上進一步走向科學化。

在史語所期間所寫的《"叀"字說》一文，將甲骨文中習見而形體繁雜、演變甚劇的"叀"字，釋爲《說文》朙部中的"叀"字（但此字實際上本不從朙），認爲其古音同於《說文》中的"斛"字，當讀爲"仇"，仇即此字後起形聲字。此字在甲骨文與金文中用法可分數類，其最常見者乃先妣之專稱，讀曰"仇"而解爲"匹"，謂妃匹之謂。第二類用法見於卜辭"黃叀"、"伊叀"，蓋謂國之重臣與王爲匹耦，可讀爲《詩·周南》中"公侯好仇"之

"仇"，義爲"匹"也。第三種用法見於周初銅器矢方彝、矢尊"今我惟令汝二人亢眾矢奭"，亦可讀爲"仇"，是古者士大夫各與寮友爲仇。寫此一文，除爲了疏解此甲金文難字，從而解決正確利用與此字有關資料説解史實外，也是爲了實踐我對古文字考證的一種原則，即所考釋之字的結果不僅要有形、音、義之根據，而且在古文字資料中能尋一貫通之説解，務求其通暢。

三

抗戰勝利後，一九四六年二月，我離開史語所，從重慶回到母校北大任教。自此後即一直再没離開過北京。一九五四年始兼任中國科學院歷史研究所學術委員。一九六〇年我離開北大，到中華書局任副總編輯。一九六六年起迄今，一直在今中國社會科學院歷史研究所任研究員。

在這五十多年中，我所作古文字研究或與之相關的工作，按研究内容可以大致分成以下四類：

第一類是有關殷墟甲骨文字的考釋和與這些文字密切相關的商史問題的研究。在五十至七十年代我對殷墟甲骨文的研究有一個重點，即是要利用這些第一手資料探討商代的生產關係及其相關的社會形態問題。將古文字考釋與古史研究密切相聯，雖是我一貫堅持的方向，但在五十年代初我始將殷墟甲骨文研究重點放到上述中心問題上，自然也是與當時史學界最爲關注的古代社會形態問題有直接關係的。五十年代時我曾將商代社會視爲氏族社會末期，到了六七十年代，此種看法已有所轉化，我已確認商代已有國家，且是奴隸制國家，已有階級分割。但商代社會形態中的許多問題，如生產關係的實況、社會組織結構等都是需要探討的,只有將具體的史實搞清楚,才有可能對社會形態、社會性質有較清楚的科學的認識。我認爲當時的社會是以農業經濟爲主的,農業生產形式(包括生產技術、生產過程及生產組織形式等)不僅反映社會生產力發展水平,而且在一定程度上反映當時的生產關係。但由於殷墟卜辭是帝王占卜的記錄,農業在其中不佔重要地位,故甲骨文中有關農業生產的卜辭數量有限。惟其如此,有關農業的隻言片語也就更覺得可貴,只是此類卜辭中多有難字妨礙對卜辭的通讀。這樣,我就在此類甲骨文的考釋與相關史實的解釋上下功夫,每有所見便爲疏釋,以此寫定就正於學界。

一九五一年,我在當時惟一的全國性史學刊物《歷史教學》上發表了《古代中國的十進制氏族組織》這篇長文,根據卜辭資料,並參考世界史上古代秘魯印第安人與古代日耳曼人情況,論述商代尚存在的氏族組織的結構。文中涉及到的一個非常重要的問題是卜辭中所見商代主要的農業生產者"衆"的情況。文中具體解釋了有關"衆"的卜辭資料,疏解了其中與之密切相關的反映農作形式的甲骨文字的字義,例如文中考釋卜辭中與"衆"農作有關的動詞有"藉"字,指出其本意是種田。根據漢代史料可知藉是一種原始的農耕方法,效率很低,如果一個人自己經營,疲勞而無興趣,效率很低,必須彼此互助,集體耕作,纔可以得到好收成。所以,當時雖然土地已分到各家,但仍是氏族團體共耕。由於卜辭中所見從事"藉"的是"衆",所以共耕的生產者即是"衆"。"衆"不僅是直接生產者,由卜辭也可知他們還是主要的兵源。將卜辭中的"衆"視爲氏族成員的觀點,那時似還沒有人正面闡述過。在寫這篇文章前後,許多研究甲骨的學者皆把"衆"視爲農業奴隸,而且按照當時所理解的奴隸社會(古典的希臘、羅馬奴隸制社會）的一般形態來理解“衆”的經濟地位與生活方式。我的上述看法與這種流行的見解自然不同。當然，這時我對商代社會的看法，像上面談到的，還停留在視其爲氏族社會的認識階段，但不管怎樣，我所闡明的“衆”的情況却是來自對甲骨卜辭的考釋與分析，自認爲是合乎其實際的，其身份與生活方式與希臘、羅馬的奴隸顯然是不同的。這個問題寫出來後，在很長一段時間似没有人正面批評，也没有得到史學界的重視，在古史教材與許多著作中仍稱“衆”是奴隸。但我一直没有放棄對這個關鍵性問題的探討。

一九七三年，在文化革命中停刊的《考古學報》復刊不久，即發表了我的另一篇論文《卜辭“袁田”及其相關諸問題》，對“衆”的身份再次作了考察。文章考釋卜辭中作爲“衆”農耕形式的“畺田”之“畺”字的音義，説明此字从“土”，从“用”，从“臼”，“臼”亦聲，可讀作“袁”，有刨土、捧土二義，但主要之義是刨土。我又注意到卜辭中言及袁田，是在六月、十二月，即夏至、冬至。按古代文獻所記，此時主要農事必是以攻木殺草爲開端，終轉至平整土地，所以袁田就是開荒，造新田。文章專闢《袁田者》一節，從“衆”要在王的命令下，由貴族帶領去遠方異域從事袁田這種異常艱苦的勞動這一史實出發，在上述論十進制氏族一文基礎上進一步申述了我對“衆”的經濟、政治地位的看法，説明衆人既是農夫，也是戰士，他們有個人的家庭，處於百家爲族的農業共同體中，要爲殷王擔負師、田、行、役等徭役，他們被奴役，受剥削，實質上是商王與貴族的工具和財富。但“衆”的階級身份究竟是什麽，這裏没有點明。我仍在思考着，直到一九八三年發表的《殷契“啓田”解》（《甲骨文與殷商史》第一輯，上海古籍出版社）一文中，我才比較明確地指出，“‘衆人’是族衆，包括平民和家長制下的奴隸”。

如從一九五一年算起到一九八三年，我對“衆”的考察持續了三十餘年。對這個問題的認識，我自以爲是比較清楚了。近十餘年仍不斷有學者探討“衆”的身份，他們雖對“衆”的情況做了更詳細的剖析，但從所發表的文章看，我在以上幾篇文章中對“衆”基本經濟、政治地位、家族組織、主要生產形式的基本看法已被不少學者接受，這是我頗感欣慰的。由於“衆”是殷代社會主要生產者，他們狀況的明瞭自然可以深化我們對當時社會結構與社會形態特徵的看法。我發現殷代的“衆”生活於族組織中，並聯繫《周禮・大司徒》闡述了對這種族組織的看法，即“一族之中血緣關係相當濃厚，以致氏族的舊風俗還未消滅”。但這種族組織是被奴隸主階級控制的，他們“十分注意維持這種舊文化，無非是爲了把人民牢固地束縛在農業共同體中，以便於他們進行殘酷無情的剝削”。這樣，我實際上即已解釋了“衆”作爲被奴役者爲什麼還能保持族組織，而統治者又爲什麼允許這種族組織存在的原因。許多古史研究者根據他們所理解的恩格斯的説法，强調國家建立後血緣組織要被地域組織代替，對中國古代在早期國家中大範圍地保存了仍有相當濃厚血緣關係族的組織的事實注意不夠。我想，我以上圍繞“衆”的問題所作的系統性的考察，對於實事求是地説明殷代時國家的形態特徵這一大問題是會有幫助的。

爲了更具體、深入地搞清殷代時農業生產者的生產形式，在考釋𡈼田之制外，我還在七八十年代連續發表了幾篇考釋卜辭中所見其他關乎農作形式的甲骨文字的文章。一九七八年我發表了《甲骨文“肖”與“肖田”》（《歷史研究》一九七八年第三期）一文，指出卜辭中“ ”（或作“ ”）字舊不識，應釋作“肖”，讀爲“趙”。卜辭“肖田”即《詩經・周頌・良耜》中“其鎛斯趙”之

“耡”，是指除草。卜“肖田”在十三月，則“肖田”應是耕休田，以備耕種。一九八一年，我又發表《釋甲骨文“尊田”及“土田”》（《中國歷史文獻研究集刊》第三集），考釋卜辭“尊田”（或作“壿田”）之“尊”，認爲其義爲聚。“尊田”即在開荒造出的土田上作田壟。至於卜辭中所見“生田”之“生”，从止，土聲，應讀爲“度”，“度田”即以土圭度地。我又聯繫衰田之制推測衰田、尊田、度田三者關係是，生（土）田與衰田相關連，尊田則在幾年後進行。這樣也就由甲骨卜辭説清了殷代農業生產從開荒到治理耕田的過程。

在有關殷墟甲骨文研究方面，除以上重點討論商代生產關係與社會形態問題外，我還撰寫了其它一些文章，比如圍繞對殷墟五號墓出土銅器銘文中所見“帚好”問題的討論，我寫了《帚好略説》（《考古》一九八三年第六期）、《〈帚好略説〉補記》（《考古》一九八三年第八期）二文，討論了殷墟甲骨文中的“帚（婦）”的身份，説明帚（婦）即是《禮記·曲禮卜》與《周禮》書中所見“世婦”，是女官，接近王，易轉化爲天子眷屬。帚好本來即在“多帚”之中，後被武丁賞識而躍居多帚之上。帚好是女子稱呼，好从女，子聲，故異代卜辭皆可能有“帚好”出現。異代同名是當時一種世襲制度的表現，我在《古代中國十進制氏族組織》一文中談過，在金文考釋的文章裏也談過。這是我對古史中一種事物的認識。卜辭中“帚”是世婦，是我的新説法。文章由婦好兼論及卜辭分期斷代，是希望在斷代中注意“異代同名”的事實。

在甲骨文字考釋方面，我發表過《釋甲骨文“俄”、“隸”、“蘊”三字》（《中國語文》一九六五年第四期），其中釋爲“蘊”的字即卜辭習見之“茻”字。此字多年來不得其解，或釋“死”，或釋"囚",於字形、字義均不通。我注意到《説文》有"盈"字,从皿,囚聲,認爲"囚"即當從甲骨文"茻"變來,不是今"囚"字,由此可推知甲骨文中"茻"字讀音也是"盈"。在卜辭中此字的用法相當於後來的"殟"字,古書上也作"薀",是埋葬之義,也有死亡之義。此字從形、音、義三方面看,似已釋通,但心中仍有未安。事過二十年後,我又寫了《釋"因薀"》(《古文字研究》第十二輯,一九八五年),將此字釋"薀",代入目前所見諸多卜辭辭例中一一檢驗,均得以講通。在此文中我還附帶考釋了卜辭中"因"字,説明此字用法同於"茻",連結起來恰好是漢代以來文獻中的"絪薀"一詞,並由此論及古漢語中的聯綿字,證明卜辭時代已有聯綿字,將前人據《説文》講聯綿字提前一千二三百年。此外《殷契"首"字説》(《古文字研究》第十輯)、《釋"屰"》(《古文字研究》第六輯)等,也是考釋卜辭中難字的。這類文字的釋讀,關乎到對一系列卜辭辭義的理解,其意義決不僅限於認識幾個字。

　　我所寫古文字文章之第二類,是有關西周金文的考釋及有關歷史問題的研究。西周金文中涉及當時許多重要制度與史實,但往往因某些字詞不易讀懂,艱奧晦澀,而使其中蘊藏的豐富內涵處於迷霧之中。我所致力的也正是這些與重要史學問題密切相關的金文,特別是新出土的資料。如一九七六年第三月陝西臨潼出土利簋,一九七七年運到北京,我不止一次見到實物,後又得到銘文拓本。銘文中難解之處在於"歲鼎",諸家説法各異。但此二字極爲重要,確是讀懂、讀通銘文的關鍵。學者讀"鼎"爲"貞",這種用法在甲骨文中千百見,但在此却難以講通。我以爲周武王陳師牧野,面對強大敵人,不容再遲疑,只能決戰,似無再貞卜鬼神之餘地,文義又非倒述興師前之預卜,確定此"鼎"字不作貞卜講。我憶及《國語·周語下》韋昭《注》中講到,武王伐紂,歲在鶉火之次,是爲周之分野。而利簋銘文的"歲"也只能是指歲星,"鼎"從音上可讀爲"丁",其義即"當"。這樣"歲鼎"可理解爲歲星正當其位,正可與《周語下》所言相合,是周人認爲克商時歲星所在位置宜於征伐商人。此雖爲古代兵家迷信,但在當時被認爲是武王征商取勝的條件與精神力量,故克商後還鄭重寫入銘文。我的這種看法,以《利簋釋文》爲題,發表於《考古》一九七八年第一期,後來見到有不少研究者贊同我的解釋。實際上確定"歲"字爲歲星,將"歲鼎"與歲星在天空位置相聯繫最重要的還不僅在於讀通銘文,而在於其對西周年代學問題的意義。因爲按天文學家對歲星在天空位置變化規律的觀測與計算,"歲在鶉火"在殷周之際這段時間裏,有效的年代有七個,跨七八十年,其中以前一〇七〇年最爲合適。在《利簋釋文》的原稿中,我曾寫明"武王克殷"在公元前一〇七〇年的看法,但交稿時又想到這個問題事關重大,還有待再討論,於是即删去了。直到一九九二年洛陽召開考古學術研討會。我提交了《武王克殷之年》一文(收入《洛陽考古四十年》一書,科學出版社,一九九六年),將我對武王克殷年代的上述看法予以公佈,其時距《利簋釋文》發表已有十四年。

出土的有銘青銅器,其文字常會改變史學中過去一些流行的説法。如《文物》一九八四年第四期刊載了一九七三年陝西寶鷄市博物館徵集的西周中期的矢王簋蓋。以往著録的西周銅器銘文,除周天子稱王外,亦見有"矢王"、"邵王"、"呂王"等稱,又録伯、乖伯所作器銘亦自稱其皇考爲王。王國維作《古諸侯稱王説》,以爲這是由於古時天澤之分未嚴,故諸侯亦可稱王。王氏享有盛名,所云曾對古史學者有相當大影響,在史學界引起過不符合史實的觀念。陳槃《左氏春秋義例辨》一書卷一論"春秋杞子用夷貶爵"問題,附《補顧氏列國爵姓異文表》,在"爵"這一欄内標出許多王字,晉、鄭皆列爲王,也當是受王氏之説的影響。我於是作《矢王簋蓋跋——評王國維〈古諸侯稱王説〉》(載《古文字研究》第十三輯),據矢王簋銘文所云"矢王作奠(鄭)姜尊簋",參考器銘中女子稱謂的規律,説明鄭姜之稱和蔡姞、虢姜、晉姜是同類,當是姜姓之女而嫁於鄭者。而鄭姜大約是矢王之女,矢王簋應爲矢王所作以媵鄭姜。矢王姓姜當無問題。矢出於羌,與周不同姓,稱王是姜姓舊俗,由承襲而來,非僭王號,也並非由於周王之賜命。隨後又一一分析了器銘中稱王者之姓,證明皆非姬姓,由此得出如下結論:周時稱王者皆爲與周人異姓之國,並非周室封建之諸侯。而周人所謂伯,事實上也是一族一方之霸主,其上代是戎狄之王,本身則由於勢力弱小歸附於周,遂不稱王而稱伯。文章由考釋金文論到古代民族關係與政治制度史問題,希望消除王國維《古諸侯稱王説》一文的影響。

　　除以上提到的文章外,研究西周金文的文章,我還寫了《周屬王胡簋釋文》(《古文字研究》第三輯)、《王臣簋釋文》(《四川大學學報叢刊》第十輯《古文字研究論文集》)等。此類文章側重於訓詁,考釋了西周金文中一些較難解的詞語與相關的典章名物制度。在《王臣簋釋文》中提出"初吉,指每月上旬的吉日",雖然未加詳論,但它是我對金文中月相名詞的看法,不能再拘泥於王國維的四分説。

　　我所寫的有關古文字研究的第三類文章是對東周時期金文的研究。其中有考史的内容,但因此一時期文字的複雜,考釋文字的工作尤顯得重要。例如對河北平山中山王墓出土的中山銅器銘文作考釋,寫成《中山王𧊒壺及鼎銘考釋》、《中山國胤嗣䤾盗壺釋文》二文(均載《古文字研究》第一輯)。這是文化大革命後,歷經十多年來學業荒疏,我所作首項古文字研究工作。三器皆有長銘,所言中山國歷史多可補文獻之闕,如鼎銘所記司馬喜伐燕等事,均未見史籍記載。我所作考釋亦曾引徵文獻,解釋其銘文所涉及之史實,其中重要者如據王譽壺銘所言"天子不忘其有勛",推知其尊崇周天子,說明銘文中語句體現中山奉行周禮,並申明《詩》、《書》之教,説明過去古籍言中山即鮮虞乃白狄別種是靠不住的,中山必爲姬姓國。王譽壺銘還言及中山與燕君同時"齒長於會同",也可證其與燕皆同姓。因爲只有同姓,方才可能序齒。又據《戰國策·中山策》所記齊君羞與中山並爲王事,判定壺銘所言"吾先祖桓王、昭考成王"之桓王、成王乃追尊。

　　在此三器銘文考釋中,文字釋讀有相當難度,蓋因戰國文字不少從事簡化,與"六書"之義漸遠,而且由於適應語言發展,創造出大量新字,尤其是形聲字。這類字偏旁太多,叠牀架屋,書寫閱讀均不便。這些特點於此三器銘文中多有表現。我在考釋中,以義近形旁通用規律釋"㐨"爲"信";由形體訛變角度釋"夋"爲"允",釋"𢦏"爲"救";以形體簡化規律讀"杢"爲"野";按形聲字造字原則讀"𩁧"爲"數";以同音假借之原理讀"坌"作"即"。凡此均爲我所作新釋,不一一贅列。所考釋文字中,我以爲尤有意思的是對王譽鼎銘中"毋𡘋厥邦"句中的"𡘋"字的認識。此字其他學者多讀作"竝(並)",但仔細觀察,知其雖從二"立",但左大右小,左下右上,與兩個等大的、並列的"立"所構成的"竝(並)"字不同,故認爲應是"朁"字之異體。《説文》"朁(替),廢也。一偏下也。从竝,曰聲",與此字特徵同。甲骨文中也有同形,亦應讀爲"朁"字。卜辭言"其朁御","其引御",恰可與《詩經·小雅·楚茨》"子子孫孫,勿替引之"(《傳》:"替,廢。引,長也。")相印證。鼎銘"毋替厥邦"則與《尚書·召誥》"式勿替有殷曆年"句相類。由此一字之例,可知在有些時候古文字形體的細微差別,在考釋時仍是需注意的。關於這一點,還可以我對春秋時期齊國銅器庚壺銘文中"大"字的考釋爲例來進一步申述之。

庚壺曾在《西清續鑑甲編》著録,但因銹蝕,銘文缺字甚多。此器今在臺北故宮博物院,一九八二年臺北出版的《故宮季刊》第十六卷第三期有張光遠文章,考釋之外,有借助 X 光探究所得銘文摹本。我喜其摹本得字獨多,曾寫《庚壺釋文》一文(載《出土文獻研究》第一輯,文物出版社,一九八五年)。我所作銘文釋文中有"齊三軍圍萊,冉子執鼓,庚大門之"句,又有"庚率百乘舟,大鄽從河以亟伐燕□丘"句。對兩句中兩個"大"字的釋讀,有的學者不以爲然,皆釋爲"人"。我當初作釋文時亦曾考慮是"人"字,但注意到兩個"大"字皆寫作"大",與"人"字寫作"人"、"人"不同。"人"字上部雖有橫筆,但不能太長,因爲這本是紋飾性的點綴,可有可無,長得像一個筆劃,即成了文字的組成部分,即非原字。而庚壺中此字橫劃過長,當是"大"而非"人"。於是我又寫了《説庚壺的"大"字》(《文史》第三十六輯)申述之,以求教於專家。文中還列舉《春秋》三傳的文字,證明釋"大"於詞語中均可講通,説明"庚大門之"之"大"是副詞,言進攻規模之大。"門"在這裏則是動詞,爲"攻城門"之專用語,其用法在《左傳》中可有三十多條例證。"大鄽"則可讀爲"大舉",因爲"鄽"與"舉"同音,可以假借,釋爲"入鄽(莒)"則與地理環境不合。對此,文中曾詳辨之。

總之,古文字的考釋是一項應以極嚴謹的科學態度來對待的學問。首先是要對文字形體結構、偏旁做精細的分析、比較，然後參考《説文》，並取徵於時代接近的、已識的古文字的偏旁，以推定其字義與讀音。但其結果是否得當，還必須引入含有此文字的文獻與甲骨刻辭或銅器銘文的具體語句中，務求其通暢。這一實踐檢驗過程是不可缺少的。

我所作的與古文字研究有關的第四類工作，是利用古文字資料研究《周易》。早在宋代重和元年（1118 年）湖北孝感出土了六件西周初期銅器，其中一件稱《中方鼎》的在銘文末即有奇字，因爲學者不能識讀，故稱之爲"奇字"。近幾百年公私收藏銅器中，也有這類帶"奇字"的銘文。至本世紀三十年代，郭沫若先生提出這種"奇字"是族徽的看法。1950 年以後，在殷墟與長安張家坡西周遺址出土的卜骨上也發現了這類"奇字"。唐蘭先生對此提出了看法，認爲這是"用數目當作字母來組成的"一種文字，並認爲是氏族符號。而我則將這些"奇字"與《易》卦聯繫起來，其原因是因爲我自 1974 年參加整理長沙馬王堆出土的帛書《周易》，常和一些研究《周易》的書接觸，對古代的筮術做了一些專門的研究。周初筮法現已很難弄清楚，但在一些後人寫的書中仍有記述，如王充《論衡·卜筮篇》、敦煌卷子本《周公卜法》、朱熹《周易本義》後所附《筮儀》，這些文獻雖後出但也可能有較古的來源。有這些想法，便逐漸將上述銅器銘文末尾的"奇字"與《易》卦聯繫起來，並產生了一些初步看法。1977 年，我見到了陝西岐山縣周原出土的卜龜。1978 年 12 月，在吉林大學古文字學討論會上，聽徐錫臺同志講《周原出土甲骨文字》，又提到周原甲骨中約七八片有"奇字"，有個銅甗也有這類"奇字"。聽衆中有人問我這種"奇字"是什麼字，爲了回答這個問題，我在第二天會末空閑時間作了《古代筮法與文王演周易》的講話,但是當時手頭無書,無從作深入闡述,只是初步提出了解決這些"奇字"的一些思路。認爲"奇字"即是《易》卦,銅器銘文中三個數字的是單卦(八卦),周原卜甲上六個數字的是重卦(六十四卦),並當場把周原卜甲上的數字變成陰陽爻,在黑板上寫出相應的別卦名稱。講完後,大家鼓掌通過。回京後,才進一步收集材料,把歷代著録金文的書籍又徹底檢查一過,同時又看到考古發掘出土的許多新材料,遂加以考證,把初步結果寫成了《試釋周初青銅器銘文中的易卦》一文(下簡稱《試釋》)。因正值紐約大都會博物館舉辦"偉大的中國青銅器時代"展覽,並舉行學術討論會,邀我參加,於是將此文提交作爲會議論文(後收入《考古學報》1980 年 4 期)。在此文中我彙編了甲骨、金文中的《易》卦材料 32 條,指出當時還没有陰爻(--)陽爻(一)的符號,而是用數位表示,奇數是陽爻,偶數是陰爻。文中即依此原則寫出了《周易》的卦名,指出 32 條材料中有 168 個數字,其中"六"字出現次數最多,其次是"一"字,但"二"、"三"、"四"皆是零次。推算"二"、"四"併入"六","三"併入"一"。這樣做估計是爲書寫時便於區分。占卦實際使用的是五個數字,記録出來也只有五個數字,説明當時重視陰陽,具體數目並不重要。文中還對周初的筮法做了推測,並討論了卦變問題,探討了《周禮·春官·太卜》中所言"三易之法"之一的《連山》,認爲周原卜甲、張家坡卜骨以及一些金文中所見西周初之《易》卦,皆屬《連山》。繼此文後,我又寫了《殷墟甲骨文中所見的一種筮卦》(《文史》第二十四輯)對殷墟卜辭中與傳世銅器銘文中所見到的四個數目字的卦的性質作了探討,認爲是易卦中的互體,四個爻當作一個卦。仍與上舉《試釋》一文所得結論相同的是,三個四爻卦使用的數目仍是五、六、七、八,也無二、三、四,説明可能出於一個來源。後來我又根據新發現的西周甲骨和楚簡資料，發現卦畫中有"九"字，這是因爲八卦創始於東方，"數以八紀，故所用數字止於八"。傳到西方，而"西方人數以九紀，九字遂進入筮數之中"，乃是一個民族化的問題（見《易辨——近幾年根據考古材料探討周易問題的綜述》，載《中國哲學》第十四輯）。這種變化被《易經》繼承下來。

這幾篇論文皆主要是研究甲骨、金文中的《易》卦的，但爲什麼青銅器銘文上會有卦？我則根據文獻，推測器銘有卦是因爲周初作邑需占卦，因此用卦名稱呼新邑實屬可能。而且這種用數字組成的卦不僅是邑名，也已是氏名，即以邑爲氏。這樣解釋，即對周初《易》卦研究中從史學角度提出的一個難題做了回答。這種看法按之古書，大抵相合。

以上是我在近五十年來於古文字學研究領域所從事的主要的幾類工作。除了這些以外，還應補充的是，我在五十年代曾寫過《秦漢刑徒的考古資料》一文（《北京大學學報》一九五八年第三期），據戰國時秦戈銘文考察秦的官奴隸（鬼薪、城旦、隸臣）及相關的奴隸制，據後漢洛陽刑徒磚研究漢代時刑徒（有髡鉗、完城旦、鬼薪等罪名）之官奴隸身份。此文與我寫的另一篇論述漢代手工業生產奴隸制的文章《漢代的鐵官徒》（《歷史教學》創刊號）相類（該論文論述了漢代重要生產事業——冶鐵業的奴隸制，肯定了鐵官徒的奴隸身份，指出漢代時的鐵官徒起義是奴隸起義，並提出中國奴隸社會白秦孝公變法之年即前三六〇年開始的觀點），皆意在說明漢代社會的奴隸制性質。雲夢睡虎地秦簡發表後，我寫過《秦律"葆子"釋義》（《文史》第九輯），附帶探討了秦漢時刑徒的刑罰與刑具。依我看中國古代封建社會是魏晉以下，至今我仍堅持這一看法。商代有較發達的手工業、農業,但不一定即是奴隸制的發達。要講奴隸社會,主要應看漢代。但確定一個社會是否奴隸社會不是那麼簡單的事情,近年來已有不少學者對中國奴隸社會問題發表了許多看法,對這個問題我很有興趣,也一直注意這個方面研究的進展。

光陰飛逝,我從事歷史與古文字學研究已六十餘年。其間歷經社會變革與動亂,這種時候不可能沉下心來治學。此外,多年來我還被許多事務纏身,其中最費時費力的是當評委,一年總有數十份申請職稱的材料堆在案頭,每份材料不管多少萬字,都要認真閱讀,寫出意見,推薦優秀人才。這項工作每年要用一兩個月的時間。另外,幾十年來登門討論學術的人不斷,我都盡其所能給予幫助,即使來討要材料的,也儘量滿足其要求。一時不能作答的,事後爲來訪者尋找一條材料,有時需要翻閱許多種書刊方能作答。我這樣做,是希望能有更多的人切實地研究學問。當然,這些事確實佔去了我不少時間。我雖然有上述古文字與古史研究以及版本目錄等方面的文章發表,但是我心中積累的好多個專題,收集了資料,有的已成竹在胸,未動筆寫,有的還沒有完成文稿。如關於西周銅器斷代和西周曆法研究,已將諸多重要銅器排出時間順序,曆法也在着手清理,可惜未能著文成篇。記得當一九九七年牛年到來之際,我應《中國社會科學院通訊》的要求,在上面題了一句題辭:"以牛的勤懇、踏實的精神,爲兩個文明做出貢獻。"這既是我幾十年作學問的經歷體會,也是與學界的同仁們共勉之語。在治學方面,無論是治古文字學還是其他學問都不僅要勤奮,也要有扎實的、嚴謹的好學風,只有這樣纔可能於學術事業發展真正有所貢獻。

(《學林春秋》,中華書局,一九九八年十二月)

郭沫若同志對金文研究的貢獻

　　殷周青銅器，自漢以來各地即不斷出土，有時也被學者注意加以解説，但作用不大。宋代可以説是中國的文藝復興時代，印刷術流行，社會上識字的人增多了，文化水平普遍提高，逐漸出現一些新的學風，有了通曉古文字的人，收集古銅器和銘文成爲一種風氣，有專門收藏的人，有專門著録的書，逐漸成爲一個專業。始自北宋，十一世紀中晚期，劉敞、歐陽修、吕大臨、黄伯思等人也頗有史學頭腦，想借此説明點問題，可惜所能見的材料少，限於古文字水平，作不出出色的作品。一些有力量有財富的收藏家只是爲了"寡人好貨"，附庸風雅，點綴門面。宋徽宗、高宗和清高宗、仁宗收集的銅器最多，也編過幾部書，無非視爲古董，不懂得它的科學意義。私家著書，自阮元、吳大澂、孫詒讓等開始走上學術的道路，王國維把自己所寫的這方面的文章列入"史林"。

　　大革命失敗後，一九二八年二月郭老到了日本，住在東京附近的一個鄉村，從文化方面致力於革命工作，開始了對中國古代社會的研究。《周易的時代背景與精神生産》、《詩書時代的社會變革與其思想上的反映》，陸續在《東方雜誌》上用"杜衍"的名字發表。郭老少年時代讀過不少古書，對《詩》、《書》、《易》等是很熟習的，他深知這些紙上材料之不足，爲了搜集第一手的史料，對於殷虚甲骨文字和殷周青銅器銘文（簡稱金文）進行了研究。先後寫成《卜辭中的古代社會》、《周代彝銘中的社會史觀》，和前兩篇輯成《中國古代社會研究》，於一九三〇年春在上海出版。由於大革命的影響，羣衆有這方面的需要，加以郭老文筆犀利、材料新穎，這部書風行一時。郭老並不以此爲滿足，研究繼續進行。在甲骨文、金文方面産生許多成果。現在只舉金文方面的，如：

《殷周青銅器銘文研究》	一九三一年上海
《兩周金文辭大系》	一九三二年東京
《金文叢考》	一九三二年東京
《金文餘醳之餘》	一九三二年東京
《兩周金文辭大系圖録》	一九三四年東京
《兩周金文辭大系考釋》	一九三五年東京（廢除一九三二年本）

　　另外還有一些考證金文的文章收入《古代銘刻彙考》和《古代銘刻彙考續編》（一九三三及一九三四年）中。

　　郭老少年時代讀古書時即對文字、音韻、訓詁有很好的基礎。在日本學西醫，有自然科學方面整理材料、分析問題的具體方法上的訓練。投身革命學習馬列主義，有辯證唯物主義和歷史唯物主義的立場、觀點和方法，所以從事金文研究比起新舊專家都高一籌。他在研究工作上從不取巧，肯作一些笨工夫，所以成品扎實牢固。既要使用銘文的材料，就必須從考釋單字、解説全篇作起，決不人云亦云，上前人的當。在以上這幾部書裏，屬於文字、韻讀、名物制度方面的像《釋干鹵》、《釋嬬（祁）》，屬於器銘考釋方面的像《毛公鼎之年代》、《丘關之釜考釋》等皆極爲出色，這方面的成績太多了，不勝列舉也不必列舉。郭老也注意綜合研究，同時寫出的有《周彝中之傳統思想考》、《周官質疑》等，傳誦一時。

過去著録金文的書，多言“三代”，而夏商周如何區分却没有標準。郭老辨明没有夏代的銘文，所謂夏器的幾件是戰國時期的。這種論斷已經過近幾十年的考古學方面的工作切實地證明了。金文中有很多簡單的圖形文字（總數要有幾千），大部分是殷代的，也有周代的，過去學者都不解其義，郭老作《殷彝中圖形文字之一解》，他認爲“此等圖形文字乃古代國族之名號，蓋所謂‘圖騰’之孑遺或轉變也”。“凡圖形文字之作鳥獸蟲魚之形者必係古代氏族之圖騰或其孑遺，其非鳥獸蟲魚之形者乃圖騰之轉變，蓋已有相當進展之文化，而脱去原始畛域者之族徽也。”這是一個驚人的發現，並且經過半個世紀不曾過時，目前還成爲一些中外學者研究的課題，預期會有成果解決一些歷史問題。殷代銅器有長篇銘文的不多，五十年前可確定的不過十幾篇，郭老考證也有貢獻。所作《戊辰彝考釋》深入分析銘文，斷爲帝辛二十年之器。當時不見器形，此器現由紐約薩克萊爾氏收藏，將歸華盛頓弗利爾美術館，它和倫敦大英博物館所藏之沚司土遆簋（見貝塚茂樹等新著《中國之美術（五）·銅器》三九號圖）形制花紋相似，後者是周成王時器，則前者只能是帝辛時器，而不大可能是帝乙時之器。從此研究殷末銅器便可以有一個標準器。

周代銅器有長篇銘文的太多了，而其年代與來歷亦多不明，非科學發掘而得，未經調查記録。著録之書又多按器分類，同類之器以銘文多少爲先後，“於年代國别之既明者猶復加以淆亂，一人之器分載數卷”，郭老深致嘆息。

銅器年代之考訂，極爲困難，過去劉師培曾用三統曆推算過一些銘文，毫無是處。二十年代，吳其昌、新城新藏試作西周的曆譜，都不成功。郭老的辦法是從辨認銘文開始，先找出一些器屬於哪幾個王，如大豐簋（武王）、獻侯鼎（成王）、小盂鼎（康王）、遹簋（穆王）、趞曹鼎（恭王）、匡卣（懿王），立下定點再着手尋求。他在《青銅器時代》一文裏說："我是先選定了彝銘中已經自行把年代表明了的作爲標準器或聯絡站，其次就這些彝銘裏面的人名事迹以爲綫索，再參證以文辭的體裁，文字的風格，和器物本身的花紋形制，由已知年的標準器便把許多未知年的貫串了起來。其有年月日規定的，就限定範圍内的曆朔考究其合與不合，把這作爲副次的消極條件。我用這個方法編出了我的《兩周金文辭大系》一書，在西周我得到了一百六十二器，在東周我得到了一百六十一器，合共三百二十三器。爲數看來很像有限，但這些器皿多是四五十字以上的長文，有的更長到四五百字，毫不夸張地是爲《周書》或《國語》增加了三百二十三篇真正的逸文。這在作爲史料研究上是有很大的價值的。即使没有選入《大系》中的器皿，我們拿着也可以有把握判定它的相對的年代了。因爲我們可以按照它的花紋形制乃至有銘時的文體字體，和我們所已經知道的標準器相比較，凡是相近似的，年代便相差不遠。這些是很可靠的尺度，我們是可以安心利用的。一個時代有一個時代的文體，一個時代有一個時代的字體，一個時代有一個時代的器制，一個時代有一個時代的花紋，這些東西差不多是十年一小變，三十年一大變的。……周代的彝器，我自信是找到了它的歷史的串繩了。"這是郭老總結成功的經驗，可以作爲一篇金文研究法來讀，文章簡明，充滿自信心，所以把它引在這裏。郭老曾分別寫過《彝器形象學試探》和《周代彝銘進化觀》，都講實際内容，限於時間就不介紹了。

　　郭老運用他的研究方法對於銅器定年代的問題確有很大突破，試舉一鼎一鐘爲例。

　　毛公鼎，十九世紀中期陝西岐山縣出土，收藏者陳介祺是當時的銅器權威，斷爲周文王之子毛叔所作，學者無異議。郭老根據器形及銘文體例定爲宣王時，向下拉了二百五十年。秦公鐘、秦公簋銘文皆言“十又二公”，自宋以來，學者考定年代都推測這十二公是誰，產生了十幾種説法。其實十又二公是“法天之數”不能落實。郭老根據鐘的形狀花紋與齊叔夷鎛相同，後者是齊靈公時，因斷定鐘和簋是秦景公時，這個方法對頭，結論是可信的。近年陝西出土不少周秦銅器，可以證明郭老關於毛公鼎、秦公鐘、秦公簋的年代所作論斷，無可置疑。

　　《兩周金文辭大系》初版問世(一九三二年)已是一鳴驚人、前無古人之作。經過兩三年繼續不斷努力，收集圖像和拓本，尤其新出的材料，深入研究，改編成《兩周金文辭大系圖録》(一九三四年)和《兩周金文辭大系考釋》(一九三五年)，這是郭老對金文研究的最大貢獻。這部巨著在當時出版意義是很大的。一切要研究中國社會發展史的人都要從這裏找材料。一些封建主義的、買辦階級的、托派漢奸的古代史學望風披靡。它是銅器研究的一根標尺，專家學者定銅器年代，考銘文辭義，釋古代文字都要檢查它，今天臺灣的一些專家也仍然如此。解放以來，從基本建設中出土到計劃發掘，所得帶銘文的銅器比起郭老當年所見何止超出一倍，而且都是確知出土地點和發掘情況的。我們的專家學者在革命工作的實踐中學習了馬列主義、毛澤東思想，回頭看郭老的書自然會在具體問題上挑出一些毛病，學如積薪，後來居上，這是正常現象。但是在方法上，定銅器年代、考銘辭文義，則無一不是在郭老開闢的這條道路上向前邁進的啊！

　　蘆溝橋事變迫使郭老放下研究工作，回國參加抗日戰爭。在國民黨準備投降、積極反共時，郭老重新專注於文化方面的鬥

爭。一九四四年七月寫出《古代研究的自我批判》,解放後一九
五二年又寫出《奴隸制時代》,這兩篇名著中,關於殷周社會的
許多重要論點,主要是關於周代的幾個論點,像井田制問題、人
民身份問題、周代是奴隸社會問題,都以金文爲重要論據,這屬
於歷史範圍,這裏就不談了。

解放後,郭老擔任國家政務和社會文化工作,餘閑很少,但
是還作些這方面的研究工作,寫過不少考證文章,將編入《金文
叢考·補録》。"文化大革命"期間,郭老也受到衝擊,七十年代
已進入八十高齡,還寫了《班簋的再發現》(六千字)、《冔敖簋銘
考釋》(四千字)等篇,可見郭老的專業思想鞏固,其取得非凡的
成績與這個精神也是分不開的。但是,郭老在學術見解上却並
不固執,有新的發現必改正舊説。一九五一年寫《禹鼎跋》,改
正《大系》中成鼎舊釋,並將此器與不其簋、噩侯鼎、敔簋等舊列
爲夷王時者均改爲厲王時。一九五八年寫《者汈鐘銘考釋》,收
集十三種殘文,親手摹寫成定本,並改正舊釋者泓之誤。郭老對
同行學者的意見虛心采納,像一九五四年重印《殷周青銅器銘文
研究》大量采用郭寶鈞之説,一九五八年增訂《兩周金文辭大系
圖録考釋》采及容庚之説,這種實事求是的學風,對我們有很大
的教育意義。

在舊社會,銅器及其拓本是學術資料而不在學者之手,傳世
品封存在博物館或官僚、軍閥、富商、地主的保險箱内,地下出土
品則把持在一些大大小小的學閥之手,誰要動念想看一看就會
有罪,故郭老有"物朽於藏家,人老於牖下"之嘆。解放後,中國
共產黨領導人民掌握政權,郭老很想改變一下這種情況,一九五
六年曾聽他講編甲骨文合集、金文合集的工作。當時我苦於没
有助手,政治形勢也不允許埋首作這類事情,拖了幾年,直到三

年困難時期才造了一個編寫計劃,隨着《甲骨文合集》列入科學院科研計劃和中華書局出版計劃之中。當時忙於其它任務,只以工作餘閑試作一個周代曆譜以爲金文合集的脊梁骨。這是一個無底洞,進去不容易出來,遲至今日,想整理出來表示對郭老的紀念。

一九八二年十一月八日

（《考古》一九八三年第一期）

忠厚誠篤　誨人不倦*
——悼鄭天挺先生

　　我國史學界老前輩之一、著名歷史學家鄭天挺先生去世了。驚悉這位令人尊敬的師長和朋友逝世的噩耗，我十分悲戚！

　　我是從事歷史教學、研究工作的一員老兵了。近年來，一方面我十分欣喜地看到史學戰綫隊伍不斷擴大，新秀競出，成果累累，令人鼓舞。另方面，由於自然規律的結果，目睹許多史學界的師友故舊相繼辭世，感慨萬千，倍覺自己肩上責任之重。每當此時，許多舊識和友人，總邀我寫一些文字，以示悼念之意。然而，我却始終力不從心，故所欠"文債"甚多。這次鄭老去世，回顧與他半個多世紀的交往和友情，往事歷歷在目，音容笑貌，縈繞腦際。在他畢生追求進步、追求光明的漫長途程中，我常常爲他的嚴謹的學風、忠厚誠篤的高尚品德、誨人不倦的精神所感動和激勵。因此，記述一些往事，藉以表達對鄭老的哀思。

　　鄭天挺先生是福建人，祖籍長樂，世居福州，隨宦遷居北京。曾在北京第一中學上學，後入北京大學中國文學系，於一九二〇年畢業。青年時代的鄭天挺先生，就懷着一顆强烈的愛國心，在北京參加過"五四"學生反帝反封建運動。解放戰爭時期，曾以各種方式積極支持北大學生反對國民黨反動當局的鬥爭。每當愛國進步學生遭到國民黨反動當局的逮捕和種種迫害時，鄭先生總是以北大負責人的身份，挺身而出，大義凛然，同反動當局

---

* 本文由林永匡根據作者談話記錄整理。

據理力爭和交涉。並利用自己各方面的關係，多方設法奔走，一次次救援愛國進步學生。他的這些愛國進步之舉，在當時廣大師生中間，贏得了很大的尊敬。

天挺先生正直坦率、忠厚誠篤的高尚品德，使他在數十年的教學工作、研究工作和日常生活中，保持嚴於律己、寬以待人的作風。他執教六十一年，培養和教育的大學本科生、進修生、研究生，遍佈國內外。而且其中許多人，成爲史學界的知名學者。他在科研工作中取得了很高的成就。因此，黨和人民十分敬重他。然而他從不自恃盛氣，無論對同輩或晚輩的學者以及青年學生或工作人員，他總是一律平等相待，在學術上發揚共相切磋、百家爭鳴的學風；遇有事務性的繁難工作，他總以謙和的態度和認真的精神，妥善地解決問題。這都是十分難能可貴的，也是對後人的身教。

鄭先生在學術方面的成就是多方面的，而他對明清史的研究成果則尤爲顯著。他幼時在北京度過童年和少年時代，從家人和親友那裏，耳聞目睹許多清代掌故和官場作風，對清代的許多逸聞軼事，十分熟習。這許多有用的“活”知識，則是書本上所沒有的，故他自幼便對明清史興趣甚濃，而這些知識對他後來從事研究工作則有一定的裨益。因此，天挺先生從事明清史研究工作，從某些意義上而言，自小便具備得天獨厚的有利條件。

孟森先生是我國研究清史的老前輩和開拓者之一，三十年代在北大歷史系任教，講授明清史。孟先生知識面很廣博，學問根底也頗深，他的《明清史講義》就充分表明這一點。鄭先生對孟森先生十分敬重，因而受他的影響頗大。他自三十年代起，便開始對清史深入研究，解放後更在馬列主義指導下，繼續這項工作，他在對清朝開國史的研究中，對滿族起源，入關前後滿人宗教、婚姻、習俗的變化,滿洲八旗制度及包衣制度,入關前後的許多重要歷史人物(多爾袞等),入關前滿族的社會性質等重要問題,都有自己獨到而深入的科學見解。同時,他對清朝的典章制度史的研究,也用力甚勤。諸如對清代兵制、章奏、服飾、職官、教育和科舉制度等問題的研究方面,也取得了積極和重要的成果。鄭天挺先生的這些研究成果,對促進國內清史研究工作的發展,有着功不可没的作用。

特別應當指出的是,鄭天挺先生非常重視整理明清檔案工作。明清兩代都設有内閣,其地點在故宫東華門内。内閣的文書檔案,對研究明清兩代歷史具有十分重要的史料價值。可惜明朝滅亡時内閣檔案全部焚燬,後來清政府收集了一點存放在内閣大庫保存。而清代二百餘年内閣的檔案,包括清軍入關以前的一些舊檔案,均保存得相當完整。到光緒末年(一九〇八年)移歸學部保存。辛亥革命後,由教育部管理,撥交給歷史博物館,横遭摧毀。一九二二年,陳垣先生作教育部次長,將這批檔案撥給北京大學一部分。爲了整理這批檔案,當時北大專門成立了清代内閣大庫檔案整理會。這批檔案的整理,爲北大最早利用這批檔案,對明清史進行研究,開創了極爲有利的條件。抗戰勝利後,北京大學文科研究所恢復了明清史料整理室,鄭先生親自主持工作,作出了不少成績。曾與故宫博物院合編《清内閣舊藏漢文黄册聯合目録》,幫助東北圖書館印行《明清内閣大庫史料》第一輯明代上下兩册。一九五〇年五月舉辦“明末農民起義史料”展覽,並把展品印行,使廣大參觀者和讀者對明末農民起義這一偉大運動得到正確認識。每當憶及這一切,還總感到這一意義重大的整理工作得以開展和進行,是與陳垣先生的大力支持和鄭天挺先生的具體組織分不開的。

除了在明清史研究方面的成就外,鄭天挺先生早年在校勘學方面,也取得了很大的學術成就。一九三六年初,在鄭先生主持下,北大影印了趙一清的《三國志注補》一書,同年二月,鄭先生曾親自爲此《注補》的影印本作序。同年七月,他又在《國學季刊》雜誌上,發表了《杭世駿〈三國志補注〉與趙一清〈三國志注補〉》一文,詳細探究在清代治《三國志》博負盛名的杭、趙兩書,對兩書詳加校勘和考釋。抗日戰爭期間,鄭先生身居大後方的雲南,雖然生活和工作條件極端艱難困苦,但他對研究工作仍始終堅持不輟。這一時期,他雖生活很不安定,但却寫下了許多對中國古代邊疆史、西域吐蕃史的研究論文,如《髮羌之地望與對音》(一九三八年六月)、《〈隋書·西域傳〉附國之地望與對音》(一九四〇年二月)以及《〈隋書·西域傳〉薄緣夷之地望與對音》(一九四二年八月)等論文,對研究中國古代邊疆和西藏史,作出了自己的重要貢獻。這些論文具有很高的學術價值,在當時條件和環境下,這樣作是十分難能可貴的。此外,他對我國東北、西南、西北史地的研究也用力甚多,深入地探討了女真族、滿族、藏族的歷史和他們在不同歷史時期對發展祖國文化和經濟所作出的貢獻。鄭先生的這些著述,極大地豐富了我國古代邊疆史地學和民族學方面的科學研究。

鄭先生豐碩的學術成果的取得,是與他科學的研究方法和謹嚴的學風分不開的。

在研究工作中,他常常采用科學的探微的方法,即具體地解決具體問題的方法。鄭先生把他的書叫做《探微集》、《清史探微》。他一方面説“書的内容微不足道”,表示謙遜之意;另一方面也表明他主張“探微”,即研究比較小的題目,然後以小見大,以微見著。這種研究方法,實際上是從具體的研究問題着手,研究具體問題、比較小的問題，這樣作可以做得深一些，好一些，一個問題、一個問題地加以研究解決，集少成多，積小成大，以求對歷史的某個方面和大的歷史事件有所說明。他還提出，研究歷史，要做到"深、廣、新、嚴、通"五個字。所謂"廣"，就是要求詳盡地佔有材料，以盡可能多的資料爲前提，在馬列主義指導下，提出對歷史的看法。要掌握資料，就必須大量讀書，他自己讀書就極多，故能博通古今。他在讀書時，又力求把握書中的精華，邊讀邊思考問題，摘鈔卡片。他特別反對"淺嘗輒止"，或者華而不實的讀書態度。他在佔有大量的史料時，又特別強調"史料的批判"，對這些史料的真僞進行鑒別，對其科學價值進行認真的估價和分析，以便去僞存真，去粗存精，然後從中引出應有的結論。

鄭天挺先生擅長史學考證，他的考據文章扎實、嚴謹、工細，正是他的優秀學風的具體體現。解放後，他更逐漸運用馬列主義觀點進行考證，具有許多新的特點，在文章中絕非就事論事，而是通過考證去解決某個大的歷史問題。其次則是運用辯證唯物主義和歷史唯物主義觀點，進行史事考訂。他的《關於徐一夔〈織工對〉》一文，就是這種考證文章的良好典範。過去，學術界對《織工對》反映的是元末還是明初的絲織業、抑或是棉織業的情況，有着不同的意見和爭論，經過鄭先生嚴密的考訂和論證，指出《織工對》所反映的是元末絲織業的情況。後來，《織工對》的史料，被學者們用於討論中國資本主義萌芽的問題，從而表明，鄭先生的考證文章，爲中國資本主義萌芽問題這一大的課題討論的開展和深入，作出了自己的具體貢獻。同時，在研究方法和學風上，也爲後起的學者樹立了一個良好的範例。

鄭先生一生中，先後在北京大學、南開大學執教六十餘年，曾經培養和教育了許許多多的學生和學者。因此，他不僅是一位著名的史學家，也是一位成績卓著的教育家。他的淵博的學識和誨人不倦的精神，在數十年的漫長歲月中，博得了廣大師生的信賴和欽佩。他講授過很多課程，有"魏晉南北朝史"、"隋唐史"、"元史"、"明清史"、"明史專題"、"清史專題"、"明清土地制度史"、"明清政治制度史"、"中國近三百年史"、"中國古代地理學"、"校勘學"和"史料學"等十幾門課目。而這些課程均是在他深入研究的基礎上開設出來的。同時，他還在長期教學和研究的基礎上，撰寫了學術專著《探微集》、《清史探微》、《清史簡述》等書。他還參加了《資治通鑑》的標點整理，主持過《二十四史》中的《明史》的標點整理工作。他先後主編出版了《明清史料》、《明末農民起義史料》、《宋景詩起義史料》、《中國史學名著選》等書，同著名史學家翦伯贊同志一起主編了《中國通史參考資料》。更爲令人尊敬的是，直至逝世前，他還以年過八旬的高齡，積極參加和主持《中國歷史大辭典》和《清史》等書的編寫工作。可以毫不誇大地說，鄭天挺先生把自己整個的身心都獻給了歷史科學的研究和教育事業，真正作到了鞠躬盡瘁，死而後已。

我與鄭先生共事多年，親眼目睹和感受他循循善誘和誨人不倦的作風和可貴精神。他的講課，不僅有很高的學術水平，而且能深入淺出，使聽課者感到所論述的問題清晰、透徹、易懂。特別是他講授的明清史，不僅學術造詣深，且講課時生動流暢，深受聽課師生的歡迎。至於在課堂內外、學校和日常生活工作中，對自己的學生和年青的同志，他總是平等相待，對他們學業上循循善誘，具體幫助和指導，而從不厭其繁難和瑣碎。至於對同志、同事和朋友，他則更是采取與人爲善的態度，謙虛謹慎，真誠待人。他的這種謙遜和氣,恰恰正充分表現了鄭先生對於人生的誠懇的、嚴肅的態度。孟子說過:"愛人者,人恒愛之;敬人者,人恒敬之。"當然,所謂尊敬,不僅僅是表現在禮貌上而已,而且也包含着在工作中對於對方意見的尊重,很好地傾聽對方的意見,並進行鄭重的考慮和取捨,即能擇其善者而從之,擇其不善者而改之。只有這樣,才能作到真正的互相了解,並同心協力地工作、學習和生活。而鄭天挺先生正是這樣做的。特別是在解放前,在那種腐朽、庸俗、爾虞我詐風氣盛行的世道裏,鄭先生却始終保持了爲人正直坦率、忠厚誠篤的精神,廉潔的生活與工作作風,而決不與世俗同沉浮,其品德的可貴,更是顯而易見的。

鄭天挺先生主張治史應作到"三求",即求真、求新、求用。而要真正作到這一點,鄭先生又特別強調歷史科學工作者,應當很好地學習和掌握運用馬列主義的理論原理。解放後,他如飢似渴地閱讀馬列主義經典著作,並力求用馬列主義原理來具體指導自己對中國古代史的研究工作,並取得了一定的可喜成績,即使在文化大革命的十年浩劫期間,他對黨、對馬列主義的信念,仍堅信不疑。他曾經深有感觸地說過:"馬列主義我沒有學好,但從我的經歷中我體會到,馬列主義比其他主義要高明得多,不能同日而語。"他愈到晚年,信念彌堅。最後,他終於以八十一歲的高齡加入了偉大的中國共產黨。一生追求光明、追求真理、追求進步的鄭天挺先生,最後終於找到了自己政治上的歸宿。這是令人十分慶幸和欣喜的。

李世民(唐太宗)說過:"以銅爲鏡,可以正衣冠;以古爲鏡,可以見興替;以人爲鏡,可以知得失。"在悼念鄭天挺先生逝世的時候,回顧他的一生,我們就應當以他忠厚篤實、誨人不倦的精神,嚴謹的學風,不斷追求真理、追求進步的崇高品德和品格,作爲我們史學界同志工作、學習和生活的良好借鑒,並從而更好地鼓舞和鞭策我們爲推動歷史科學事業的前進和發展,爲祖國的四化建設和新的社會主義精神文明建設,作出高質量的貢獻。

(《中國史研究》一九八二年第二期)

斯人離世去　業績在人間*
——悼念尹達同志

　　一九三七年"八一三"抗戰發生後,我們和尹達同志都到了湖南長沙,住在韭菜園的聖經學院內。時當抗戰不久,日本帝國主義侵略軍對國民黨的軍隊已如摧枯拉朽,以致人心惶惶,國家民族之一綫希望只在延安。是年十二月,一個淒風苦雨的夜晚,尹達同志結伴奔赴延安,走上了革命的道路,也是真正抗日的道路。解放後,成立了中國科學院歷史研究所,郭沫若院長兼所長,尹達同志任副所長,是郭沫若院長最得力的助手之一。我們也先後來到歷史所。這時的尹達同志不僅是樸學的考古學家,而且是卓有成績的馬克思主義歷史學家了。

　　作爲馬克思主義的歷史學家,尹達同志晚年致力於史學理論的研究,招收研究生,成立研究室,而以中國史學史爲主要課題。史學幾千年來是中國的顯學之一,卓越的歷史學家,優秀的歷史典籍,舉世無匹,是中國古代燦爛文化的標誌之一。我們可以毫無愧色地説,在史學領域內,三千年來中國一直處於世界領先的地位! 但有關中國史學史的研究,卻又少得可憐。有工作而無總結,是使工作不能進展的主要原因。我們發達的史學還止於封建社會,近代的史學理論和史學著作,幾乎是空白。如何在馬克思主義史學理論指導下建立我們自己的新史學體系,還是正在研究中的課題。尹達同志晚年的工作,無疑在這方面打

---

　　* 本文係與楊向奎合著。

下了有益的基礎。

　　無論是精神文明或者是物質文明的建設，史學都是它們取之不盡的寶藏。史學本身是一種遠距離的建設，就是說史學對於兩個文明的建設都不能收立竿見影的效果，但沒有史學我們就缺乏依據。任何建設都是在前人的成果上有所開創，有所提高，而前人的成果已是歷史。不久前一位優秀的青年文學理論家和我們談到中國民族性的問題，這是重要的問題，也是繁難的問題。一個人要瞭解自己，要瞭解自己周圍的人，這就叫做知己知彼，知己知彼就是要瞭解彼此的性格。要瞭解一個民族，唯一下手處就是研究歷史，我們的祖先在歷史上表現如何，這就是民族性的具體表現。什麼是我們民族性的代表，那就看歷史學家的判斷力了。

　　儒家理論長期以來支配着中華民族的思想。我們當然懂得，這是統治階級用來統治人民的工具。但大多數人們接受了它，也相信它，僅是統治階級的利用還達不到這樣相處無間的地步。可以說，儒家理論在某些方面是中國民族性格的一種表現，它們不是憑空立論，而是有群眾基礎的。儒家的理論千頭萬緒，但可一言以蔽之曰，“極高明而道中庸”。高明是指它有遠見，而中庸是指它能够守恒。“不偏之謂中，不易之謂庸”，不偏不易正是自然科學上的守恒定律。一切，無論是自然界還是人世間，平衡才能安定，安定才能發展，發展才能繁榮，繁榮後也要守恒，不能破壞這種平衡。所以有識之士永遠在提倡“生態平衡”。十年浩劫，使我們的社會嚴重失去平衡。

　　“極高明而道中庸”是中國的民族性。我們的民族是高明的，不高明不會有四大發明；我們的民族是“守恒”（中庸）的，不守恒不會有幾千年連續不斷的文明。這只是外觀，是一個輪廓。

它是如何一步一步地形成，一步一步地發展的，就需要以歷史唯物主義的觀點來研究我們的歷史。我們所以説歷史學是一種遠距離的建設，不能立竿見影，但又不能缺少它，因爲它是兩個文明的歷史淵源。尹達同志之建立史學史研究室是有遠見的，這些都在他的考慮之中。我們是老朋友、老同志，平時無話不談。雖然我們的意見不能完全一致，但我們從未争吵，因爲我們都有些"中庸"。

在更大的歷史範圍内，比如説資本主義社會，某些繁榮是由於他們的科技發展。可以説，全世界範圍内的經濟競争，究其實乃是一種科技競賽。但科技也是分作兩方面的，一種是基礎科學，理論科學；一種是應用科學，技術工藝。究竟是先發展什麽樣的科學，才能收立竿見影的效果，使我們的經濟盡快繁榮起來，可以有不同的見解。先加强理論科學，這是一切應用技術的基礎；先加强應用科學，可以收立竿見影的效果。都有道理，但要取决於歷史的裁判。第一次世界大戰前，美國的應用科學已超過西歐，但基礎理論遠在英、法、德之後，而當他利用應用科學使國家富强後，回過頭來再搞基礎理論，正好是事半功倍。第二次世界大戰後，無論是理論還是應用，美國都超過了西歐。這是一例。現在的日本爲了復興經濟，重視應用技術，十年時間工藝技術已經和美國並駕齊驅而超過歐洲，可以斷定他們的基礎理論今後也會突飛猛進。歷史的經驗就是如此，它是人類的社會實踐，其成敗可資借鑑。

歷史是過去的記録，而研究這種記録的理論就是史學史。我們應當重視這種遠距離的建設，這是有遠見的建設。尹達同志十年以來究心於此，如今研究室初具規模而尹達同志已去，我們不能不佩服他的遠見，但也就越發痛惜他的去世！

爲學之道不拘一途,昔日章太炎先生自述爲學次第,以爲其始也轉俗成真,其終也回真向俗,蓋謂從樸學到哲學,又從哲學回樸學也。尹達同志也是從樸學的考古到史學理論的研究。他晚年也頗思重操舊業,整理過去發掘材料,但未及着手而人已不在。

中華民族有悠久的歷史。幾千年幾萬年前,我們的祖先就生活在這塊大地上,"知有母不知有父","饑則求食,飽則棄餘"。氏族制度是逐漸形成的,隨着生産力的發展,有了剩餘勞動才出現階級和國家。中國人民從來就是好古的,喜歡講神話一類的傳説。自從儒家建立"三綱五常"的倫理哲學,回頭看"無父無君"的洪荒時期,對有些事實便不免"縉紳先生難言之",史學家遂有意無意地歪曲或僞造歷史。但是,在先秦一些諸子百家的書中還保存一些片段的、富有生活氣息的記載,作爲人類理想的崇高境界。近代啟蒙學者熱心把西方的社會學、人類學知識傳入中國,使中國史學工作者對古代史産生一些新的看法。本世紀二十年代晚期,摩爾根《古代社會》、恩格斯《家庭、私有制和國家的起源》都有了中文譯本,對於進步的青年接受歷史唯物主義、認識社會發展的規律,起了積極的作用。但是,在史學界運用考古發掘的真實材料來科學地探討中國的古代社會,卻不是件容易的事情。封建買辦階級的學者首先是維護其階級利益,把歷史作爲百依百順的政治工具,而考古學上的豐富資料,石塊、蚌殼、瓦片、土坑使人眼花繚亂,他們也沒有能力透過這些東西看到事物的本質。在中國,運用文字材料之前的石器時代考古學上的成果探討中國遠古時期的社會,是尹達同志所創始的。四十年代初,他在延安出版的《中國原始社會》一書,是第一部把中國的石器時代的考古材料系統地組織起來,據以考查氏族制度在我國發展的序列的書。他認爲原始社會的歷史是馬克思主義史學的重要組成部分,是理論鬥爭的有力根據,要弄清我國氏族制的社會結構必須在考古學中建立起新石器時代資料的可信的體系,以廓清二十年代瑞典學者安特生對中國新石器時代文化的錯誤分期和中國文化"西來説"的錯誤論斷在史學界形成的種種錯誤看法。

　　尹達同志從一九三一年春季,參加前中央研究院歷史語言研究所殷墟發掘團工作,先後曾參加過安陽小屯殷代宫殿遺址、後岡和侯家莊西北岡殷代大墓的發掘,對殷代的文化遺物有深刻的認識,尤其是探尋了後岡遺址中小屯、龍山、仰韶三層的疊壓關係,使他對華北一帶從新石器時代末期到青銅器時代的文化面貌有了一個基本的認識。

　　中國古代曾經歷過石器時代、銅器時代、鐵器時代,這在一些古書上,象《越絶書·越絶外傳記寶劍》、江淹《銅劍贊序》(四部叢刊本《江文通文集校補》)上曾講得很清楚,但是成爲考古學的專門學問則是近代的事情。本世紀一十年代,北洋政府的農商部聘請瑞典地質學專家安特生作礦業顧問,從事全國煤鐵及其他礦産之搜求,在華北一帶曾發現一些零星的石器。這時有幾位中國采集員曾一批一批地送到數十件數百件石器,遂引起安特生改行作考古的興趣。他一九二一年發掘遼寧錦西沙鍋屯,第一次發現彩陶。是年秋又在河南澠池縣仰韶村進行較大規模發掘,關於彩陶和新石器的資料就更豐富了。定名爲彩陶文化,也稱作仰韶文化。安特生的發現與致力研究之功雖不可没,而工作上出的問題也不少。考古學屬於歷史學的範疇,對資料要求細緻纔可以發揮作用。安特生工作粗糙,注意的方面不够,不作詳細記録,而且把地面上或斷崖上收集的材料和發掘出土的材料混爲一談。西方學者的優點是總結經驗快,勇於發表意見,並提到理論的高度,建立新的學說。於是中國文化起源問題、中國人種來源問題等大題目就都提出來了,很快寫成《中華遠古之文化》一書。一九二三——一九二四年,安特生在甘肅、青海一帶調查、發掘新石器時代文化,調查的地點多,發掘的材料少,在有些地方高價收買完整的彩陶,鼓勵盜掘,破壞了考古基地。他看到甘肅彩陶的形狀、花紋和西方的安諾(西土耳基斯坦)、脫里波留(蘇聯南部)的彩陶的某些相似之處,猜測其關係,推定其年代。甘肅新石器文化遺址也有不出彩陶者,如寧定縣齊家坪,但有單色壓花陶器。安氏又認爲單色陶器應當早於彩陶,遂把甘肅遠古文化分爲六期,即新石器時代之末期與石銅器時代之過渡期:齊家期,仰韶期,馬廠期;紫銅器時代及青銅器時代之初期:辛店期,寺窪期,沙井期。並擬定其相對年代及絕對年代。繼而提出了"文化之遷移"即中國文化與近東文化之關係,及中國民族之遷移問題。這種分期和他重新宣揚的中國文化"西來說",在國內外廣爲傳播,居然成爲有根有據的東西,影響很壞。

龍山文化是中國新石器時代的晚期文化,一九二八年吳金鼎在濟南城東龍山鎮城子崖發現,一九三一、一九三二年曾作兩次發掘。其文化之特點爲黑色陶器,相對於彩陶文化也稱爲黑陶文化。尹達同志三十年代初期在河南北部曾參加過一些調查和發掘工作,充分理解龍山、仰韶兩個文化層的疊壓關係。一九三六年春季,尹達同志具體負責山東日照兩城鎮的發掘工作。這是一個標準的龍山文化遺址,材料最爲豐富。經過整理研究,編寫報告,從中取得了系統的豐富的知識。龍山文化以具有豐富的內容,這個考古學上的名稱而得以確立。

　　尹達同志根據自己的新石器考古的實踐,尤其是龍山文化的知識,來看安特生的成就,指出從陶器的各方面分析,確知仰韶村遺址中實含有龍山和仰韶兩種文化遺存,其本質各有不同,其時代有先後,而看不出演變的關係,可見是兩種文化堆積,而不是兩種文化融合爲一之後的遺存。安特生認爲單色陶器早於着色陶器,就是説龍山文化早於仰韶文化,這和河南北部的普遍情況不合,事實上是站不住腳的。同時,尹達同志也注意到關於齊家坪遺址的問題,知道這些陶器確有不少特點和龍山文化遺存相似。安特生單色陶器早於着色陶器的理論,在河南既被考古發現推翻,在甘肅同樣不能成立。甘肅遠古文化之六期説必須批判,重建新的體系。這樣,中華遠古文化西來説、人種西來説等在中國曾流行一時、影響很壞的學説,都成了無根之木、無源之水。尹達同志運用堅實可靠的材料,實事求是地進行批判,這種戰鬥的精神是非常可貴的。不破不立,不塞不流,他的《龍山文化與仰韶文化之分析》是一篇劃時代的論文,把中國新石器文化研究工作推上一個新的階段。

　　從三十年代初期尹達同志參加考古工作起,就收集關於我國舊石器、新石器時代的發掘報告和論文(中文的和外文的),幾乎是應有盡有。一九三七年底去延安前把它存在河南襄城一位老鄉家中。一九三九年,他冒着生命危險,穿過敵人的封鎖綫,把這批資料取到延安,作深入的研究。根據豐富的、具體的材料,寫出了《中國原始社會》這樣一本大書,充實了馬克思主義的史學內容。擺事實講道理,使考古工作的成果和歷史唯物主義的理論血肉相連,人們讀後容易接受而不認爲是空洞的説教。解放後,尹達同志有機會看到四十年代安特生和他的助手在瑞典發表的關於甘肅發掘的幾個報告,對他們工作上的缺點和錯誤知道得更清楚了,又寫了《論中國新石器時代的分期問題》,進一步申明前說。一九五五年從《中國原始社會》中抽取講新石器文化的三章和幾篇論文,印爲《中國新石器時代》一書。一九七八年人民出版社要求重印。他以古稀之年、多病之身,仍有"我準備抽出時間到有關地方去看看那些新發現的遺址,對新出現的問題也作些必要的探討,再寫一本《新石器時代》的《續編》"的壯志。

現在,尹達同志離開我們而去了,他在幾十年間的業績當會長留人間。幾十年間,他積極倡導史學工作者應該具備考古學的基本知識,以消化、掌握、運用考古學的研究成果,使考古學真正成爲馬克思主義的歷史科學的一個有機構成部分。這是古代史研究的一條正確道路,它將被後繼的歷史工作者和考古工作者開闢成寬廣的大道。

（《歷史研究》一九八三年第五期）

《商周古文字類纂》後記

　　《商周古文字類纂》,郭沫若先生一九四四年四五月間著於重慶。

　　自一九二七年郭老流亡日本,研究中國古代史,寫成《中國古代社會研究》。因需用第一手史料,必須直接閱覽原始資料,遂着手整理殷墟甲骨文字及殷周青銅器銘文,兼及石刻文字,先後成書數種。如《甲骨文字研究》、《卜辭通纂》、《殷契粹編》、《殷周青銅器銘文研究》、《兩周金文辭大系圖錄考釋》、《石鼓文研究》等,創獲甚多。僅古文字學方面之功績實已超越前人。

　　漢代許慎作《說文解字》(公元一〇〇年),以秦漢通行之小篆爲主,得九千餘字,兼收籀文、古文之異體一千餘字,作爲重文。是爲漢字最早、最大的一部字典。其優點是從文字之形、音、義三方面進行解釋,分列部首,文字依類相從,條理細密,說解明白。一千八百多年來學者奉爲經典。然而許氏所見材料有限,分部或不合理,析形、釋義亦多牽強。事屬首創,誤失自所難免。郭著此書,收集甲骨文、金文、古璽印文以及石鼓文等,皆秦以前文字,選擇其已識者近兩千字,按照《說文解字》部首及字序編排,從漢字發展史看,前後銜接,補許書之不足,探漢字之本源。其中形音義相合者可相輔而益彰,形音義間有違異,互相對證亦可以匡正許氏之失。惜當抗日戰爭時期,新材料求取不易,間架初立乃即停筆。其後,國事日繁,迄無繼續述作之時日,以致宏願未遂,實爲一大憾事。

　　近年郭氏家人將遺稿出諸篋衍，由文物出版社影印出版，以保存郭老手迹，更以郭老治學之精神與方法啓迪後人，亦學術界之盛事。

　　　　　　　　　　　　　　　　一九八九年十二月

　　（《商周古文字類纂》，文物出版社，一九九一年七月）

唐蘭《古文字學導論（增訂本）》出版附記

　　《古文字學導論》是唐蘭同志四十多年前在北京大學教學時用的講義，一九三四年手寫石印，除隨堂發給學生外，曾加印了一百部，由來薰閣書店公開發行。一九六三年中央黨校歷史教研室作爲教材影印，由作者加了一篇跋，並在書前加武丁時期龜甲卜辭及克盨蓋銘文圖版。現在齊魯書社據講義本重新影印出版，圖十至十八，皆爲補齊，一九六三年本所加之跋及圖版亦收入。另外，作者在一九三六年秋曾作改訂本，惜寫至五十二頁而中止，今亦一併收入書中。

　　中國古文字研究已有一兩千年的歷史，但很少理論性的著作，唐蘭同志這部書是空前的，在今天仍很有用。現將這部書輯成這樣一個完整的本子出版，希望對古文字學研究的發展和提高起一定的作用。

一九七九年六月

（《古文字學導論（增訂本）》，齊魯書社，一九八一年一月）

《唐蘭先生金文論集》序

　　唐蘭教授於一九七九年一月十一日倉猝去世,公子復年同志遵從故宮博物院之決定整理遺稿,分門別類,以便出版。現選擇四十五篇,編爲一册,名曰《唐蘭先生金文論集》,以饗讀者,非唐蘭先生金文著述之全集也。

　　回憶一九三二年秋,先生初到北京大學講授金文,作《名始》,後又講授《古文字學導論》。余當時初入北大,爲聽講者之一,同學今存者有楊向奎、鄧廣銘等數人而已。

　　一九七四年秋,余到文物出版社整理《長沙馬王堆帛書》,其《老子》甲本釋文出先生手,《老子》乙本卷前古佚書先生貢獻亦不少。　九七六年春討論《春秋事語》、《戰國縱横家書》,費時一個半月,先生曾多次出席發言。

　　此後,先生忙於中國古代文化史迹的論述,聞所撰論文甚富,惜余多未見,不久即永別矣。余頗欲撰先生年譜,許多材料找不到,大約皆先生二十五歲至三十歲事,故遲遲未着筆,當俟遺書或全集出版之時爲之。

　　本集凡收文四十五篇,乃選集,亦有非專論金文者,社會既有此需要,亦可過而存之,以應時需,誠盛事也。先生開始考釋金文在三十年代,初極認真,曾自謂以孫詒讓爲榜樣,檢查成績,實過之而無不及。晚年涉獵既廣,注目於中國古代文明起源諸問題,各有撰述,遂不專心於金文,所論不免有隨文敷衍之嫌者。然先生畢生精心之作,則非他人所能望其項背也。今選二篇爲例。

一、周王猷鐘考

此鐘著録於《西清古鑑》、《積古齋鐘鼎彝器款識》、《攈古録金文》，因銘文有"宗周寶鐘"一語，遂名曰"宗周鐘"，又有"叚子乃遣閒來逆卲王"一語，因定爲昭王時物。孫詒讓《古籀拾遺》考證謂"昭王者，見王也"，願見周王，獨缺主名。先生由器制、銘辭、文字、書法、史迹五點言之，斷定此器必位置於厲宣時期。銘文有"猷其萬年"，猷當讀爲胡，即厲王本名，因改定此鐘名"周王猷鐘"。一時學者從之無異詞。歷時四十餘年，一九七八年五月陝西省扶風縣齊家村出猷簋，銘一百二十四字，有"猷䵼彝寶簋"；一九八一年二月，扶風縣莊白村出土五祀猷鐘，距猷簋出土地約二公里，銘八十九字，有"猷其萬年"等字，三器書法相同，遂爲西周銅器斷代樹一絶對標準，永不動摇。

二、西周銅器斷代中的"康宫"問題

整理西周銅器銘文，首先是斷代問題。西周約三百五十年，遺留下許多銅器，銘文長篇的不少，斷代準確，方可認定這許多新史料。

令彝（令尊銘同）云："甲申，明公用牲於京宫。乙酉，用牲於康宫。咸既，用牲於王。"這裏記載甲申祭於京宫，乙酉祭於康宫。京宫與康宫對言。經過先生的仔細研究，知道京宫是大王、王季、文王、武王、成王的廟，而康宫是康王、昭王、穆王以下的廟。過去學者不知此區別，把字體方正的銘文多歸之於周成王，漫無標準，遂不免把一事分成數事，一人分成幾人，而後邊的材料被提到前邊，後邊的若干問題也就没法子講了。先生糾正這種種錯誤，全文長三萬多字，行文牽涉的問題很多，也斷決了班簋、曶鼎、克鼎等器，以至於周王姜是誰之后、徐偃王時代、周厲王年數等問題。這些都是西周銅器斷代上的大事,讀後深覺先生得心應手,應付裕如,毫無障礙。

　　總之,先生創見甚多,不必贅言。本集四十五篇所論者衆,早者起商代前期,晚者如青銅農具似乎已到漢代,包含的時間長、門類多。讀者得此一本潛心閱讀,必多有所獲。青年欲深入辨明其中所論問題,當同時研讀先生早年發表的《中國文字學》、《古文字學導論》,會更有益。

　　　　　　　一九九五年七月十日於北京建國門寓所

　　(《唐蘭先生金文論集》,紫禁城出版社,一九九五年十月)

評《中國文字之原始及其構造》

此書乃商務印書館最近選定之星期標準書,商務印書館廣告知爲胡樸安氏所選,廣告中並摘録胡氏序文如次:

中國現存文字,以甲文爲最古,由甲骨文而金文,由金文而小篆……六書爲後人整理文字條件,故論六書條例,當不僅以小篆爲限,兹書由小篆溯及甲骨文,可以由此得文字之變遷。

今翻此書,竟無胡氏此序,疑不能明。然即此摘鈔胡序觀之,所謂"兹書由小篆溯及甲骨文,可以由此得文字之變遷"者,殊覺其不符實際也。

本書作者乃一毫無文字學常識之徒,於文字學之理論既非所知,於甲骨金文亦毫無所識,惟東西剽襲强充解事而已,故鈔襲範圍亦孤陋可笑。西文方面率出 Walter James Hoffman: *The Beginnings of Writing* 及 Arhur J. Evans: *Scripta Minoa* 兩書,中國古文字則全抄日本人高田忠周之《古籀篇》及《學古發凡》。數書皆好牽强附會,多作模糊影響之談,爲文字學書之最下者,乃作者不惜奉爲祖禰,而於專門名家之作,則蓋未之見也。

作者於文字學之最低限度基本常識皆未具備,故除習見之段玉裁、王筠諸氏書外,其餘之所徵引,皆出轉鈔,故或標出,或不能標出。

如第一編五十四葉稱:

《博雅》:皇,美也。

吾人知《博雅》即《廣雅》，隋人避煬帝諱改此稱，今作者轉引而
仍舊名，大有莫名其妙之感。又第二編六十一葉：

　　　宋張有《音論》引《復古編》曰……

吾人知《復古編》二卷爲張有撰，其書流傳甚廣，而張有《音論》
則未之前聞，此云張有《音論》引《復古編》殊覺滑稽。蓋出顧亭
林《音論》引張有《復古編》語，作者於兩人名書名茫無所知，故
有此失。且作者侈談六書，乃於黃以周之書亦所未識，故不惜於
高田忠周書中再三轉引之，此等處亦殊見其陋也。獨於報章雜
誌中之零星小文則不惜左右引用，以矜其鈔錄之廣。於此吾人
又不能不嫌中國各圖書館之簡陋，以其只有國學論文索引而無
良好之圖書分類目錄及計門論文分類目錄以供作者參考也。

　　本書第一編，第二《未有文字以前替代文字之工具》章，第
一節論標識分五種，其事在初民容或有之，然必考訂其出於庖
犧、神農之世，則執矣。第二節論繪畫，作者絕對相信唐韋續之
《五十六種書法》，如太昊庖犧氏之龍書，炎帝神農氏之八穗書，
少昊金天氏之鸞書，帝嚳高辛氏之仙人書，夏后氏之鐘鼎書，周
文王、武王之鳥書，並引《路史》以爲證。按《五十六種書法》不
見於古昔，皆六代以降好奇者爲之，典籍足徵，昔亡友孫易厂《書
法小史》曾論之甚詳。韋續唐人，不足以爲考古之根據，羅泌
《路史》則轉鈔韋書，今作者既不惜據爲典要，竊喜其“中國文字
之原始”在兹，且謂“足以略明中國古代圖形之迹，則不可誣
也”，何其誣哉！頗惜作者未識峋嶁紅厓之刻，否則於本書又添
不少離奇材料矣。

　　第三《最初之象形文字》章，以散氏盤、龜版卜詞（按當作
辭）與克雷特之費斯圖繪畫泥盤及墨西哥繪畫文字相提並論。
不知殷墟文字就其書法結構、文辭句法及假借字、形聲字之多而

論,實爲極進化之文字,而遠脱於最初象形文字之域。至如散氏盤則爲象形字之屍骸而已,其去最初象形文字之遠幾與今日楷書相等。如此遂以爲最初象形文字在是,而欲“中國象形古文遂與埃及克雷特諸國之象形文字東西相映”,豈不荒誕。

至其中西文字之比附溝通,則全鈔華學涑《國文探索一般》,列舉中國古文之日月星雨山川牛羊……等字,與埃及克雷特文相比較。不知即此諸字雖以今日楷書與之比較亦無不可,不能藉此謂龜版、散盤爲中國最初象形文字。而所舉諸例中如“毳”本形聲字,“祝”、“涉”、“囚”、“旱”本會意字,則尤非象形字之比也。

第四《中國文字之嬗變與研究之途徑》章,既矜矜考訂倉頡、史籀之時代,又謂“然倉頡舊文,後世莫可詳覽,中國古文之可考見者,當始於籀篆”,則作者於甲骨文、鐘鼎文之時代及與籀文之先後,似亦非所深曉。於此可見作者之作是書,惟隨抄掠之便,任意摭拾,既無客觀之條例,又無主觀一貫之見解,只是雜亂獺祭而已。第六十四葉至六十八葉,五葉中完全鈔集論石鼓文年代之文,以本書之性質論,有畸重之勢,似不應如此,蓋亦抄録之便使然。僅按本書第三十三葉(第一編)稱“中國石鼓之十有二”,則於石鼓之數目尚非所知,而於石鼓年代能有一明瞭見解,吾不信也。

本書第二編爲《中國文字之構成》,而總論及分論六書之義例。作者於六書之條例蓋毫無所知,惟鈔高田忠周之書,沿鄭樵以來論六書之謬誤而附益之。分析苛碎,徒事紛爭,謬論百出,實不勝舉。如指事本獨體之文,所謂“視而可識,察而見意”者,其義至簡。乃於指事之條例云:“形聲字而尚爲指事者”,“會意字而尚爲指事者”,“轉注字而尚爲指事者”,“假借字而尚爲指事者”,荒謬可笑。

　　至於象形字更無所謂獨體之文,“畫成其物,隨體詰詘”,了無是意,而作者於“單體”、“合體”不別,“依類象形謂之文,形聲相益謂之字”之例不分,於是其象形條例有“雙體象形”、“合體象形”、“重體象形”等等,更曰“象形而指事”,“象形而會意”,“象形而形聲”,“象形而轉注”,“象形而假借”,愈滋紛擾。象形爲六書中之最簡單者,猶渾沌如是,則形聲、轉注等其他各例可知,等諸自鄶,可無譏焉。

　　至作者於甲骨鐘鼎之文,疑其一字不識,而惟抄襲是務,如“伐”字在甲骨金文中本至易識,與楷書最相似,而第一編第五十二葉連舉十“伐”字無一是者。“高”、“倉”二字,本最易別,而第一編四十葉以“高”爲“倉”。如此之類,不勝枚舉。然此皆沿襲高田忠周之誤,不獨作者一人之失也。

　　（《天津益世報·讀書週刊》一九三五年十一月廿八日）

《殷契新釋》序

　　殷商時期用龜甲和牛肩胛骨占卜。卜人爲殷王占卜後，將占卜日期、卜人名字、問卜事項刻在卜兆旁邊，有的還刻上年月地點，以及日後的應驗，每條字數多少不一，最長的將近一百字。這類資料沉埋地下三千年，十九世紀末在河南省安陽小屯村開始發現，至今出土約十五萬片。八十多年來，經過許多學者整理考證，知道殷商時期卜人使用的文字約四千五百左右，而今日可以認識的約占三分之一。這種文字記錄學者稱之爲卜辭，字句基本完整的很多，數量無從估計，約在十萬條以上。這是研究殷商歷史的第一手資料，如果能準確識字並解釋文義，我們關於殷商歷史的知識就會超過司馬遷的《史記》。從一九一七年王國維發表《殷周制度論》等文，到一九八六年《甲骨文與殷商史》的第二輯出版，其間有許多研究殷商歷史的重要成果，有的闡明歷史唯物主義的真理，有的探討中國社會發展的規律，至於論述殷商政治制度、社會組織、思想文化以及生產與分配等問題，更是指不勝屈。學問是無止境的，當前如何提高對殷商歷史的研究？最關鍵的一點應是識字，如果甲骨文能多認識三五百字，就會產生較大影響，如：一、擴大知識面，發現新問題；二、糾正前人的錯誤，或解決前人遇到的疑難問題。總之，甲骨文認識的字數不斷增加，對於殷商歷史的認識就會一步一步地接近事實。

　　劉桓同志有意研究甲骨文字，十多年來刻苦鑽研文字學，運用比較豐富的古文獻知識，周密地觀查和思考。他所寫的考釋甲骨文字的文章五十五篇，約十多萬字，集成《殷契新釋》一書。如《卜辭拜禮試析》、《甲骨文形變字釋例》、《釋歔》、《説兑田》、《説殷代的隸》、《釋疒疫》、《卜辭勿牛試解》、《釋恒》等篇，皆苦心孤詣，可以看做他的代表做。研究甲骨文字本來是一件很不容易的事，時間相去三千年，漢語有了很大的變化，詞彙、語音、語義、語法多有不同。占卜是專門的行業，用字遣詞自有其局限性，卜人世代相傳又會有其特定的習慣。今天根據簡短的卜辭來考釋其文字，判斷其音義，解釋其演化過程，必然會有猜想或假設的部分。過去的大師如郭沫若《甲骨文字研究》、于省吾《甲骨文字釋林》等書，内容皆有得有失，幾十年後再版時莫不訂正和删削，所以今天要求《殷契新釋》盡美盡善是不現實的。我們應當看劉桓同志不襲前人成説，資料都是認真采集而得，意見必反覆思考而出，有這種踏實的學風，其作品必可信賴，其創見發明自然會豐富殷商歷史的知識，即便有不妥當的地方，讀者作爲參考也會是有益的。

一九八七年八月二十二日

（《殷契新釋》，河北教育出版社，一九八九年七月）

讀《古陶文香録》

《古陶文香録》　顧廷龍編　民國二十五年　　北平研究院出版

　　古陶器物的出現,在中國也許是很久的事,但是陶文之獲得一般學人的注意,却還不過六七十年。這雖是一件小事,却可藉以見出古器物學風氣轉變的大端。中國古器物學之興始於宋代,當時不免帶些玩骨董的氣息,雖則也注意到器的銘文,而最大目的却在收藏寶物,所以金玉以外的古物,一般人不大注意。到了清朝,由於經學小學研究的猛進,大家知曉了古器物銘辭字體的重要,於是古器物銘辭之學特別發達,古文奇字隨而漸多可讀。同時在收藏競爭的風氣下,像劉喜海等人遂提倡古物以文字爲貴之説,雖屬破碎銅片,苟有文字,皆加寶藏。因此古器物之收藏研究的範圍,遂擴張到鐘鼎以外。劉氏的同鄉一般山東學者,尤其是陳介祺,繼承了這種風氣,派人四出搜求古物,凡有片文隻字者,無論何物,概所羅致,於是又訪求到古陶器物,自此世上始知有古陶文字的存在。

　　自來發現的陶文,雖然也有商代或周初的遺物,如殷墟及城子崖出土的,但數量極少,大體則皆是戰國時代的產品,這是中國古文字學研究上一件很可慶幸的事情。因爲戰國是中國文字變化最劇烈的一個時代,而同時又是傳世材料最少的一個時代——彝器既寥寥無幾,兵器、貨幣、璽印之類,文字又過於簡單——並且所有陶文,大都是齊燕趙幾國的產物,這種在地域與時代上的確定,其給予研究上的便利,恐怕只有甲骨文可以比擬。

　　陶文的發現,正當清末金石考據之學極端發達的時候,所以發現之後,立即爲一般學者所利用。有用以考經的,如丁艮善之據臨淄出土的陶文,證明《詩經・齊風》"子之還兮"、"子之茂兮"、"子之昌兮"的"還"、"茂"、"昌"皆是地名;有用以證史的,如方濬益之證明《漢書・地理志》城陽之名,齊時本已有之,而不始於文帝的封朱虚侯章:這都是很重要的發現。其專作小學研究的,則有吳大澂所撰《古陶文字釋》及《三代秦漢古陶文字考》,兩書雖未完成問世,而《説文古籀補》確收録陶文不少,這是類編陶文的發端。其後丁佛言作《説文古籀補補》,輯録的陶文更多,考釋也有不少精到的地方。其搜羅最備,考釋最精,以專書形式問世的,則推顧先生這部《古陶文香録》。

　　我們曉得古文字應用的時期很長,從有文字之始到小篆,時代既遠,區域又廣,字體演變,遂有時地之別。同時更因不同階級的書寫者——如專門寫字的史官與粗有常識的工匠——所應用工具的不一,寫出的字亦不一,以及因文字的應用不同,又有所謂匠體、變體差別,這種種的差異,皆是研究古文字演變時所應注意的癥結。一個從事於古文字研究的人應該把這些成因不同的種種單位分清,然後才可以對古文字學作一番"史的研究"。甲骨不成問題,可算是古文字的一個單位,銅器則因時地過於廣泛,必須定爲幾個單位,晚周材料缺乏,兵器與璽印,也可各自獨立,成一單位,而這大批的陶文,也當然是最重要的一個單位。甲骨文、金文、璽印文字,早已經人集攏起來,編成字典,給予研究的人無窮的方便,只有陶文一直還不曾有同類的作品出現。感謝顧先生他替我們彌補起這一個缺憾。他費了多年的工夫,集合起他自己搜討的成績,和前人研究的結果,編成了這部陶文字典——這部《古陶文香錄》!

　　本書是用《説文》的部次編排的,這是向來編次古文的成法,不過却有些人反對。因爲《説文》是一部晚出的書,所收的文字,不完不備,與古代文字大有出入,而且分析偏旁常有錯誤,以致分部屬字也多有不對的地方。因此有人主張據形繫聯,另創系統。我以爲這意見却也有討論的餘地。我們編一部辭書,目的是在供人翻檢,所以怎樣才最便於翻檢,是第一件應注意的事情。假如廢除一切舊有法則,另立新的系統,在短期間既未必能够作得周密無訛,而别人檢查起來,更未必能便利實用。《説文》是研究我國古文字學的寶典,凡是研究古文字學的人大致都曾讀過,它的部次大家也十九可以熟記,所以依據《説文》的部次來排編,雖不能合於我們的理想,終不失爲一個妥當而適用的辦法。至如《説文》的字有許多和古文字的偏旁不同,那正好用古文來證明《説文》的錯誤,而《説文》所無之字,也正好藉古文來補苴。並且,這種編排方法於研究上還有一點方便之處。前面我們已經説過,研究陶文應當把它看做一個單位,來考訂古文字的變遷史,這種意見前人已曾有過。王静安先生曾根據陶文及六國兵器、璽印、貨幣諸文字與《説文》中所收之孔壁古文比較,而有“戰國時秦用籀文,六國用古文”的説法。王氏的理論雖要妙卓絶,可惜没能舉出充分的證據。現在有了這部陶文字典,並且是按《説文》部次排列的,那麽我們可以很容易的用以與《説文》的古文對勘一下,來證成或反證王氏這個驚人的學説。

　　由於排印的不便,並且一部字書的優良,亦非三二例證所可表現,所以關於本書考釋的如何優美一層,此處暫置不談。至於本書摹寫的準確、印刷的精工，則絕非一般同類作品所可比擬。

　　總之，這是過去陶文研究成績的總匯，也是第一部成功的陶文字典。一個研究中國文字學，中國古器物銘，甚至中國古代史的人，是不可輕輕把它放過的。

　　　　（《天津益世報·讀書週刊》一九三七年三月十一日）

《春秋後語輯考》序

　　戰國時期,戰爭頻繁,在不斷的戰火中毀掉了無數的史書和檔案。秦統一中國後,又有計劃地"焚書",所謂"諸侯史記"遭殃最重,大約除《秦紀》外,全被徹底毀滅了。司馬談、司馬遷父子作《史記》,戰國的部分困難很多,依據有限的一點書籍,作古迹調查,訪問一些老人,總算是用最大的努力取得可觀的成績,成爲《史記》一書極可寶貴的一部分。但是史料仍舊不足,免不了許多事說不明白,或者是搞錯了。

　　中國古代很早就設立史官記錄國之大事及國君的私人生活,態度認真不苟,樹立起一種端正的學風,也傳留下許多書籍。儒家繼承了這種學風,所傳授的典籍如《春秋》、《尚書》等等,一般都是可信的。戰國時期,諸子百家多起於民間,與官府隔絕,沒有機會讀史書和檔案,未受過史官的教育和熏陶,他們所有的一些歷史知識多得之於傳聞,不辨真假。爲了某種目的,筆下寫來又往往借事譬喻,古爲今用,誇張或歪曲了事實。所以諸子書中關於歷史的論述不免膚淺和錯誤,與儒家典籍比起來,顯然不如。當時曾經出現合縱連橫之說,從事這種活動的人被稱作縱橫家。他們是百家爭鳴中最活躍的一家,志在作官,劃策以干時君,靠遊說解決個人出路問題,像後世走江湖的人們,遇事都發議論,迎合對方的心理意圖,投機取巧。縱橫家寫下的書又不一定是遊說時的真實記錄,而是爲了教育門徒或誇張自己的門庭和學風,而憑空擬作的。這樣的書當時很多,大小不一,可以歸

爲一類。西漢晚期(河平三年,前二六年),劉向校中秘書(校勘
中央收藏的書),見到的有《國策》、《國事》、《短長》、《事語》、
《長書》、《脩書》等等,其中有八卷是分國編的,從而全部都分國
編了。有東周、西周、秦、齊、楚、趙、魏、韓、燕、宋、衛、中山,計十
二國。每國又按時代先後排列,成書三十三卷。劉向認爲這是
"戰國時遊士輔所用之國爲之策謀",定名爲《戰國策》。"其事
繼春秋以後,訖楚漢之起,二百四十五年間之事"(皆見《戰國策
書録》)。書中記事最早的是《趙策一》"智伯從韓魏兵以攻趙,
圍晉陽",在公元前四五五年。到秦二世元年楚義兵起(前二〇
九年),正好是二百四十五年。中國古代圖書分類法是從劉歆
《七略》開創的,班固作《漢書·藝文志》是根據《七略》删簡而
成。《戰國策》所收不出於史書或檔案,策士作僞不實,常屬虛
構,按性質,這類書應當分到《諸子略》的縱橫家,《藝文志》却放
在《六藝略》的春秋家,編在《國語》等書之後,《楚漢春秋》等書
之前,也就是把它當作史書。劉向對《戰國策》的認識是清楚
的,他這樣作却是因爲戰國時期的史書是空白,有意用它來補
缺。但是,史是務實的,子是務虛的,不能相混。這種矛盾使兩
千年許多人對《戰國策》的編排發生不滿,而對《戰國策》動手改
造的則是孔衍(二六七—三二〇年)。

《晉書·儒林傳·孔衍傳》:

　　孔衍,字舒元,魯國人,孔子二十二世孫也。……衍少好
學,年十二能通詩書。……避地江東,元帝引爲安東參軍,專
掌記室。……明帝之在東宫,領太子中庶子。於時庶事草創,
衍經學深博,又練識舊典,朝儀軌制多取正焉。……視職期
月,以太興三年(三二〇年)卒於官,年五十三。衍雖不以文才
著稱,而博覽過於賀循,凡所撰述百餘萬言。

這裏提到的賀循,是江東極有名望的學者,有很高的政治地位,死先孔衍一年(見《晉書·賀循傳》),所以引來相比。孔衍的著作是很多的,見《隋書·經籍志》、《舊唐書·經籍志》、《新唐書·藝文志》,約有十多種。有《春秋公羊傳集解》、《春秋穀梁傳訓注》等,可見他研究《春秋經》,且有著述。又有一些仿經之作,如《漢尚書》、《漢春秋》、《後漢尚書》、《後漢春秋》、《魏尚書》、《後魏春秋》(“後”疑是衍文,也或是“漢”之誤)。古代“左史記言,右史記事,事爲《春秋》,言爲《尚書》”(《漢書·藝文志》),孔衍這些書大約都是記言、記事的史書,可惜久佚,今不可見。他又作《春秋時國語》、《春秋後國語》兩書,皆仿《國語》而作。“春秋時”即春秋時期,“春秋後”指戰國時期。劉知幾《史通·六家》:

> 始衍撰《春秋時國語》,復撰《春秋後語》,勒成二書,各爲十卷。今行於世者,惟《後語》存焉。

古書常小題在上,大題在下,或無大題。《後語》各卷的標題是《春秋後趙語》、《春秋後韓語》等等,更無大題,如果去其不同的國名,即成《春秋後語》。唐代民間可見者僅此一種。敦煌石室發現唐寫本及《日本國見在書目》著錄者亦僅此一種。《史通·六家》說:

> 孔衍以《戰國策》所書未爲盡善,乃引太史公所記,參其異同,删彼二家,聚爲一録,號爲《春秋後語》,除二周及宋、衛、中山,其所留者七國而已。始自秦孝公,終於楚漢之際,比於春秋,亦盡二百三十餘年行事。

這幾句話可能出自孔衍的自序,今不可見,大意是孔衍嫌《戰國策》内容不好,他用《史記》所記戰國時事和《戰國策》比較,删掉《戰國策》許多段,選取《史記》一些章節補充進來。他去掉東周、西周、宋、衛、中山五國，只要七國。書以《秦語》爲第一，而記事起於秦孝公（前三六一——前三三八年）變法，從全書看《趙語上》猶記趙、韓、魏三家滅智氏，事在公元前四五三年。下限則《秦語下》記二世三年（前二〇七年）秦王子嬰刺殺趙高，迎沛公，及項籍殺子嬰事。至於所謂"二百三十餘年行事"則不知其起訖究指何事何年。《戰國策書録》説"二百四十五年"是對的，不知是否經過宋代學者改正，也許這裏"二百三十餘年"的"三"字是"四"字之誤。

孔衍作《春秋後語》根據《戰國策》而删了許多，這是孔衍認爲不好，沒有史料價值，今所見《後語》不全，可置不論。《戰國策》缺記戰國時許多大事，孔衍根據史料補了一些。以秦國爲例，秦孝公用商鞅變法是中國史上的大事，《秦策》雖有一段，不足二百字，《後語》的《秦語上》却根據《史記》的《秦本紀》及《商君列傳》補了許多段，很多字。《秦策》記事到吕不韋，在滅六國以前，不記秦之滅亡，《戰國策書録》説"訖楚漢之起"，與今本不合，今本可能是掉了尾巴。《後語・秦語下》據《史記》的《秦始皇本紀》、《蒙恬列傳》、《李斯列傳》補了許多段，很多字。這樣大量增補文字，從整理古籍講，不能這麽作。孔衍是撰述，爲了説明歷史則是可以的。《後語》常把《戰國策》中關於一人一事的記載移到一處。以合縱連横爲例，合縱發自蘇秦，起於趙國，《戰國策》中蘇秦遊説諸侯，散在各國：

　　《趙策二》　蘇秦從燕之趙

　　《韓策一》　蘇秦爲楚合縱説韓王

　　《魏策一》　蘇子爲趙説魏王

　　《齊策一》　蘇秦爲趙合縱説齊宣王

　　《楚策一》　蘇秦爲趙合縱説楚威王

孔衍把這五條緊接在一起,放在《趙語上第四》。《戰國策》中連橫最早是蘇秦提出,以説秦惠王,《秦策一》有蘇秦始將連橫一條,《後語》仍入《秦語中第二》。張儀連橫之後在各國的活動,如:

《魏策一》　張儀爲秦連橫説魏王

《楚策一》　張儀爲秦破縱連橫

《韓策一》　張儀爲秦連橫説韓王

《齊策一》　張儀爲秦連橫説齊王

《趙策二》　張儀爲秦連橫説趙王

《燕策一》　張儀爲秦破縱連橫謂燕王

這六條,《後語》則連接在一起,都放在《秦語中第二》。這樣編輯對初學歷史的人顯然是清楚的。從這些情形看,《春秋後語》比《戰國策》大有改進。劉向的工作是整理古籍,儘量把史料保存下來,不能銷毀,不能添造。孔衍是著述,作書要達到目的,筆則筆,削則削,辦法就不同了。兩家的路數不一樣,内容就有差别。

《春秋後語》在唐宋時期頗爲流行,曾傳至西北、西南邊遠之地,南宋以下陡然消失,知其名者甚少。這是什麽緣故?《戰國策》三十三卷,在古籍中算是比較大的,在雕版印刷術通行以前,求得完本不易,學者所見多是零星殘卷,因而傳鈔和閱讀者少。曾鞏《戰國策目録序》、孫朴《書閣本戰國策後》、姚宏《戰國策校序》等篇都説明這一點。敦煌石室藏書兩萬卷,竟無《戰國策》,而有《春秋後語》,可見《春秋後語》是代替《戰國策》而存在的。北宋後期曾鞏等人校正《戰國策》,各地遂有刻本,風行一時。文人愛好文學者多,懂得史學者少,《戰國策》類似小説,易受歡迎。《春秋後語》文簡事繁,語短句澀,兩相比較,不如《戰

國策》有趣，讀者漸少，亦無刻印者，遂至滅絕了。明清學者好輯
佚書，如陶珽改輯《說郛》（宛委山堂刻本）、王謨輯《漢魏遺書
鈔》、劉學寵輯《青照堂叢書·諸經緯遺》、王仁俊輯《玉函山房
輯佚書續編》中皆有《春秋後語》一卷，篇幅太短，不能見其
大體。

　　清末，敦煌石室藏書散出，中有《春秋後語》殘卷若干種，且
有全本、略出本、盧藏用釋文等。惟分散在各地，閱讀不易。過
去學者羅振玉曾讀過幾種，作跋並影印行世；王重民曾讀巴黎、
倫敦所藏敦煌卷子，對《春秋後語》曾寫過幾篇跋文，印在幾種
期刊中，現在也求之不易。中央民族學院副教授王恒傑同志在
教學和科研實踐中發現《春秋後語》對於研究戰國歷史之重要
性，於二十多年前開始投入很大力量從事整理。他把一切《春秋
後語》殘卷都找到照片，認真研究，仔細鈔寫，用《戰國策》、《史
記》及明清人輯本《春秋後語》等進行互校，使《春秋後語》部分
地得以復原。千百年來《戰國策》、《史記》版本中注家未能辨明
的一些錯字亦得因以訂正。這是校讎學之盛事，也是敦煌石室
藏書有益於研究中國古代文明之一實例。是爲序。

　　　　　　　　　　　　　　一九八八年一月二十一日

　　（《春秋後語輯考》，齊魯書社，一九九三年十二月）

《西域史地文物叢考》序

　　馬雍同志選擇他近年來研究西北邊疆歷史地理以及古迹文物等問題的論文十八篇，編成《西域史地文物叢考》，將由文物出版社印行，囑我寫序。我和他相識在中華人民共和國成立之後，三十五年來親見其由一個青年學生成長爲學術界達才通人的過程，故雖不善爲文却樂爲此序。

　　馬雍同志是湖南衡陽人，他的父親馬宗霍教授是章太炎先生的學生，深通經術，尤精"小學"，所著《中國經學史》、《音韻學通論》、《説文解字引經考》等書，書坊一再重印，在學術界聲譽日隆，流傳很廣。抗日戰爭時期，長沙再罹浩劫，衡陽倍遭炮火。學校遷在藍田，僻處丘陵地帶，生活十分艱苦，却仍然潛心研討故訓，從容教誨後學，以期振興民族文化。

　　馬雍同志資質聰穎，生長在顛沛流離之中而不廢讀書，秉承家學，精熟五經四史。解放後，他考入北京大學歷史系，本科畢業後又當研究生，專攻西歐歷史。因此，他學通中西，知識淵博。一九五四年，他進入中國科學院歷史研究所工作，先是致力於翻譯，已出版的譯作（部分與他人合譯）有塔西佗著《阿古利可拉傳》、《日耳曼尼亞志》，摩爾根著《古代社會》和羅斯托夫采夫著《羅馬帝國社會經濟史》等，後者徵引浩博，翻譯頗費心力。其後，他專門研究中國古代歷史，並作西北史地和中外關係之探討。

　　三十多年來，新疆維吾爾自治區出土的歷史文物極多。國家文物局常請馬雍同志鑒定或考證這些新資料，吐魯番所出古高昌國文物尤能觸其所好，遂有"獻身高昌"之言。

一九七九年歷史研究所建立中外關係史研究室，馬雍同志任副主任，一九八二年改任主任。該室初創，馬雍同志周密籌劃，奮力開拓研究項目，延攬專家，培養青年學者並指導研究生，充實力量以奠定基礎，使這一研究機構初具規模。一九八一年五月，中外關係史學會在廈門成立，馬雍同志當選爲秘書長。

中亞細亞一帶，地處亞洲樞紐，幾千年來民族移徙、國度廢興，其語言文字宗教服飾資料既多，研究者亦衆；我國各族學者知識積累，基礎尤爲深厚，但向無組織、缺乏信息，作品不易發表，知識不能交流。馬雍同志既從事這方面的研究工作，遂以忘我的精神致力於繁榮國內學術事業和推動國際學術交流活動。一九七九年，他與其他學者一起發起組織中亞文化研究協會，邀請兄弟民族專家學者參加。協會在天津召開成立大會，他當選爲副理事長兼秘書長，擔負起主編《中亞學刊》的任務，並製定了編寫《中亞古代史》的計劃。聯合國教科文組織提出編寫《中亞文明史》，邀請中國參加，馬雍同志出席，任編委，主編第三卷；爲此他幾度到巴黎開會，加入國際中亞學會，並當選爲理事。

馬雍同志治學不以坐覽大量資料爲滿足。雖然肩負繁重的工作，而且體弱多病，却堅持多次到西北作實地考察，曾賦詩：

> 一年一度出陽關，嚼雪眠沙只等閒。舊曲渭城君莫唱，此心今已許天山。

可見他爲學術獻身的堅毅精神。這部論文集不只記載了他在這方面的成就，也反映出他是以怎樣敏鋭的見解、精細的工夫考查史料的。

馬雍同志博聞强記，融會我國古代經史寫成的史學論文，以及考證各地出土文物的文章還有許多,後者之精粹,別爲一卷附於書後,其中也有不少發明與創見。

近代湖南學者,並世公認魏源(一七九四——一八五七年)爲第一,其所作《詩古微》、《書古微》、《老子本義》等,追求古義而皆有新意。魏源生當中國封建社會没落、資本主義入侵之際,深感民族文化的危機,有迫切研究四周兄弟民族和遠洋諸國的願望,所作《元史新編》、《聖武記》以及參加編輯的《皇朝經世文編》都是經世致用之書,而《海國圖志》一百卷是漢文第一部世界地理志,爲國人瞭解外國史地開創先路。魏源是邵陽人,與衡陽鄰接。馬雍同志由經史之學轉而爲中外關係及中亞文化的研究,以及經世致用之志,與魏源相同,或受鄉賢影響。魏源有樸素的辯證法思想和唯物論觀點,可惜生活在百多年前,當時科學技術水平低下,思想雖有許多可貴的因素而不能突破封建主義的樊籬。馬雍同志長期學習馬克思列寧主義、毛澤東思想,受黨的正確領導,有辯證唯物主義和歷史唯物主義作研究指導,成績自又不可同日而語矣。

一九八五年十月二十六日

(《西域史地文物叢考》,文物出版社,一九九〇年六月)

《中國古代職官大辭典》前言

五十多年前,著名歷史學家陳垣先生曾對學習中國古代歷史的學生說過,年曆、地理、職官是學歷史的三把鑰匙。這句話一時盛傳。推測陳先生的意思,學習歷史主要目的不在此,而這三個問題必須解決,否則不得其門而入,永遠立在場外,對許多事情不會清楚。

年曆問題由於朝代興亡、年號改換而複雜化,近代學者汪曰楨作《二十四史月日考》,上起共和,下接清萬年曆,其稿本三十年代我曾見過數十冊,成績可觀,因爲書大不能刻印,他刪繁就簡成《歷代長術輯要》十卷,近年我曾用一些考古材料與之勘對,知其精審確不可磨。 一九一二年元旦南京臨時政府宣佈中國改用陽曆。一九二五年陳垣作成《二十史朔閏表》、《中西回史日曆》,學史者的年曆問題基本解決了。一九四九年十月中華人民共和國建立,采用公元紀年,從此中國人談歷史年代可以公元爲主,事情就清楚多了。

各史多有地理志,問題本來不大,歷來讀史者多缺乏當代地理知識,便覺模糊不清,清代康熙、乾隆年間幾次測繪全國地圖,幾次纂修《大清一統志》,楊守敬遂據以作《歷代輿地圖》、《歷代輿地沿革險要圖》等書。近年譚其驤等編製《中國歷史地圖集》公開出版,足供讀史者參考。

以上兩把鑰匙比較容易解決,同是歷史的產物,而以自然爲基礎,易於客觀敘述。自從李兆洛及其學生從事編輯(見《李氏五種》),到陳垣、譚其驤的成就,一般讀史者可以不再費心了。職官是國家機器的主要部分,隨着經濟基礎的改變,上層建築必然有廢興,即使官名的字面不變而內容會大不同。編輯歷代職官將以何爲綱呢? 前人似乎已考慮到這一點,乾隆四十五年修《歷代職官表》以清代官制爲綱,而將歷代官名填列其下。漢承秦制,《漢書・百官表》曾這樣叙秦官是成功的。但是,中國歷史年代太長,社會性質變異太大,古今官名同者實質不一定相同,官名不同者任意攀扯,差異則更多。所以《歷代職官表》不好,清代學者多有意見,只因是官書而不敢一言。

一九五六年,標點本《資治通鑑》出版,北京出現了讀歷史的風氣,有的領導幹部、人大代表、政協委員要求能有一部歷代職官辭典,中華書局也曾考慮進行編輯,終因人力不足未能實現,也曾爲此在北京大學中文系古典文獻專業培養研究生,一九六四年社會主義教育運動興起後就擱下了。僅將黃本驥删改本《歷代官職表》整理付印,一九六五年出版了。

一九八四年,河南人民出版社委托我主持《中國古代職官大辭典》的編纂工作,具體的編寫工作由中國社會科學院歷史研究所等單位的幾十位中青年同志集體承擔。他們都是專家,知識不一定都很廣,但由於有共同的志願,曾深入討論,定出嚴密的章程,共同進行,遂能如期完成。收詞約九九六六條。這是一項豐碩的成果,在二十多年前是不容易作到的。這說明近幾年來我們的史學力量在發展,社會主義的工作方法有優越性,共產黨領導的改革和開拓大有希望。

本書的特點,第一是收詞較多。詞目來源以二十四史爲主,兼及有關政書、碑銘、經籍、諸子、文集等,包括自先秦至一八四〇年間中國歷朝中央、地方政權的機構、職官、勳官、散官、封爵等名稱及常見的尊稱、別稱、俗稱、簡稱、合稱、聯稱等,農民起義、周邊各族的職官也酌情收錄。立目時盡可能考慮到各朝代的大致均衡,避免畸輕畸重的現象。第二個特點是釋義較完整。在撰寫釋文時,注意史料的可靠性,強調實事求是。凡歷朝設置、職掌、品秩有變化的,盡可能說明,使讀者對同一官職在不同歷史時期內涵、性質、作用、地位的演變有較明確的認識。名稱相同,性質、內涵不同的,分項說明。學術上有爭議的問題,或諸說並存,或取一說,也可兼述他說。第三個特點是釋文以介紹基本知識爲主,盡可能簡明扼要,讓讀者一目了然。本書以釋詞爲主,不采取百科全書式的寫法,所以盡可能就詞論詞,對於與本詞有關的其他詞目及制度不作詳細解釋,讀者如有需要,可以查閱相關的其他詞目。

……

一九八七年十月

(《中國古代職官大辭典》,河南人民出版社,一九九〇年十月)

《臨海水土異物志輯校》序

　　吳沈瑩著《臨海水土異物志》一卷,《隋書·經籍志》、《舊唐書·經籍志》、《新唐書·藝文志》皆著録,宋以來失傳,世人不見其書已一千年。

　　沈瑩事迹見《三國志·吳書·孫皓傳》及《注》引干寶《晉紀》、《襄陽記》。瑩以丹陽太守死於天紀四年(二八〇年)吳亡之役,有膽有識,亦忠義之士。學者或疑其曾爲臨海太守,今無從證明。籍貫亦不詳,清代目録學家姚振宗謂"大抵是吳興武康人",其説可備參考。

　　浙江省東南沿海一帶,崇山峻嶺,外臨大海,時有颱風之災,古代人口稀少。楚滅越後(約前四世紀末),越之遺民聚族自保,散處其間,秦漢間不爲編户齊民。前漢時,地屬會稽郡,僅置一回浦縣,爲"南部都尉治"地,見《漢書·地理志上》。王先謙《補注》説:

> 《一統志》:今温州府永嘉、瑞安、樂清、平陽、泰順五縣,台州府臨海、天台、黄巖、仙居、太平五縣,處州府麗水、青田、縉雲、龍泉、松陽、慶元、雲和、宣平、景寧九縣,並漢回浦地。象山半入回浦境。《一統志》:故城今臨海縣東南百五十里。

後漢改回浦名章安,見《續漢書·郡國志》。數百年間,休養生息,人烟漸多。迨至中原板蕩,流民南徙,户口劇增。《三國志·吳書·孫亮傳》記"太平二年(二五七年)春二月,以會稽東部爲臨海郡",而統縣多少則未載。《晉書·地理志下》:

> 臨海郡，吳置。統縣八，户一萬八千。章安、臨海、始豐、永寧、寧海、松陽、安固、横陽。

這裏所説"統縣八"是晉制，與吳制名實不盡相同。考《宋書·州郡志一》：

> 臨海太守，本會稽東部都尉。前漢都尉治鄞，後漢分會稽爲吳郡，疑是都尉徙治章安也。孫亮太平二年立。……
>
> 章安令，……《晉太康記》："本鄞縣南之回浦鄉，漢章帝章和中立。"
>
> 臨海令，吳分章安立。
>
> 始豐令，吳立曰始平，晉武帝太康元年更名。

又：

> 永嘉太守，晉明帝太寧元年(三○三年)，分臨海立。……
>
> 永寧令，漢順帝永建四年(一二九年)分章安東甌鄉立。或云：順帝永和三年(一三八年)立。
>
> 安固令，吳立曰羅陽，孫皓改曰安陽。晉武帝太康元年(二八○年)更名。
>
> 松陽令，吳立。

據此，知吳立臨海郡有章安、臨海、始平、永寧、羅陽、松陽等縣。其中羅陽，孫皓改曰安陽，而各書所引《異物志》中兩見安陽(《安家之民》、《山雞》)，可見沈瑩著此書正在孫皓統治時期(二六四—二八○年)。又《宋書·州郡志二》：

> 晉安太守，晉武帝太康三年(二八二年)，分建安立。……
>
> 候官□相，前漢無，後漢曰東候官，屬會稽。
>
> 羅江男相，吳立，屬臨海。晉武帝立晉安郡，度屬。

羅江縣，首見於《晉書·地理志》，屬晉安郡。《齊書·州郡志上》所記與《宋書·州郡志二》相同。《隋書》以下各史地理志不載，廢棄已久，莫知其處。推測其地約在今福建省羅源、連江縣境,而《異物志》《安家之民》條稱"今安陽、羅江縣民",知兩縣相鄰,皆屬臨海郡。又各書徵引《異物志》常見"晉安候官縣"。按晉安郡立於晉武帝太康三年(二八二年),自非沈瑩所及知,蓋後人所改。沈書是中國最早的地方志(參考《史通·書志》),使用者多,或隨手批注,在不斷地傳鈔過程中,遂混入較晚地名。例如書中記"餘甘子",《太平御覽》卷九七三引作"出晉安候官界中,餘甘、橄欖同一果耳"。而《齊民要術》卷一〇引則作"東岳呼餘甘柯欖,同一果耳"。當以後者接近原文。東岳應是東冶之誤(冶、岳二字音近致誤),其地即今之福州市。後漢名東冶,吳沿襲不改(見《三國志·吳書》孫策、賀齊、呂岱等傳),晉名候官,屬晉安郡。沈瑩著書時自然稱東冶,後人乃改爲晉安候官。我疑心吳設臨海郡時,今福建省沿海一帶,至少是閩江入海口以北一帶,皆歸管轄,至晉立晉安郡時才重定疆界,從臨海郡劃出去。

臺灣古名夷洲,係閩越之地。秦屬閩中郡。漢武帝撤消閩中郡,遂屬會稽郡。南部都尉對閩越遺族、沿海島民,皆事安輯。其官府記録、父老見聞當有流傳。孫權黃龍二年(二三〇年)"欲遣偏師取夷洲",先問陸遜及全琮(見《三國志·吳書》孫權、陸遜、全琮傳),可見當時的政界人物對臺灣情況都不生疏。沈瑩作《異物志》記載夷洲較詳,決非偶然。如云"夷洲在臨海東南,去郡二千里","山頂有越王射的,正白,乃是石也",言之鑿鑿。又如記安家之民"居處飲食衣服被飾與夷洲民相似",好像當時人對夷洲民熟悉的程度,比大陸上的安家之民還要多些。一族的人,或處大陸,或處臺灣,一水中隔,當時的人已經不以爲異了。

沈瑩《臨海水土異物志》記載翔實,爲有名的著作,歷代著述徵引者多，故原書雖不傳，却保存下大量的引文。惟古人引書常不用全名，或曰《臨海水土物志》，或曰《臨海水土志》，或曰《臨海異物志》，或曰《臨海志》，或曰《異物志》，異名歧出，使讀者迷惑。古代關於南方風物的著述以"異物志"名書者多，《隋書》、新舊《唐書》、《宋史》的經籍志、藝文各志中著録者有十幾種，和沈瑩書易於混淆。各種類書（如《初學記》等）展轉抄襲，其弊尤甚。後人欲爲區別，極感困難。如清代廣東學者曾釗輯漢楊孚著作爲《楊議郎著書》，竟據《初學記》之誤，以《臨海水土記》爲楊孚書，謂"議郎歷漢末至吳時尚存，蓋百餘歲人"（見《嶺南遺書》第五集《楊議郎著書跋》）。又如近人陶棟《輯佚叢刊》（一九四八年中華書局印行）竟將萬震、薛瑩、沈瑩、譙周四家之書，削其地域，但標《異物志》，以類相從，匯爲一編。雖由於編者缺乏目録學知識，不能考證源流，亦可見輯録此書之非易事。

張崇根同志讀書於中央民族學院，既畢業於歷史系，又入研究院繼續深造。性喜博覽古書，因研究臺灣省古代的民族和地理問題，涉獵及此。病各家輯本簡陋，駁雜不純，重新輯補，遂成此較佳之本。農業出版社編輯部認爲此書對於研究古代南方的動植物和農業生產頗有用處，願爲印行，我因就所見爲之序。

一九八〇年九月

（《臨海水土異物志輯校》，農業出版社，一九八一年八月）

關於僞皇族案及《長沙古物聞見記》

樹民吾兄：

頃接《責善半月刊週年紀念號》壹册，內容豐富，印刷精美，迴環翻覽，歡喜無量。

讀本期蘇雪林女士《歷朝僞太子與僞皇族案》及吾兄通訊，知皆對此問題感覺興趣。按此等事雜書野記所載尚多，子細搜求，大可補充。弟兩月前讀《通鑑》至唐德宗訪求沈太后事，幸尚未忘記，今檢出録之如下（胡刻卷二百二十六第二十九至三十葉）：

> 初，高力士有養女鏐居東京，頗能言宮中事。女官李真一意其爲沈太后，詣使者具言其狀；上聞之，驚喜。時沈氏故老已盡，無識太后者。上遣宦官宮人往驗視之，年狀頗同，宦官宮人不審識太后，皆言是。高氏辭稱實非太后，驗視者益疑之，强迎入上陽宮，上發宮女百餘人，齎乘輿服御物，就上陽宮供奉。左右誘諭百方，高氏心動，乃自言是，驗視者走馬入奏，上大喜。二月辛卯，上以偶日御殿（胡三省注：唐制天子以隻日受朝賀，今喜於得太后，故以耦日御殿而受賀），群臣皆入賀，詔有司草儀奉迎。高氏弟承悦在長安，恐不言久獲罪，遽自言本末。上命力士養孫樊景超往覆視。景超見高氏居內殿以太后自處，左右侍衛甚嚴，景超謂高氏曰：“姑何自置身於俎上？”左右叱景超使下，景超抗聲曰：“有詔，太后詐僞，左右可下！”左右皆下殿，高氏乃曰：“吾爲人所强，非己出也。”以牛車載還其家。上恐後人不復敢言太后，皆不之罪，曰：“吾寧受百欺，庶幾得之。”自是四方稱得太后者數四，皆非是，而真太后

竟不知所之。

蓋德宗母沈氏一陷於安禄山，代宗克東都得之；再陷於史思明，遂失所在。自建中即位，即遥尊廣訪，至此天下誼騰，遂屢有僞者出現。《周秦行紀》稱"沈婆兒作天子"，蓋其傳説廣矣。觀德宗云"吾寧受百欺，庶幾得之"，與《朝野雜記》記宋高宗曰"吾寧受百欺，冀得其真"，語意相同。骨肉本乎天性，況當喪亂之際，生離死別，尤難爲懷，讀史至此，不禁爲一掬辛酸之淚也。

《默記》記冷青事，弟往年以爲即小説中"王華買父"之影子，梆子戲中亦有之。今蘇君以爲即狸猫換太子，與鄙見頗不一致，然疏證小説之道，昔者雖嘗留意，今漸疏遠，不願爲此而動其懶筆也。

次讀孫次舟先生《駁商氏〈答孫次舟長沙古物聞見記讀後記〉》一文，對於兩君尋求真理不憚煩瑣之精神，頗爲佩服。孫、商前此兩文，弟皆未讀，惟商君之書則楊拱辰兄曾惠贈一部，並閱一過，長沙古墓所載者甚多，既非科學發掘，事後又未測量照像，書中又不附圖版，僅憑聞見筆之於紙，則其學術價值自必估而後定，考而後信。孫君爲提出種種問題以爲檢論，其理固當也。然其墓地既早即劉毀，古物又久已零散，則爲之一一重新考訂，其事甚難。商君親履長沙，猶或有先入之見梗于其胸，則專憑商君之著述以爲論定者又烏從决其爲真實乎？即如孫君所提出楚墓棉花問題，殆即無法解决。其墓究屬戰國抑係秦漢以下？一也；其物究爲絲爲棉爲他種植物之纖維（如麻枲之屬）？二也；鑒別者之經驗與手續究竟如何？三也；兩漢三國時已有棉，先秦不能知其必無，四也；先秦時棉未植於中國，棉製品不敢决其未至中國，五也（嘗聞講西洋史者言，蠶未傳入西土時，大秦已有絲織品，皆自中國輸入也）。如此反復推究，勢將後死者勝。

然則商君此書,當視同《西京雜記》、《開河記》等書之載古墓,以廣異聞猶屬珍罕,似不必責之過甚矣。

孫君文第四節,專爲一字之古今當否作討論,實事求是,具見用心不苟。原書弟在滇日於逃警報時在桃源村山溝中粗翻一過,今不盡憶,僅記其一處亦有文字上之錯誤,録之如下(卷上十二葉下):

> 又《喪服大記》:"棺槨之間:君容枕、大夫容壺、士容甒。"孔《疏》:"君容枕者,枕如黍筩,是諸侯棺槨所容也。天子棺槨間差寬大,故司几筵'柏席用萑',玄謂'柏'槨字摩滅之餘,'槨席'藏中神坐之席是也。"

原書未加標點符號,今爲補之,意義至爲明瞭。商君於"'柏'槨字摩滅之餘"一句,殆不甚了了,故下案語云:

> 祚案:……墓封不可啓也,子孫能世守,柏槨字摩滅庸何傷,年遠不能保,雖不摩滅無所用。藏中神坐之席,未之前聞。鄭君肬度,見此可以瞭然。

讀此於楚墓形制愈覺糊塗。然此究是文章阻障,於長沙古物真實之價值固無損歉。

考古之事難言矣,既殫精力,又荒學業。嘗聞中國第一個考古家發掘古冢十餘年之後,竟於"日"、"月"、"兒"等字皆不復識。則吾於商君之書只宜讚頌,又烏忍過事吹求乎?

燈下寫來,潦草之至。專叩

著安。

弟張政烺敬上　五月廿六日

(《責善半月刊》第二卷第八期,一九四一年七月)

關於江蘇儀徵胥浦西漢
墓出土的《先令券書》的通信

陳平同志：

　　揚州漢墓出土竹簡"元始五年九月壬辰朔辛丑"與陳垣《二十史朔閏表》恰好相同，至爲可喜。此事決不偶然，足見陳表的科學性。辛丑下一字如釋爲定則不相合。建除家的理論著述我未找到，我用後唐同光四年（九二六年）、宋雍熙三年（九八六年）、寶祐四年（一二五六年）三個曆書對照看了一下，建除十二神按月配日之法是可知的。九月建戌，元始五年九月壬辰朔，七日戊戌直建，辛丑是十日，於建除之次其日當平，相差一日。有沒有法子改（調整）？有。按照唐宋曆書的習慣，如果一個月的節氣，在中旬，則節前十幾日連上月算。寒露是九月節，假定這年在九月中，則六日丁酉直建，十日辛丑直定。但是，元始五年閏五月（甲戌朔），六月節（小暑）必出現在閏五月望，即提前半月，而九月節（寒露）約在八月二十日（或稍遲一二日），決不可能在九月中旬。必須把這次閏月往前移一至二年，纔可以使這個寒露排在九月中旬。我們是講歷史，必須有證據，不能憑空想。這個折騰太大了，我沒有時間查材料，我想是不大可能。

　　按照漢簡的習慣，里前是縣名，你查查有沒有這麼個縣？

　　敬禮

張政烺

一九八六年一月四日

關於今注本《金史》工作問題的通信

博泉先生大鑒:

　　先生研究金史積年,著述甚富,久聞大名。今先生毅然放棄自己的工作計劃,從事《金史》詳注,堪稱是吃力不討好的繁難工程,貢獻自己多年的積累,謹深表敬意和謝意。

　　我個人曾從事《金史》的標點工作,依個人的體會,由於《金史》一書缺陷甚多,不少問題已非單薄的金代史料所能解決,需要參照遼、宋、元的載籍,特別是豐富的宋代史料。但當時限於標點《二十四史》的體例,未能作進一步的詳注。此後,我個人曾打算從事這方面的工作,只因其他事情太多,一直未能如願。先生有深厚的學力,加之衆多高明助手的協助,必定能駕輕就熟,完成詳注這一繁難的工程。

　　在此我願將自己標點工作及讀史時所看到的一些問題,作點滴的介紹,僅供先生參考:

　　(一)卷七四《宗翰傳》一六九九頁。此處説天會十二年攻宋,與宗弼等"議不合",其實是諱言宗翰任都元帥後的虛位與失勢。《建炎以來繫年要録》卷八〇説此次争議後,宗翰與希尹"繇是失兵柄",是準確的記録。此後宗翰進一步失勢,心腹渤海人高慶裔被殺,他本人"恚悶而死",《要録》與《三朝北盟會編》都有詳細記録,而《金史》顯然諱言此事,在《宗翰傳》中根本看不出宗翰在派系鬥争中失敗的問題。

　　(二)卷七六《宗幹傳》一七四三頁。此處説宗幹死後,熙宗大哭:"朕幼冲時,太師有保傅之力。"據《會編》卷一六六載,"宗幹係伯父,續卿母,如己子也"。按女真人的風俗,宗幹其實是熙宗的繼父。對兩人這一層特殊關係,《金史》也顯然諱言。

(三)《金史》之揚勝諱敗,前人早已指出。例如卷七七《宗弼傳》,諱言仙人關、順昌、郾城、潁昌等戰之大敗,一七五四頁載天眷三年"宗弼由黎陽趨汴",岳飛出兵後,又"遣孔彥舟下汴、鄭兩州"。按《要錄》,宗弼出兵爲五月,很快占領開封。《宋史》卷三六五《岳飛傳》載,岳飛進兵朱仙鎮後,"兀术棄汴去",孔彥舟之入開封,乃岳飛七月退兵後,金軍重入開封。當然,《岳飛傳》所載其實又是源於《鄂國金佗稡編》卷八。

(四)《宋史》卷三六七《李顯忠傳》載他歸宋之際,曾俘撒里曷爲人質,"折箭爲誓"。更詳的記錄則見於《宋朝南渡十將傳》卷三以及《會編》和《要錄》,而《金史》卷八四《杲傳》也諱言此事。此傳敘述饒峰關之戰,則隱諱無功而歸,其歸師又遭襲擊之事,而又全然避諱仙人關之敗,而宋方都有詳細記錄。一八七八頁,"王彥之",當爲"王彥",人名號拉長了一字,有誤。

(五)《宋史》卷三六六《吳璘傳》、《琬琰集刪存》卷一吳璘神道碑、《要錄》卷一四一載吳璘軍在剡家灣大敗胡盞和習不祝軍,而《金史》卷八〇《蒲察胡盞傳》、卷八二《完顏習不主傳》也諱言此戰。

(六)《金史》卷五八《百官志》,述及金、銀、木牌,《容齋三筆》卷四《銀牌使者》對此有所記錄。事實上,金人還以金牌、銀牌督戰,如《辛巳泣蘄錄》載,"金牌郎、銀牌郎執刀斧,以脅造筏之兵,不向前者斫之"。金朝後期還有虎頭金牌、素金牌之別,見《宋會要》職官六二之一七——一八、《蒙韃備錄》,特別是《宋史》卷一五四《輿服志》三五八九頁,"亡金國寶"所載,頗可補《金史》之不足。

（七）《宋史》與《金史》都有劉豫、王倫、宇文虛中等傳，還有如《僞齊錄》、《會編》卷二一四《宇文虛中行狀》、《攻媿集》卷九五王倫神道碑等，記載更詳。如宇文虛中的死因與《金史》有所不同。

（八）卷七三《希尹傳》一六八六頁載希尹被殺，語言相當含糊。《會編》卷一九七的記錄，雖時間有誤，但明確説明《金史》諱其名的"帥臣"，即是宗弼。

（九）如酈瓊、李成、孔彥舟、徐文等人事迹，《會編》和《要錄》均有不少記載。又如卷一二八《傅慎微傳》，其實即是傅亮，《會編》、《要錄》、《宋史》卷三五八《李綱傳》以及李綱文集中均有記錄。

（十）卷六〇《交聘表》記載過略，而《宋史·高宗紀》與《要錄》可補其闕。如《交聘表》一四〇五頁與卷一二九《張仲軻傳》載宋使余唐弼，實爲余堯弼，蓋金人後避世宗父宗堯諱，而將宋人改名。世宗時名將紇石烈志寧於貞元元年使宋，而其漢名當時爲"大雅"；僕散忠義於正隆五年使宋，而宋方記載其漢名爲"權"，《金史》卷八七兩傳都不載其使宋事。又如《要錄》卷一七九紹興二十八年五月戊寅注引《魏子平墓誌》，説明金人使宋，也有借官的問題。

（十一）《宋史》卷四〇《寧宗紀》七六九頁載斬完顏賛。此人即是《金史》卷一〇三之完顏阿鄰、《歸潛志》卷六所載之郭阿里。"賛"乃是其漢名，而爲金方記錄所無。

（十二）《金史》卷十三《衛紹王紀》記錄最爲單薄，近人余大鈞所著《〈元史·太祖紀〉所記蒙、金戰事箋證稿》引用了較多元代記載，可略補其不足。

　　我個人在標點《金史》方面，肯定有不少失誤，懇望利用先生詳注《金史》這個難得之機，不吝指正。依我個人的體會，欲提高注《金史》的質量，除了以本書的紀、志、傳互校外，盡可能廣泛地利用遼、宋、金、元的史料，似乎是一關鍵問題。以上的舉例旨在説明此意，當然，上述舉例也不一定恰當，而有待於先生的鑒裁。

　　衷心祝願先生的詳注工作早日大功告成。

　　此致

敬禮！

張政烺敬上
一九九六年一月六日

（《〈今注本廿四史〉工作通訊》第七期，一九九六年一月二十六日）

關於標點本《金史》的簡單説明 *

　　在元人編纂的遼、宋、金三史中，清代《四庫全書總目》獨推《金史》"最善"，未必允當。《金史》的問題，一方面是金朝官史等篡改和隱諱了不少重要史實，另一方面是元人對傳世的舊聞遺録，包括豐富的宋人記述，亦未能博採而精擇。清人施國祁的《金史詳校》對《金史》作了許多批評和校勘。

　　標點本《金史》使用最早的元朝至正刊本作底本，與北監本、殿本等參校，吸收了《金史詳校》的成果。除了以本書的紀、志、傳等互校外，還廣泛參考了《大金國志》、《大金集禮》、《歸潛志》、《中州集》、《三朝北盟會編》、《汝南遺事》、《高麗史》、《續夷堅志》等書，以及金石、地理志、宋人使金記録等，訂正《金史》的錯訛。但對改正錯字，又取十分謹慎的態度。

　　標點本《金史》的一大特點，是有大約十分之三的校勘記，已脱離了單純的校勘，而具有考證的性質。例如此書五八四頁第五二條校勘記就考證了金朝中都大興府曾名永安府。由於篇幅和條件所限，筆者原先所寫的校勘記，有相當一部分未能付梓。

（《書品》一九九七年第四期）

---

　　* 本文由王曾瑜整理。

《文史》出版三十輯感言

　　中華書局編印《文史》，第一輯是在一九六二年出版，開卷有"編者題記"，事實上是編印的宗旨。這篇編者題記説"所收輯的文章大抵偏重於資料和考據"，並且特別聲明《文史》要"崇尚實學，去絕浮言"。所謂實學是什麼？即"資料和考據"。浮言是什麼却没説明，從《文史》第一至四輯看，當是指空洞的理論。文中列出收稿範圍，具體地説明了這一不定期刊物的性質，其第七條"從資料和考據角度出發的書評"，尤見其宗旨的專一。

　　研究歷史必須重視史料（一般研究文學、哲學或文學史、哲學史也是如此），必須重視考據的工夫，這是没有疑問的，無人懷疑。中國歷史年代久，史料多，問題需要考據者多。外國有的歷史短，這方面問題就少，譬如中國有四千年的文明史，美國只有二百多年的歷史。單從時間上看，中國史學家在這方面需要做的工作就比美國人高二十倍，何況在漫長的時間和廣闊的地域裏大量的活材料湮没了，文獻中留下來的是通過政治性的、思想性的篩選的記録，還存在語言、文字、思路，甚至生活習慣等等方面發展演變所造成的疑難問題。過去歷史學者有的是收集考據史料工作未完而身死，不是不想寫歷史。錢謙益收集宋代史料，想改修宋史，未能着手。他又收集明代史料，想修明史，未下手，只作了《列朝詩集》的小傳。顧炎武等人都不是不想寫歷史，只是没有條件。後來錢大昕、邵晉涵有意作宋史、元史而力未能及。因此,史料學、考據學遂佔了上風。這是歷史條件造成的。有的人説清代因爲文字獄迫使學者走上考據一途,我不記得首創此説是誰,是否梁啓超? 這是革新時期宣傳的語言,不完全是事實。一個人的生命有限,要弄清楚某一方面的事實,深入研究某種學術問題,自然要全神貫注。實事求是是馬克思主義的一個基本原則。要研究歷史,首先得掌握可靠的史料。馬克思主義史學家更應該盡力收集史料、考證史料的真僞和辨識其重要的内涵,做到實事求是,才能洞察發展的動力與阻力,把社會推向前進。

《文史》提倡資料和考據是對的。以前至少有一千年的學風,是有廣泛的群衆意識的。把研究工作分兩步走,這是初級階段,可以停留一下,經過大家的驗證,使它澄清,取得比較客觀的認識。下一步研究工作可以進行得更快更好。記得"四人幫"猖獗時期的考古工作是一個遺址、一個墓葬都要説明母系社會、父系社會、原始公社制、奴隸制,材料不够説明問題,只好硬説,令人哭笑不得。

一九五八年在總路綫的指引下搞大躍進、人民公社、大煉鋼鐵三大革命運動帶動意識形態的革命,教科文界拔白旗,全面開花。單説歷史學界,連續舉行無數次批判會,重大的有批判尚鉞、翦伯贊等資産階級史學思想、歷史主義、讓步政策、清官等等。一九六二年,中宣部幾次談大學應當改造,却説不出所以然;文化部幾次談文學戲曲應當改造,也説不出所以然。這個時候的出版工作更難做,連一些書的出版説明怎麼寫都極費斟酌,稍大的事還得向文化部、中宣部請示。當時最敏感的問題有涉外問題、民族問題等等,例如:《通鑑紀事本末》是宋代袁樞節取司馬光的《資治通鑑》的文詞而著,分立了二百四五十個題目,以類相從，首尾連貫，便於閱讀記憶。這是紀事本末體的開創之作。有淳熙元年（一一七四年）序，宋元刻本流行尚多，解放前有幾種印本。這時候學術界要求印行。因爲其中分類的題目有涉外的字眼，中華書局當時未能公開發行。清代陳端生著《再生緣》，郭沫若覓求善本，手自標點，對作者陳端生的生平反復考證，作了序。他出訪古巴，在飛機上、賓館裏都做此事。只因書中有元文宗奇渥溫圖帖睦爾（一三三〇一一三三二年）任用皇甫少華出征的事涉及對外關係，中華書局排版打樣之後未能印行。記得當時這種待印未印的書有十幾種。一個辦法是把書抽毀了。例如：《皇明經世文編》（明陳子龍等輯），一部大書，五百多卷，孤本，學者極難得見。影印時卻抽去有關蒙古的文章。《清詩鐸》（清張應昌輯），抽去有關少數民族的詩篇。事實上抽去的都是有意義的材料。《事林廣記》（宋陳元靚著）是一部日用百科全書，內容廣泛，從南宋到明前期三百年間刻過許多次，每次內容都有增刪。一九三七年商務印書館拍攝故宮博物院藏元建安椿莊書院刻本（現在臺灣）。影印時卻把涉外、民族等部分抽去釘成小本，如果提出要求，可以私送。曾聞戴望舒說，卅年代上海某書店印《金瓶梅》，把淫穢字句刪去印成小本私賣或送人，事正相似。

　　《文史》是在這種氣氛中出版的，保全了一部分學者的時間和精力，使他們寫出並印出一些有用的東西。可惜到第四輯在一九六五年六月出版的時候已經被納入等待批判之列，"文革"中齊燕銘被揪到中華書局來鬥，設計並支持出版《文史》是大罪一條。十年災難過去之後，《文史》在一九七八年復刊，第五輯、第六輯的印數在一萬以上，是十幾年前的三至五倍，說明它是有羣衆基礎的。

　　歷史學科和政治的關係最多。當前,在改革的進程中史學也面臨許多新的問題。現實中生產與生活上的問題必須解決,否則就會使改革無法前進,甚或發生危險。史學的問題雖然不這麼緊迫,不改革也無法前進。前些時候某大報上以顯著地位(圍以花邊)談楊白勞是否應該還債,也就是黃世仁是否可以討債的問題,最後說目前應當避開,不談這個問題。因此想起"文革"以前不只一次有農村基層人員問我:"講農民戰爭是什麼意思,是不是叫我們有所行動?"我無言以答。"文革"中貧下中農可以管理一切,造成不少麻煩。現在不只在經濟改革的問題上,小農意識在很多方面都得下大力氣去革除。史學界不講農民戰爭問題了。避而不談不好,應當根據全面的、真實的史料對有關問題作正確的分析。人民創造歷史,人民是歷史的主人,從大處看是正確的,但不能狹隘地、機械地去理解。歷史學不同於社會學、人類學,歷史要講具體細節。從奴隸社會以來許多政治、軍事、文學、科學的創造發明者是剝削者、統治者。用狹隘的框框套歷史,就弄不清事實,甚至去刪改歷史。人人有工作,人人有飯吃,是人類社會的理想境界,曾被當做社會主義社會的一項基本原則。但是鐵飯碗使社會停滯不前,就連一些發達國家的福利社會也造成人的怠惰。歷史學家對於這個問題應該怎樣論述?實踐是檢驗真理的唯一標準,並不限於當代。我種了一棵君子蘭,三四年了,只有六個葉,開花不知何年何月,花是直立型還是下垂的全不可知。要總結這樣的經驗我看至少要二十年,太慢了。實事求是地總結古人的、外國人的實踐經驗,擇善而從或引以爲戒,或者受到啓發。這是人類研究歷史的起因。進一步則是找出規律,創建和完善理論。關於教育問題,古人說"十年樹木,百年樹人",時間不短,看來是很艱難的。當前青少年中

有理想、有才華的很多;渾渾噩噩只想要錢享樂的不少;野蠻暴
戾,墮落到無惡不做的也不乏人。怎麼辦?抓教育要吸取古今
中外的經驗教訓,從整個社會上的有關問題着手,多方面配合,
不能像我養君子蘭那樣等着自己的實踐經驗。此外還有許多直
接間接與生產力和生產關係連繫着的大事,歷史學家應該踏踏
實實地收集史料,作考據,使歷史的真實再現,供改革工作參考。

胡適説收集史料作考據是史學家的事,寫歷史是文學家的
事,這二者是不帶思想問題的。利用歷史是政治野心家的事。
他認爲歷史可以捏造,歷史是百依百順的姑娘,要怎麼打扮就怎
麼打扮。這是褻瀆歷史學。一九五七年榮孟源由於主張史論分
開劃成右派,問題出在左右雙方都把事情看得太死了,沒有時
間、地點、條件等觀念。爲了革命可以犧牲一切,革命成功後態
度應當轉爲嚴肅的。戰爭期間,國民黨圍剿共產黨,處處是政治
問題,進步史學家與國民黨戰鬥,擴大宣傳,是十分必要的,也是
十分成功的。翦伯贊的許多文章和書是戰鬥性的,立場鮮明。
可惜限於條件,史料錯誤許多,無法修正,只好原樣印出來,讀者
應當理解著作的時間和目的,理解這樣的戰鬥精神。如果把它
當歷史課本,學習基礎知識,那就錯了。

最近在勞動人民文化宮的書市上見到重慶出版的一本《基
礎歷史學與應用歷史學》,我因手裏挑了許多書待交款,未暇翻
閱,轉身來買就沒有了。這本書是誰作的,講些什麼,我未看,不
得而知。我很欣賞“基礎歷史學”、“應用歷史學”這兩個詞。自
然對這兩個詞的理解和原作者的意思不一定一樣,就算我借用
吧。基礎歷史學是必要的,決不可缺的。應用歷史學是不一定
全面的,因用而異,可不是任意打扮的,更不是“四人幫”那樣的
政治野心家所利用的。古代中國社會是一個封閉的社會,古代

史學也是封閉的史學，並不希望多人看，要"藏之名山"。我常想，古代史學與神權或迷信有關。但是，古代史學家爲了史的真實，認真不苟，甚至犧牲自己的性命，如春秋時期晉國的董狐（見《左傳》宣公二年），齊國崔杼之難（見《左傳》襄公二十五年）的大史、南史等人。自漢至清代皇帝都有起居注，照例皇帝本人是不能看的（明代宮廷又有一種宮内的起居注，由太監執筆，皇帝也不能看）。這當然可以説是爲皇室一家的利益，不是爲皇帝一人的利益的。這一類大體都可以算做基礎歷史學。應用歷史學一詞我不知道創自何人，其定義是什麽。我欣賞這個詞，借用這個詞，應當説明我的意見。我曾在大學做過學生，也做過教員。做學生時，教員願意怎麽講就怎麽講，有時興之所至，盡情發揮，其效果未必壞。做教員時，教學工作要求嚴了，教學提綱反復討論多少次，講稿也要討論，提意見主要是求全責備，内容塞破門，其效果未必好。小學教科書的本國史和中學教科書的本國史因爲學生的年齡關係，理解、接受的能力不一樣，廣度和深度可以完全不一樣。中國文學系的中國通史和政治學系的中國通史因爲需要不同，可以有不同的側重點（例如《資治通鑑》不講屈原）。這看似容易，事實上取舍得當並不容易。好處是使人知道歷史也有應用之一途，其面貌可以彼此不一樣。這樣就可以使許多人免除誤解，對作者可以減少壓力，免去一些無謂的麻煩。齊思和是歷史學家，他認爲社會學大而空，歷史學要講具體事實。我們四十年來以社會發展史做爲歷史學的中心，發生很多矛盾無法解決，如果把中國的史實考察清楚，展開分析，既可以減少矛盾，也可以充實社會發展史和豐富史學理論。

我講這些話的意思是：資料和考據是必不可少的；寫歷史不必刻板一樣；青年史學家必須投身革命，如果個人政治水平不高,不妨多作些資料和考據工作。古人說"大才當晚成,良工不示人以樸"。外國學者有的也不肯把資料告訴人,那不利於史學的快速發展。《文史》發表資料和考據,便於學者相互切磋,是優良學風的繼承和發展,應當受到歡迎和鼓勵。復刊以來,增收了論文,更全面了。我是爲有這樣一種好的刊物而高興的。

(《書品》一九八八年第三期,中華書局,一九八八年九月)

關於古籍今注今譯

　　很久以來，想就古籍的譯注談一點看法，現在總算有點時間寫出來。事情的緣起是這樣的：去年秋天，歷史所的兩位年輕人打算組織人力給《二十四史》作今注，請我掛個名。他們說，只在選定各史主編和確定注釋體例兩件事上要我"把關"，其他事一概不"麻煩"我。我苦辭不獲，只好勉强答應下來。我認爲注釋體例是要經主編們討論而後確定的事，我能做的，只是對他們還没定下的各史主編人選提些參考意見。即使如此，也不能不對今注體例加以考慮，也必然要找些近年出版的今注、今譯類的書來看看其得失。看了以後深感這種工作要做得好實在太難了。

　　先說今譯，其實是費力不討好的事。我看到的今譯，實在找不到叫人滿意的。且不說古今文章的文法不同，常常只譯出每個詞義而譯不出意境；退一步說，有些古籍很難完全讀懂，如《資治通鑑》有的段落我至今尚不能確切弄懂。《通鑑》文筆條達，尚且如此，何況詰屈難讀或涉及典章制度、名物服器的文集、筆記。不能確實理解的文章如何能譯？勉强譯出，大有不負責任之嫌，對於讀者就會造成誤導。我的觀點可能有點偏頗，但古籍今譯的局限和缺點是不應諱言的。

　　再說今注，難免令人有參差不齊之感。差的今注，有的只是舊注的轉述，舊注没有涉及的，該注的也不注，新在哪裏，不得而知。更有甚者，舊注裏注得好的、辭書裏講明白了的，也不看、不查,只是隨文敷衍,以致鬧出笑話。但是在今注中確有極高的學術價值的,可以達到雅俗共賞的境地。楊伯峻的《論語譯注》、《孟子譯注》、《春秋左傳注》就是其中的姣姣者。《論語》《孟子》成書較早,楊注雖對於典章制度的注釋小有不足,但其解決難點,疏通文義,都有獨到之處。《春秋左傳注》則是注者多年研究的積累,引用上自晉代杜預下至近代諸家成果,去粗取精,擇要簡注,既有很高的學術水平而又要言不煩,無集注式的繁蕪,堪稱佳作。更值得一提的是,楊氏三書文字都淺顯,一般讀者都可讀懂。據上面所見,我認爲普及古籍,今注遠勝今譯。

　　《二十四史》中,《史記》成書於西漢,最晚的《明史》也成書於清初。其中僅《史記》、《漢書》、《後漢書》、《三國志》、《晉書》、《新五代史》有舊注本。但是歷代研究史籍的著作極多,如作今注,就應該將前人成果中的精要者全部吸收。比如《史記》,清代梁玉繩的《史記志疑》和日人瀧川資言的《史記會注考證》頗被稱道。可是清人文集、學術筆記中或明或暗涉及《史記》之處甚多,近現代人研究《史記》的成果也很可觀。今注者必須積累、甄別、吸收這些資料。其他有舊注的各史,莫不如是。無舊注的,更須下這方面的功夫。卷帙浩繁的《宋史》、《明史》,包含的問題極多,有關的研究成果更散見於方方面面的書刊中。我們研究所的《宋史》專家舉過一個例子,是說他根據一個墓碑上的年月考訂《宋史》中一則紀年的事,可見要作好今注,厚積的功夫要多麼深、廣、細。遼、金、元等史的書面材料不足,地面文物和考古發掘的研究成果更是注家的重要資料。

　　談到文物、考古方面的史料,自宋代以來,金石學家逐漸加以注目。近百年來,由於甲骨文的大量出土和金文拓本的大量公佈,搜集、整理、考釋、斷代、補正古史等一系列工作推動了金石學向中國古史研究的第一手資料——中國古文字學發展的進程。璽印、石刻、陶文（包括磚瓦等）、簡帛和其他各類文書上的文字與圖像，以及發掘出土的各類遺址、遺物，地上保存的文物古迹等等，其數量是巨大的，地域是遍及全國的，時代是分屬於各朝各代的。僅就其中典型的重大發現來說，其足以補正史籍的材料也是數不勝數的。而這些材料的著録和研究、考辨的文章發表在書刊甚至報章上，更顯得分散。從甲骨、青銅器、各種文書到其他文物流散在國外的很多，海外出版的專著、論文也不少。注者對於這方面的材料，從搜集、鑒別到直接徵引或參考比照，更非一日之功。

至於各史中的天文、律曆、地理等《志》以及各項生產方面的事務，則又有自然科學史的研究成果必須吸收，才能注解得確切。

以上是就擁有如此豐富的材料方面説的。這方方面面的科研成果對於正確理解各類古籍，做普及讀本，都是極有用的知識。但是絕不能用這些知識去改造古籍，而是據以正確地解釋原文，在確證原文有錯漏的地方訂正或補充。如此，要作注文，簡而明；要作譯文，在處理方式上困難重重，處理不好，就造成混亂。根據這種道理，我再次説，應該提倡今注，今譯就要慎重從事。

把今注與今譯相提並論，説的是普及知識範疇之内的。今注另有屬於學術研究範疇的。二者的讀者面不同，要求也不同。這並不是説普及本的今注質量可以差。要做到善於選擇廣大讀者的難點，正確地解決，而且深入淺出，絕不是一知半解者所能爲。

各類古籍從不同的角度幫助我們瞭解過去，展望未來。史書則更直接、更系統地記載我們這個五千年的文明古國是怎樣不斷戰勝各種艱難險阻，而在這廣袤的土地上屹立至今的。讀史書使我們瞭解世世代代祖先的經歷，從中辨識我國傳統文化的精華與糟粕，認識我們的長處與短處，認識過去的得失及其因果，認識到應如何團結奮進、自强不息、建設社會主義精神文明、發展科學技術，以面對世界。當然，歷代史書的撰著者都有自己的立場、觀點，所記述的史迹並不是完完全全的實録。正直的、有見識的史學家無不爲國爲民而有所褒貶、有所揚抑。《二十四史》之首的《史記》著者司馬遷以及後世的著名史學評論家已經直接或間接把史學家的這種使命説得明白。因此，給史書作注，不只要儘量獲取真實的材料補正史實，也不能丢掉這種使命。二者缺一不可，不論是普及的或學術研究性質的注本。

作今注以總結迄今研究《二十四史》的成果，條件是成熟的。幾十年來很多有聲望的斷代史專家已各有厚積，還可以組成精幹的班子。即便如此，由於《二十四史》中朝代短長不一，史事繁簡各異，原撰著者的立場、觀點、才力有別，要縝密地從上述各類科研成果中精選和組織材料、準確地解决難點、在簡要的表述中融入精闢的論見，這一系列高難度的工作必須有充裕的時間。絶不能急於求成。如果注者迫於時限而草草成書，出現紕漏，將貽害讀者，愧對後人。

最後我還要説一句：《二十四史今注》的"總裁"無非是時下流行的"顧問"之類的掛名頭銜。實際上，我既不"總"，也不"裁"，只曾爲補充候選各史主編的名單提過幾位專家的名而已。具體的事務我全不知道。凡有關《二十四史今注》的詢問，請不要再寫信給我，以免我覆信之勞爲盼。

一九九五年四月十五日

在中國書法家協會組織的
古文字學家座談會上的發言

你們的題目太多了，一個星期也談不完，談什麼呢？中國文字的起源問題，我認爲中國文字的起源並不是太早，現在有一些早的符號或文字，説是發掘品，其實是來路不明的，只能置之不理。今舉兩個例子，一是山東鄒平丁公村的龍山文化陶片，有五行十一個字，刻在大平底盆底部内側，試想當時怎麼刻的，有何用處（《中國文物報》一九九二年一月三日）？二是江蘇高郵龍虬莊遺址發掘的重大成果，一片磨光泥質黑陶盆口沿殘片，上有類似文字的刻劃符號，大約有五千年（《中國文物報》一九九三年九月五日）。這兩處都没有層位關係，所謂文字都不可識。

最近上海博物館一九九三年中國文物精華展，展出了江蘇吳縣澄湖的良渚文化貫耳壺，腹部刻四個橫排的原始文字（《中國文物報》一九九三年九月十九日）。一九七六年《中國史稿》第一册一百零七頁有上海馬橋遺址下層出土的良渚文化黑衣灰陶闊把杯器底符號（拓本），上有“田戉”二字，其器形則見於《上海古代歷史文物圖録》第三十一頁。上海市文物管理委員會的執筆者黄宣佩説“闊把杯底部的二個刻劃陶文，其結構與商代的甲骨文相近，這爲研究商代以前文字發展史增添了資料”（《考古學報》一九七八年第一期）。他説的對，那麼丁公村、龍虬莊的陶片就不免令人生疑了。

考古所曹定雲的文章寫得很好。這些文章我都見過，其它的是湊熱鬧的。日本出的那兩本我也有，松丸道雄、伊藤道治費一點精神,想不到上當了。(劉正成:他們說丁公村的是在龍山文化層裏邊出的。)那你放在龍山,它就是龍山,你放在仰韶,它就是仰韶,你放在裴李崗,就是裴李崗。不可能是真的。

(劉正成:請張先生再談談古文字與書法有關的問題吧。)古文字當然與書法有關係,我們寫古字,是一種摹仿體,不能拿到大街上。如果大街上寫牌匾,或者我們寫書皮,我們應該用通行的字,就是簡化字。簡化字怎麼寫,我們就應該怎麼寫。我們古文字只是少數人在屋子裏寫,把這兩者分開就沒有問題了。大街上的要面向群衆,面向群衆就用通行的文字。古文字是藝術品,寫古代的字體,摹仿古人的筆意,觀摩熟習了,可以寫出自己的風格,而不失該書體的神韻才好。我就講這麼多。

(《學界名家書法談》,榮寶齋出版社,一九九四年十二月)

在“漢字、書法、美學、傳統文化” 座談會上的書面發言[*]

簡體字過去曾經討論過，國務院公佈過，日常使用，應當遵守。我從來主張使用簡化字，不用繁體字。文字是一種工具，日常使用的字，删繁就簡是應用的自然趨勢，這樣，學習就容易些，識字的人自然會多起來，書寫所用的時間也就減少。將近四十年的經驗不是很明白嗎？

至於書法，是藝術。漢字書法在世界上是一種獨特的藝術，就應該按藝術的規律辦事，尊重書法藝術傳統，强求一律簡化不行。行書、楷書作品，應繁則繁，可簡則簡，取其自然，布局盡善盡美，歷代行書佳作，就是如此。若是寫古文字，寫哪一體首先要熟悉哪一體的字形結構，筆意可以用自己的風格，可以創新，字形筆劃不能隨意改造，否則研究古文字的人都認不出，就出了笑話。

(《書法通訊》一九九四年第三期)

---

[*] 座談會於一九九四年五月二十三日召開，由中國書法家協會、北京市書法家協會、中國藝術研究院美術研究所等單位聯合發起主辦。

關於"張楚"問題的一封信

《文史哲》编辑部：

　　讀了今年第五期《文史哲》所載《"張楚"非國號辨》一文，感到似不全面，建議作者考慮一下帛書中的材料。

　　關於"張楚"是不是國號的問題，《文物》一九七五年第五期所載劉乃和同志《帛書所記"張楚"國號與西漢法家政治》一文曾專門談過。長沙馬王堆三號漢墓出土帛書《五星占》中的土星行度表，及帛書中關於刑德的一種古佚書中的干支表，皆是一種表格，列出秦漢紀年，而皆有張楚。刑德古佚書尚未發表。土星行度表保存完整，秦凡四十年（從元至四十），在秦三十八年下明白寫出張楚二字，不書二世紀元（參考《文物》一九七四年第十一期三十七頁）。劉同志文中曾把張楚二字的原樣印出來（見原文三十五頁）。《五星占》作于漢文帝三年，刑德古佚書從字體看還要早十幾年，可見漢初的人把張楚二字當作一個名詞，與"秦"、"漢"、"秦始皇"、"孝惠"、"高皇后"等並列，既是國號，也可紀元。那麼，我們今天稱陳涉所建政權爲張楚政權、張楚國、張楚王，似無不可。當時陳涉並未統一，時間又短，各書紛紜，名稱不一，自無足奇。帛書資料多楚地之文獻（證據很多，不勝列舉），其用張楚二字較之它書應當更可信一些。

　　匆匆致

敬禮！

張政烺

十月三十一日

（《文史哲》一九七九年第六期）

致胡厚宣的四封書信[*]

一

厚宣吾兄：

　　幾年未通音問，至深想念。前月見顧先生得問近況，甚以爲慰。又從商務買到《古代研究的史料問題》一書，極服高論；專家著作深入淺出，自與時流不同也。弟近與幾位朋友在天津知識書店（原市委會）出版一個雜誌，名《歷史教學》，想盡一點力量與大家共同學習歷史。望祈吾兄費神給寫幾篇文章！（有稿費，數目尚未定。）何茲全兄已回國，現在師範大學任教。傅樂煥已起程，下月初可到，附聞。專叩

儷安。

弟政烺上 50/11/19

二

厚宣吾兄：

　　一向懶慣了，疏於寫信，非常抱歉，承介紹來王佐才君譯

---

　　* 本文由胡振宇整理並提供。這四封書信的時間分別爲：1950 年 11 月 19 日，1951 年 2 月 21 日，1951 年 5 月 28 日，1954 年 4 月 25 日。

文一篇,譯筆極爲流暢,內容亦好,惟字數太多,故不能隨時刊出。希望吾兄暇時能給《歷史教學》寫幾篇關於上古史的文章,便可成一專號。本刊銷路很好,出乎意外。從第三期起由新華書店經手向全國各地推銷,數目定可激增。郭子衡夏作銘發掘輝縣戰國墓,每日動工五百餘人,墓深十七米半,出土玉器二百餘件。有玉册,凡五十餘簡,很完整。玉佩、金銀嵌玉帶鉤、金錯車飾與洛陽金村者相似。有鐵器二十八件,犁鏵鋤鎒斧斤之屬俱有,為前此所未見。輝縣又有殷墓,出銅器、白陶及卜骨,有鑽灼之迹,惜無文字耳。據弟推測梅原末治《河南安陽遺寶》、《河南遺物之研究》及《洛陽金村古墓聚英》中皆混雜有不少輝縣出品。夏作銘又掘得戰國車馬坑,有車十八輛,每車駕二馬,甚完整,正趕制模型中。傅樂煥年前到京,現在科學院考古研究所歷史部分。王之屏準於三月起身,四月內可到,附聞。即請

春安。

弟政烺上

三

厚宣我兄:

久未通訊,甚念。《歷史教學》月刊向承愛護,銷路日廣,遠至國外各地。爲答訂購者之雅意,敬祈惠賜鴻文以光篇幅,至感至盼。《寧滬甲骨集》已購讀,深佩搜集之精,摹寫之工,及傳佈資料大公無私之偉志。繼此有作,其沾溉學術界者當更多也。五四遇梁茂修,頗談吾兄在滬情況。之屏已返國,將在科學院考古研究所工作,在英照得近代史資料甚多,不久定可一一公佈。

顧先生近況如何？常見否？耑此謹致
敬禮！

弟政烺上 五月二八日

四

厚宣吾兄：

因爲忙亂，關於王承祒的稿子的介紹書遲遲未寫，也老没給
你寫信。今天把介紹書草草寫就，寄上請教正，如果老兄有不同
意見，可隨時塗改或增添。既然出面介紹，便希望能達到目的，
全仗老兄鼎立扶持矣。半月前買到《京津甲骨集》，紙墨之工，
出我意外。斷代方面弟仍拘泥于董説，對於陳夢家説亦不同意，
希望兄能將所掌握之材料著文發表！此書編次非常合用，爲以
前一切著録所不及，苟能將斷代問題確定不易，則益臻上上矣。
"序要"已仔細讀過，如"可證殷代農業，係由奴隸生産"云云，殊
爲遺憾。老兄所編上古史講義，如有印本，祈賜一讀。科學院辦
第一第二歷史研究所，在東四頭條一號，調人非常困難，研究人
員尚一個未到，聞顧頡剛先生定于秋後來，其餘能到否皆不可
知。《歷史研究》稿源困難，兩次皆拖期。上海史學會出刊物已
實現否？
敬禮！

弟政烺上 54/4/25

在晉文化研究會上的發言[*]

　　昨天參觀金墓，看見屍體擺在床上無棺材，我想大概是用麻布作麻袋包裝屍體。北宋記載：司馬光主持喪事，用麻布作包，把屍體放進去，有人開玩笑，加了標籤，"公文已交……"。用麻布作包把死屍裝進去，意思原出娘胎有包，死了，也有包。司馬光家鄉一帶有這個風尚。以後做工作應該注意這種現象。

　　我是搞歷史的，不做考古工作，對於考古工地看的不多，這次來主要是對會議感興趣，對晉文化感興趣。晉國的東西保存得比較多。《左傳》除了魯國外，晉國就最多。如果書上與考古材料相結合，就能解決歷史上的許多問題。因此想提一些要求。

　　堯都最早見於晉朝刻版書，在宋代有雕版印刷中心，北方在平陽（也叫平水或堯都），就是平水。臨汾城南有個很大的堯廟，二十年前參觀過，這個地方可能有堯時的遺跡。按年代是新石器時代晚期。玉器、石器聯繫起來，據鄒衡講還有缺環。從年代講可以連起來。我們古代有些風俗與今不同，堯可以是一個人，也可以是許多人，古姓幾百歲，父親、兒子、孫子全叫一個名字。在商代還有世世代代用一個名字，周初還有這個名字，還有

---

　　[*]　1985 年 11 月，張政烺先生參加了在山西侯馬召開的晉文化研究座談會並發言。會務人員根據張先生的發言錄音，整理成文，刊於《晉文化研究座談會紀要》中。原文未經作者過目。此次收入本書時，方北辰教授訂正了其中的兩處錯誤。

點聯繫。我昨天聽鄒衡講，塔兒山又叫"鄒山"，鯀、禹都封於此地，平陽、安邑、陽城，不一定是平謀的。禹不一定是一個人，可能是幾代人。夏代祖先可能從禹開始，啓開夏代之意。過去講禹都，在禹縣白沙水庫附近，夏應從啓開始。夏的地域應在今河南、晉西南一帶。夏國之地應在洛陽附近。關於夏，在那一帶有許多地名相符。山東有一套，在濰坊一帶，古代北海郡有一套地名，有一部分人移過去，古人帶名字走例子很多。紹興有一套。還有北匈奴支持夏禹王。我在四川呆過一段時間，四川沿江有禹王宮、祠堂，六月六生禹而建。古書上講，不過我們從語言上看，大禹應屬於這個系統。

夏代事情有幾件，一個鯀治水，城牆是鯀的發明。鯀治水失敗，掉了腦袋。大禹用疏通的辦法，這在當時是需要的。今天看來是千古之罪，掘地排水，遇森林火燒，環境破壞很大。古人開辦學校學習語言，一種講夏聲，一種講雅聲。清代王引之認為雅就是夏，書上講雅言就是夏言。

垣曲商城很好，也可能是一個很重要的城。歷史記載商代中丁以後遷于敖（鄭州附近），後又講河亶甲居相，祖乙居耿，盤庚遷于殷。書上記，中丁以後內亂，搞得王室不得安寧。那麼祖乙居耿，汾陽東以北，叫不準。垣曲不錯，城不够大，比鄭州商城小，在混亂之中遷都，排場不會太大，有可能。垣曲可能在周王直接控制下，國人起義後逃跑到山西，垣曲在周的望氣之內，和周文化關係很密切，能否在垣曲發現周的遺址和墓葬？中條山黃帝舉鼎、開天時侯有故事講就在中條山，唐代河東設了三個郡，都在中條山下，有益搞清商史。

曲村出的害子方鼎，大概是商紂王時期的，和跑到殷國去的周初的銅器廠"司徒"、"北從王序"一樣。商紂王時期，有商紂王紀年直到二十年,以後不見,古書有的五十年,靠不住。現在發掘商紂王甲骨三年、五年、七年,銅器二十年的四、五件,不見二十年以後的。

山西有很多少數民族,周、漢和唐代很多少數民族活動在山西。

在湖南省博物館的學術報告 *

　　關於楚的問題。商代甲骨文中關於楚的記載，没有。商代
銅器銘文中也没有。在周代銘文中才有關於楚國的記載。周代
銅器在五千件以上，可能六、七千。其中關於楚的歷史的不多。
重要的在郭沫若的《兩周金文辭大系圖錄考釋》一書中大都有，
約三百件。兩周銘文中，荆、楚均稱，西周稱荆的多，東周稱楚的
多。《左傳》中也稱荆，又稱楚。秦始皇父親王子楚，因避諱，又
稱荆。洛陽發現的屬羌鐘中有楚，但這不是楚國的楚。齊國的
戰國陶器上常常有楚字，也不是楚國的楚。西周早期的令簋銘
文："惟王于伐楚伯在炎"（銅器的年代，郭沫若定在成王，最晚
也在康王）。這個"楚"也不是楚國的楚。西周與楚是敵對關
係，康、昭及厲王時，關於伐楚的事很多，這與《竹書紀年》、《史
記‧楚世家》相合。"伯"是族長的意思，或方伯，即霸，楚在西
周早期不一定稱楚伯，而是稱荆的很多。

　　關於虎方問題。甲骨文中有虎方，涉河。在武丁時（西元前
14 世紀），商與虎方是戰爭關係。古人的河是專有名詞，即指黄
河。江指長江。北宋時湖北的安州（孝感）發現六件銅器，銘文
上有虎方（西周早期），記載周武王征虎方，總認爲在長江以北。
這虎方是否與楚有關係？這與甲骨文中的虎方應是一個。武漢

---

　　* 1963 年 1 月 7 日，張政烺先生爲湖南省博物館的業務人員作了一次學
術報告，現由高至喜先生根據當時的記録整理成文。

大學教授吳其昌（已去世二十年）説古人寫虎字如形，荆字如形，他説荆字是虎字的簡化，不過我不相信，這在語言學上挺遠的，不在字形，而在語音。丁山先生的吳回考，夜雨楚公鐘，在宋代發現的。"夜雨"大概是印錯了，雷，實即是吳雷，也即是古書上的吳回。雷回古人可以假借。吳回是楚國的先人。祝融《左傳》上有記載，繒書上好像也有。

關於楚與巴蜀吳越的關係及其前身，目前無法解決。

省博物館和文管會的成績是偉大的，這次來開了眼界。過去我教過古代史，但對湖南的歷史、文物完全無知，現在已有多少萬件，將來發現會更多，研究會更深入，將來可以解決。單解決一個地方的問題不容易，要共同解決才容易些。

現在關於中國古代的問題，還有許多問題沒有解決，新石器時代早期，不清楚，中石器更是空白，仰韶文化以前，還應有個文化，仰韶、龍山的問題也還沒有搞清。如種植稻穀、小麥從何處開始？還不清楚。稻穀總是從南方開始傳到北方。長沙是四大米市之一，應該是南方有個更高的古文化，把稻子栽培技術傳到北方。養豬、養牛先在南洋，水牛，今天在南方，黃河流域先養水牛也想不通。

夏文化的許多問題都沒有解決，文字總不是從商代開始，起源於何時？商代的單字有 3500 個，限於甲骨文所見，總數要比這個多得多。但關於夏代文字一個也沒有找到。銅器問題也沒有解決，民族的問題也沒有解決。

解放前，商代的發現，只有一點可憐的知識。殷墟 1928 年就發現了，35 年了，報告仍沒有出來。殷墟前後發掘過 15 次，文物全部帶走了。主要是解放後考古學家給了我們的東西。

許多問題我們今天還不能解決。如楚的前身。鄭州商城比安陽殷墟早，比鄭州商城更早的是什麼樣子還不知道。仰韶——龍山——小屯，這個講法太簡單，實際要複雜得多。偃師二里頭，有許多文化，有夯土臺子，一個建築臺子有一萬多平方米，是商？是夏？搞不清。

玄鳥。《詩經·商頌》裏有傳說玄鳥，也是楚的祖先。《殷本紀》有契吞卵的傳說。有人說與女真族的傳說相似。安陽殷墟人骨與通古斯人相近，看來是與女真族有關係。商人未必是從松花江來的。古代的肅慎（即滿州的祖先），先在山東，後來才到松花江。

玄鳥的崇拜，很可能是南方往北傳的，船上生活的人，常看鳥可以知道岸近了。南洋人所以崇拜鳥，北方人崇拜鵲。

饕餮紋、其他動物紋，如龍、鳳、象、水牛、老虎……，這些紋飾的來源搞不清。仰韶文化的彩陶，有紫、紅、黑三種顏色，幾何圖案花紋多，有植物花紋，但很少動物花紋。這套動物花紋與仰韶文化關係不多。龍山的黑色陶器不畫花紋，動物花紋也找不出來，晚的也有，但年代很晚了，已相當於商周了。杭州良渚文化也有一點，湖北屈家嶺文化，京山天門也有一點。大鏡上有饕餮，仿商周銅器的，是否起源於南方？湖南的早期銅器有商代的，這種花紋很發達，很突出，滿滿的都是花紋，很醒目，是否起源於南方或湖南呢？象，中原有，南方最多；牛頭是大角牛，應是水牛；龍是爬蟲，南方多；鳳紋恐怕也是南方的，是否從孔雀變成的？

安陽殷墟出土的大理石器上雕刻的饕餮、虎、水牛、龍鳳紋都有，用紅色套上。南京也出有一點塗紅色的土。這些紋飾日本印過，考古所拓印了 500 本。饕餮紋與紅色配合起來……。商代遺址中出土過許多朱砂。北方不出產朱砂，貴州、湖南出朱砂,這些大理石器是否整個從南方傳到河南的?

關於印紋陶問題。鄭州、安陽是燒的普通陶器,沒有發現印紋陶、釉陶的窯。這些可能都是從南方傳去的。在這裏看到的西漢釉陶這麼好,簡直是瓷器了。安徽屯溪的西周墓出土70多種釉陶。杭州、蘇州也出土春秋戰國時的釉陶,很好,是吳越之器。

商的活動範圍是很遠的,東到海邊,安陽出有鯨魚骨,鄭州有海魚骨,西有羚羊(陝西秦嶺、太白山是最近的),北有烏蘇里熊,蘇聯考古學家在南西伯利亞(葉尼塞河)發現的銅器,與商器相同或相似。

南方產貝。在北方的商代遺址中一次出土三、四十個貝,在鄭州、安陽更多,侯家莊西北崗更多。貝產於熱帶海底,中國的貝主要產自西沙群島海底,海南島也有,而黃海、渤海不出,這些貝無疑是從南方來的。貝用作裝飾品和貨幣,貨幣是交換手段,也是儲藏手段。

龜殼,商代有大到一尺八寸的大龜,叫馬來大龜。水牛骨頭在鄭州商城出了很多,這是南方的玩意。商代遺址中出土的朱砂太多了。朱砂產地離中原最近的是辰州,在湖南。還有一個最重要的東西——錫。銅北方還有(陝南、陝北),錫北方沒有,錫是從何而來,文獻上沒有記載,湖南西南部出錫,雲南出錫,馬來也有,那太遠了。商代鑄造了許多青銅器,錫從湖南運去最近。

我在杭州看見有商代銅器,修環城馬路時出土有商尊兩個,爵兩個,應是墓葬中出土的。還有台(?)州附近,出有商代銅卣,上有銘文(現藏北京故宮)。長興發現一批銅器,大概是西周早期的,有大鐃,一百多斤重,篋上有銘文,鑄有一條蟠龍。江蘇出有西周的銅器，蘇州有，南京、揚州也有發現，鎮江煙燉山也有，安徽屯溪出有西周銅器和釉陶。

湖北出土的商周銅器也多。黄陂的盤龍城（距漢口四十里），發現有商代遺址，出土有銅爵、銅斝，屬商代早期，與二里崗相當。萬城出土的銅器是商末周初的。蘄春出土有木結構的房屋，出銅器、陶器，也是商末周初的。浠水也有銅爵等。

上述這些發現，洋洋大觀，在解放前做夢都想不到。這對我們中國的青銅時代的歷史，認識加深了。思想解放了，天地拓寬了。

湖南的商代銅器，聽沈從文講過，湘西辰溪在民國初年發現過 42 件商代銅器，這是可信的。民國二十六年（1937）秋天，逃難到長沙，住韭菜園聖經學校，看到一個銅卣，古董商人說是長沙出土的，北京圖書館花 30 元買了，不假，叫狽卣。原來不相信湖南有商代銅器，這次來開了眼界，看了新東西，有所反映。應該是商代的，從形制、化紋看，根據習慣應是商代的。是本地鑄造還是外來的？如是外來的，是通過交換來的？是送賜的？還是掠奪來的？我看應是本地鑄造的。湖南出土的商代銅器有許多特點，看了四羊尊、三羊尊（可能也是湖南出土的），有許多特點，數量這麼多，保存又這麼好，如是掠奪、賞賜，太重，運輸不易。湖南産銅錫，楚國送點銅給魯侯，不許其做兵器。楚國産的銅很多很好，銘文中從楚俘金的記載很多，説明湖南鑄造銅器的條件完全有。現在湖南發現的銅器也相當多，如果説這些銅器是交換、賞賜、掠奪而來，這裏應有一個强大的政治力量，或一個國家，但是現在不能證明這一點。鑄造這些銅器的是什麼人？我想還是商人。古人爲了尋找資源，常常派遣遠征隊，其他民族也有，恐怕從氏族部落公社時期就已開始。爲了生産的目的，或爲了奢侈的目的,這在原始社會晚期就已開始。

《山海經》,戰國時代著作,上有許多傳說,記載了許多山水,有什麼出産、動物、植物,中藥是寶貴的遺産,關於藥的記載很多,並不抹煞當地人民的勞動。

另外一個可能,商被周滅亡了,商人帶着這些銅器逃跑來的。但這種可能性不大。徐州附近有個徐國被滅了,後來江西出土有許多徐國銅器,這是徐國被滅了逃亡時帶來的。安徽發現了蔡國銅器。陶淵明跑到了桃源。這些解釋都不太好,路途太遠,要帶這麼多笨重的東西,長江是不好過的,這些都是做夢似的推測。公元前14—11世紀,這個地方與中原有交通關係。這個地方與中原交通從什麼地方開始? 盤古是開天的祖宗。《後漢書》提到盤古是五溪蠻的祖先,有無盤古的材料? 伏羲、女媧的傳說是有的,太昊中原的傳說是有的。有人調查,在湘西保存有苗族關於伏羲、女媧的傳說,如何來的? 怎麼保存? 我們都希望知道。還有舜、娥皇女英、象,舜死於蒼梧之野,在泠道,舜弟在湘南,有象墳、廟、碑,這些記載都在湖南。湖南與中原的交通在商代是沒有問題的。夏前就是大舜,即商前500年。

關於楚的來源。楚的先人説出於丹陽,即丹山之陽(秭歸),從上游下來到荆州附近。近代有些學者説是丹水之陽,即丹江水庫一帶,丹水之北,即河南的西南一帶。這些我没有發言權,希望考古學家通過考古工作來解決。

據書本記載,楚與北方關係多。統治階級可以是從外地來的,而勞動人民則是土生土長的。如周滅商,元、清是從北方來的,可能是指統治階級。因著書立説的都是統治階級。吳國,是太伯逃到吳國去的,斷髮紋身。楚的先人祝融,繒書上也有祝融。屈原的《離騷》有"高陽之苗裔",是貴族,是高陽的後裔,顓項在河北以南一帶。屈原講的仁義道德,與北方的是同一套,只有大同小異。《天問》中有許多歷史傳說,與北方有所不同。楚應有本地的文化,有一段很長的歷史,創造出自己的文化,有創造發明。統治者從北邊來的,把它統治了,征服了。

寧鄉出土的人面方鼎,從前未見過。其面型是塌鼻梁,顴骨高,眼角是蒙古人種。而楚墓出土的木俑又不完全一樣了,顴骨就不高了,鼎的人面眉作⌒形,木俑是∧形。人面鼎是統治階級的面型,俑是人民大衆的形象。我們應重視人類學方面材料的研究。

現在日本京都的乳虎卣,那個人是斷髮,而商人是插簪、打辮子,木俑也是辮子,而乳虎卣口內之人後面頭髮很齊,是斷髮的。乳虎卣出在湖南,斷髮是否湖南的風俗?

南方的語言與中原不同。《左傳》講南音,孟子講齊楚語言不同。揚雄的《方言》記載了許多湖北、湖南的方言,可以注意這些材料。銅器銘文與中原沒有什麼差別。要找本地最古老的文化。屈家嶺文化絕對年代不早。南方竹子多,不一定用陶器,有石器也行。涼山彝族就沒有陶器,用竹子燒飯也可。用竹筐外塗泥可以煮東西。

巴蜀的前身不清楚,只見戰國西漢的東西。《華陽國志》有記載。四川出土有商代銅戈、酒器之類。有大石文化,有船棺葬,羅布淖爾也有,湖南沒有發現。懸棺葬湖南也有,川南、漵、永一帶有,這是少數民族的東西,不一定是楚的。這是古代某一民族一種特殊的文化。湖南銅器上有虎紋,出土有一把銅劍,上有虎紋等,是巴蜀的東西。

與吳越文化的關係不清楚。有肩石斧,有斷石錛,印方格紋陶罐,像是吳越文化的。

　　東山文化是法國人搞的,在越南北部,戰國、西漢、東漢的東西與中國的東西關係密切。但又是另外一套。這裏靴形鉞很多。東山文化的鼓有鈕,介於銅鉞、錞于之間,可能是從錞于演變成銅鼓。湖南出土的錞于很重要。

《中國大百科全書》語言文字卷條目

八　分

古漢字一種書體的名稱。又稱楷隸,指東漢中期出現的新體隸書。字形方正,有規整的波勢、挑法,橫劃起筆頓抑,終端上揚,所謂"蠶頭"、"燕尾"。這種書體莊嚴典雅。漢靈帝熹平四年(175)蔡邕書寫7種經書,刻石立於太學,成爲東漢晚期的標準書體。隸書從此向真書過渡,漢字的方塊形象,也就由八分書奠定了基礎。

八分的名稱始見於魏,歷代説解紛紜。《古文苑》所録聞人牟準《魏敬侯碑陰文》明確記述魏文帝《受禪表》是衛覬著文並用八分書寫的。這塊表石現存許昌,書體與洛陽出土的蔡邕書《熹平石經》殘石上的書體相同。關於這種書體的形成年代,蔡邕《勸學篇》説:"上谷王次仲初變古形",六朝書家有"上谷王次仲始作楷法","次仲始以古書方廣,少波勢,建初中以隸草作楷法,字方八分,言有楷模","靈帝時,王次仲飾隸爲八分"等説法。所謂"初變古形"和"以古書方廣,少波勢"所指的是什麼?現在有了甲骨文、金文和秦漢簡牘等考古資料,可以看出漢字在演變的過程中,字的形體是從豎長到扁寬又到方正的,筆勢是從無波和大波又到規整的波勢的。甲骨文、金文、篆書、秦隸和早期的漢隸都屬豎長型,西漢中期隸書發展成扁寬型,東漢中期才出現了方塊字的形象。從甲骨文到秦隸都沒有波勢，西漢中期以後，波勢在扁寬的形體中逐漸發展到放縱的地步，東漢中期才開始收斂成適度的工整波勢。唐代人看不到出土的古文字，不能理解"初變古形"和"古書方廣，少波勢"裏的"古"是指中期的漢隸，"方廣"就是扁寬，"少波勢"是説沒有像八分書那樣規範的波勢。唐代張懷瓘《書斷》把"古"和"少波勢"當做指篆籀之無波，而且糾纏關於王次仲是秦始皇時的仙人的傳説，竟作出"八分已減小篆之半，隸又減八分之半，……故知隸不能生八分矣"，以及"楷隸初制，大範幾同，故後人惑之，學者務之。蓋其歲深，漸若八字分開，又名八分"等説法，又把漢末到東晉的一些真書列入八分的妙品或能品。一千多年間關於八分的誤解，《書斷》實開其端。宋代周越《古今法書苑》又有所謂蔡文姬説"臣父造八分，割程隸八分取二分，割李篆二分取八分"的話。這句話是從什麼地方鈔録的，不得而知，却更增加了混亂。唐宋至今，有從八字的字形、從分字的字義等方面所作的説解，以及八分是指字的大小的尺度説，都屬傅會。"字方八分"當是説字的高度有小篆的八分而成方形。八分成爲正式書體的年代，有《熹平石經》爲證，王次仲始作楷法的年代，從有年號的漢簡看，當在東漢中期。由於王次仲作楷法，使這種書體的傳授有章法可循，所以後世又稱八分爲楷隸。

《倉頡篇》

　　原是教育學童識字的字書，秦始皇帝統一文字時又成爲小篆書體的樣板。秦李斯著。

　　戰國時期，七國分立，文字異體。秦始皇帝既滅六國，采納李斯的請求，"罷其不與秦文合者"。這時秦使用籀文已 500 多年，筆劃繁複，實用中漸趨簡化。李斯作《倉頡篇》，中車府令趙高作《爰歷篇》，太史令胡毋敬作《博學篇》。"皆取史籀大篆，或頗省改。"從此定型爲小篆。漢初，閭里書師合《倉頡》、《爰歷》、《博學》3 篇，斷 60 字爲一章，凡 55 章，統稱《倉頡篇》。《倉頡篇》流行直到東漢，後來被保存在《三倉》中，唐以後才完全亡佚。20 世紀，各地考古發現許多漢簡，時有《倉頡篇》。其中最早的離秦代不過 50 年，但已是漢代書師合併的本子，字體是隸而不是篆了。有一支簡上有 40 字："倉頡作書，以教後嗣。幼子承昭，謹慎敬戒。勉力風誦，晝夜勿置。苟輯成史，計會辨治。超等軼群，出元別異。"這是《倉頡》首章的前一部分，"幼子承昭"指二世胡亥繼位，其事發生在始皇三十七年（公元前 210），李斯作書應當在前，這可能是趙高等人的竄改。又有"爰歷次貤，繼續前圖。……"這是《爰歷》開頭的幾句。從這些資料看，四言成句，二句一韻，內容火叙火議，和《急就篇》性質相似。由於這是教學文字的工具，不免吸收一些教師的經驗，反映出一些中國文字上的問題：（1）文義相近的字放在一起，如"傲悍驕裾"、"誅罰貨耐"、"豐盈纍熾"、"而乃之於"、"□□邑里，縣鄙封疆。徑路衝□，街巷垣墙。開閉門閭，關□□□。□□室內，窗牖戶房"，"□□廥厩，囷窌廩倉"，等等，這種編排文字的辦法《急就篇》中有，往上推則有《爾雅》。（2）偏旁相同的字放在一起，如"黠壓黯黗，黟黝黔黗。黲黠赫赧，儵赤白黃"，11 個從黑的字，3 個從赤的字，放在一起。這類例子很多，單從形旁講有艸牛辵齒言肉竹木貝禾疒网巾衣山廣黑赤心水谷門手女糸金阜 20 多個，在許慎著作《説文解字》中都建立爲部首。許慎以前形聲偏旁區別不嚴，《倉頡篇》偏旁以類相從，有的是聲旁相同而聯在一起,如"□□杞芑","□□姎挾"、"賞勛向尚"之類,歷史上無人注意這一點,要到宋代王聖美創"右文"説,清代朱駿聲作《説文通訓定聲》才成爲有用的知識。

《倉頡篇》的年代早,是小篆通行初期的書,所以常被學者注意,近200年來有七八個輯本,限於材料都不令人滿意,有的把《三倉》及其注解都混入。現在應當根據考古資料作出一個好的輯本,作爲中國文字學史的資料。

草　書

漢字一種書體的名稱。草書形成於漢代,從漢到唐,有章草、今草、狂草之分。章草如吳皇象《急就章》的松江本,今草如晉代王羲之《初月》、《得示》等帖和孫過庭《書譜》,狂草如唐代張旭《肚痛》等帖和懷素《自叙帖》,都是現存的珍品。

任何書體在使用中都有簡便易寫的要求,發生省簡筆劃和潦草的趨勢。這種趨勢是文字演變的主要原因。每當社會變革和文化大發展的時期,文字應用頻繁,個人隨手省簡,異體字出現的速度加快,爲了使文字利於應用,勢必要加以糾正。"周宣王太史作籀書"、"李斯作小篆"、"程邈作隸書"以及蔡邕以八分書寫熹平石經等,都是兩周、秦、漢各自對當時流行的字加以規範化而頒定的標準字樣,也是公認已形成的新的書體爲正體字的開端。但是要求簡易的趨勢並不因此停止。早在記録帝王公卿大事的商代甲骨文、周代金文裏就有簡筆和潦草的字迹,史籍中"屈原屬草藁"、"董仲舒藁書未上",説明戰國古文和西漢隸書在急速書寫時也非正體。據魏晉人記載,東漢北海敬王劉睦"善史書,當世以爲楷則",劉睦死前,明帝派驛馬"令作草書尺牘十首"。章帝時,齊相杜度善作習字的範本,章帝詔令杜度草書奏事。可見公元 1 世紀中葉以來,草字已經不盡是出於匆促書寫而是被珍視和仿習的字體了。從近世出土的漢簡可以看到,西漢武帝時字劃省簡的隸書已經通行。到新莽時期,有更多省劃和連筆的字。東漢光武帝建武二十二年(公元 46)簡就已經完全是草書了。但是從周代到新莽時期都不曾把草書列爲一種書體。《説文解字》成書於和帝十二年(公元 100),許慎在《叙》裏説"漢興有草書",是以草書爲一種書體之始。東漢末期,張芝被譽爲草聖,其同時以及稍晚的鍾繇等名家輩出,各成流派。當時趙壹有《非草書》之文,蔡邕有類似之議,以維護正體字的地位,這反映出草書已極一時之盛。漢末直到唐代,草書從帶有隸書筆意的章草發展成韻秀宛轉的今草,以至奔放不羈、氣勢萬千的狂草。歷代對章草的名稱有不同的説解。有見漢末以來《急就章》有草書寫本而説章草因《急就章》的章字得名的,最爲無稽。有以章帝愛好草書或曾令用草書作奏章,甚至説章帝創造草書的,都屬臆測。有以章法之章與章程書、章楷的章同義,符合早期草書略存八分筆意,字與字不相牽連,筆劃省變有章法可循的事實,近人多信此説。今草起於何時,又有漢末張芝和東晉王羲之、王洽兩種説法。從傳世的表、帖和出土的漢簡、漢磚看,在漢末以八分書爲正體字的同時,已經出現近似真書的寫法。草書也會隨之變異。略晚於張芝的草書家崔瑗作《草書勢》,對草書有"狀似連珠,絶而不離"、"絶筆收勢,餘綖糾結"、"頭没尾垂"、"機微要妙,臨時從宜"的描述,可見漢末的草書筆勢流暢,已不拘於章法。書體演變本來没有截然的劃分。説今草起於張芝是從新體的萌芽看;説今草起於二王,是着眼於典型的形成。唐代以來真書沿襲至今。草書在唐代出現了以張旭、懷素爲代表的狂草,成爲完全脱離實用的藝術創作,從此草書只是書法家臨摹章草、今草、狂草的書法作品。宋代黄山谷的《李白憶舊游詩》堪稱狂草的佳作。

古　文

古漢字字體的名稱。古文有廣狹二義。廣義的古文名稱起於漢代,後世繼續沿用,泛指秦統一文字前所有的文字,時間地點皆無限制,没有一定的字形。狹義的古文指《説文解字》中所見的古文。

許慎作《説文解字》,所收正字是小篆,有9353字。另外列出兩種異體字,一是古文,一是籀文,許慎稱前者爲"孔氏古文",稱後者爲"史籀大篆"。古文和籀文的分别是地區性的差異。古文出於壁中書,古人尊經所以放在籀文之前,其年代不一定比籀文早。許慎説:"至孔子書六經,左丘明述春秋傳,皆以古文。"又説:"壁中書者,魯恭王(公元前155–前129)壞孔子宅而得《禮記》、《尚書》、《春秋》、《論語》、《孝經》。"《禮經》的《記》是戰國晚期的作品。古代典籍皆用竹簡,經過無數次的閲讀和傳鈔,會"韋編三絶,漆書三滅",使用時間是不長的。秦始皇三十四年(公元前213)下令焚書,各地掩藏不一定都有極早的寫本,一般總是當時的通行本。即使有孔子所書六經也不過公元前500年。許慎説他所用的資料"其稱《易》孟氏,《書》孔氏,《詩》毛氏,《禮》周官,《春秋》左氏,《論語》、《孝經》,皆古文也"。大約都是漢代古文經學家輾轉摹寫的。它和小篆有差别,許慎從中采用了500多字,約合小篆的1/18。古文的特點,如一、二作弌、弍,增加不必要的繁飾,禮、棄作礼、弃,作出大膽的省簡,都不是原始漢字的形式,是應時代需要而産生的。

王國維作《戰國時秦用籀文六國用古文説》,有很好的意見。籀文行於秦可考而信。古文經出於鄒魯儒生之手,流傳於東方,也是事實。但是説有"六國古文"則未免武斷。當時"諸侯力政,不統於王,分爲七國,田疇異畝,車涂異軌,律令異法,衣冠異制,言語異聲,文字異形",政治上没有統一的政權,經濟上没有統一的市場,不可能有六國共同使用的文字。王國維習於戰國縱横家言,以"合縱"與秦對立,不知道軍事聯合是一時的,語言文字自發地統一則需要較長的時間和一定的條件。近年來,各地發現戰國文字資料很多,如長沙繒書、侯馬盟書、温縣盟書、江陵信陽長沙簡策,以及平山縣中山國銅器、新鄭縣韓國兵器等各種文字資料,但是找不出和《説文》古文相同的"六國古文"。許慎所謂古文大約就是鄒魯(也許還有齊)儒生習用的文字。

魏正始(240～248)三體石經中,首列古文,只刻成《尚書》、《春秋》,即許慎所謂《書》孔氏、《春秋》左氏,和《説文》古文來源相同,字形偶有不同,可能是古書鈔寫中的訛誤。這是研究古文的寶貴資料。唐代陸德明《經典釋文》、宋代郭忠恕《汗簡》、夏竦《古文四聲韻》等,都保存一些古文經中的古文。

甲骨文

古漢字一種書體的名稱。殷代人用龜甲、獸骨(主要是牛肩胛骨)占卜。在占卜後把占卜日期、占卜者的名字、所占卜的事情用刀刻在卜兆的旁邊,有的還把過若干日後的吉凶應驗也刻上去,最詳細的一條將近100字。學者稱這種記録爲卜辭,這種文字爲甲骨文。甲骨文發現於河南省安陽縣小屯村一帶,是商王般庚遷殷以後到紂王亡國時的遺物(公元前 14 世紀中期~前 11 世紀中期),距今已 3000 多年。

甲骨文開始是自然流露,無人注意,1899 年王懿榮辨認爲商代文字,從事收集。1903 年劉鶚拓印《鐵雲藏龜》。早期的研究者有孫詒讓、羅振玉、王國維等。羅振玉又搜集實物拓印爲《殷虚書契》等,並作考釋。安陽殷墟考古發掘始於 1928 年,連續八九年,最大的收穫是 1936 年夏發掘的第 127 號坑,得甲骨 1.7 萬多片。綜合先後所得加以拼綴挑選,編印爲《殷虛文字·甲編》和《乙編》,共收甲骨 13047 號。董作賓根據發掘材料作《甲骨文斷代研究例》,分甲骨文爲 5 期,對文字的文法、字形、書體等的演變有所闡述,其後時有修正。陳夢家在所作《殷虛卜辭綜述》中慎審總結,斷代説遂基本可信。甲骨文考釋方面學者頗多,成績突出的有郭沫若、唐蘭、于省吾等。孫海波采集編印爲《甲骨文編》,初版在 1934 年,1964 年修正再版。中華人民共和國建立後,中國社會科學院歷史研究所匯集 1899 年以來 80 年間安陽殷墟出土的甲骨,公私收藏以及流傳海外的共 41956 片,由郭沫若主編,胡厚宣總編輯具體指導,編印爲《甲骨文合集》。考古研究所 70 年代在殷墟發掘所得甲骨 4589 片,由鍾少林等 5 人編著《小屯南地甲骨》,增加了一批重要的資料。

甲骨文是現存中國最古的文字,大約有 4500 個單字,可識者約 1/3。它的基本詞彙、基本語法、基本字形結構跟後代漢語言文字是一致的。用許慎、六書來檢查,在字形結構方面指事、象形、形聲、會意皆已齊備;在文義使用上轉注(互訓,即義近通用)、假借(音近通用)也都很清楚。甲骨文可以斷代,早晚分明,從某些常用字的變化可以領會許多中國文字發展的知識。例如:(1)簡化,形體複雜的字,日趨簡單,筆畫減少。(2)形聲化,象形字增加聲符,假借字增加形符,變成形聲字。甲骨文是占卜者寫刻的,有它的局限性,不一定包括商代的所有文字。而有些占卜術語,像貞囚之類,一般人也未必通用。又由於是用刀刻成,不免變形,驟見不易理解。

甲骨文原來專指安陽殷墟所出,從發現至今已80多年,經過許多學者努力,取得很大成績,在中國文字史上可以看作一個單元。中華人民共和國建立後,各地發現周人有文字的甲骨,如陝西省西安市灃西張家坡出土三片卜骨,山西省洪洞縣坊維村出土1片卜骨,北京市昌平縣白浮村出土3片卜甲,陝西省岐山縣鳳雛村出土292片卜甲,又扶風縣齊家村出土1片卜甲,6片卜骨。其中以岐山、扶風所出比較重要,片數既多,不同單字在250字以上。這些資料出土地點分散,年代早晚不一,內容簡單,字形與殷墟不盡相同,確是中國考古學之新發現,而從中國文字史看,還沒解決什麼問題。

金　文

古漢字一種書體的名稱。商、西周、春秋、戰國時期銅器上銘文字體的總稱。

宋代人創立金石學,研究金和石上的銘刻,金以銅器為主而不限於銅,古今一切金屬物品上的銘文皆在收集之列。這樣,內容雜亂,沒有意義。清代吳式芬(1796~1856)把商周銅器銘文編成《攈古錄金文》一書。從中國文字發展的歷史看有它的合理性,符合一些學者的要求,而且收集的資料多,考釋嚴謹,影響頗大,金文一詞遂有了界説。1916 年鄒安編印《周金文存》,也是資料多,印刷好,風行一時。這時所謂金文皆指整篇的銘文,不稱單字。1925 年容庚編印《金文編》,把商周銅器銘文中的字按照《説文解字》的順序編爲字典,從此金文成爲一種書體名稱。金文出現在商代中期,鄭州市白家莊出土饕餮紋罍上有黽字,陝西省岐山縣京當村出土目戈上有目字,北京市平谷縣劉家河出土鼎和爵上皆有黽字,這類資料雖不多,年代都比殷墟甲骨文早。金文下限斷在秦滅六國,也就是秦用小篆統一中國文字時(公元前 15 世紀~前 220 年),約 1200 年。

宋代人收藏銅器極重視銘文,如劉敞《先秦古器記》、吕大臨《考古圖》、王黼《博古圖録》等,皆摹寫銘文,作出考釋;也有專門摹刻銘文的,如趙明誠《古器物銘》、王俅《嘯堂集古録》、薛尚功《歷代鐘鼎彝器款識法帖》等,皆有釋文和考證;銘文中的字編爲字典則有吕大臨《考古圖釋文》、王楚和薛尚功《鐘鼎篆韻》,皆按照韻部排列,頗有創見。清代學者走宋代人的道路而有發展,如阮元《積古齋鐘鼎彝器款識》、方濬益《綴遺齋彝器款識考釋》等,材料不斷增多,釋文考證時有可觀。1937 年羅振玉編印《三代吉金文存》,收銘文 4000 多件,印刷精致,没有釋文。清代由於《説文》之學興盛,聲韻訓詁研討日深,在這種學風的影響下,銘文研究進步較快,不斷出現專家,如許瀚《攀古小廬金文考釋》、吳大澂《字説》、《説文古籀補》、孫詒讓《古籀拾遺》、《古籀餘論》、《名原》等,皆有創見,突過前人。金文的年代長,使用的區域廣(黄河、長江中下游廣大地方),材料如果不整理清楚,則研究工作會收效不大。例如:安徽省壽縣朱家集楚王墓,出土銅器過千件,有文字者數百件。河南省安陽縣小屯村婦好墓,出土銅器數百件,有文字者在百件以上。這兩批銅器相距千年,差異很大,銘文摻在一起統稱金文,很難説明什麼問題。過去學者已理解這一點,王國維《兩周金石文韻讀·序》(1917)説:"搜周世韻語見於金石文字者,得數十篇,中有杞、鄫、許、邾、徐、楚諸國之文,出商、魯二頌與十五國風之外,其時亦上起宗周,下訖戰國,亘五六百年。"對時間地點觀念很清楚,只是工作量太小了。郭沫若《兩周金文辭大系》(1931 序文)説:"當以年代與國别爲之條貫,……余於西周文字得其年代可徵或近是者凡一百六十又二器。……其依據國别者,於國别之中亦貫以年代,得列國之文凡一百六十又一器。"這在金文研究中是劃時代的創舉,可惜規模不大。此後 50 多年來發現有銘文的銅器數千件,還没有學者整理和作出新的更大的成績。

1985 年容庚《金文編》修訂第 4 版采用銘文 3092 件,收正文(可識的字)2420 字,附録(還不能確定的字)1352 字,共計3772 字。這是今日可見金文的總數,雖不一定準確,也相差不遠。這些字多半可以和《説文解字》相對照。先秦文字資料不限於金文,有甲骨、石刻、竹簡、帛書、璽印、貨幣等,而金文終究是主要的,它反映秦用小篆統一文字前 1000 多年間中國文字發展變化的基本情況。

金文研究工作是多方面的,成績也不一而足,管燮初《西周金文語法研究》是其中之一例。

隸　書

漢字一種書體的名稱。隸書分秦隸、漢隸和八分。秦隸指秦始皇時期使用的簡體字。漢代日常應用仍是隸書,但是形體、筆勢不斷發展,東漢中期出現莊重典雅的新體,熹平四年(175)

以新隸體立石經於太學,成爲國家的標準書體,魏以後稱之爲八分。

　　隸書形成於秦代,其淵源是久遠的。戰國時期政治、經濟、文化迅速發展,文字應用日廣,筆劃趨向省減和平直。六國各自爲政,文字省減各有異同。秦國沿用西周籀文爲標準字體,變化極慢。秦始皇滅六國,以當時已趨省改的籀文爲標準字體,推行統一文字的政策。漢代稱省改前的籀文爲大篆,省改後的爲小篆。這都是上層使用的字。東漢許慎《説文解字·叙》説:"秦燒滅經書,滌除舊典,大發吏卒,興戍役,官獄職務繁,初有隸書,以趣約易。"晉代衛恒《四體書勢》説:"下土人程邈爲衙獄吏,得罪始皇,幽繫雲陽十年。從獄中作大篆,少者增益,多者損減,方者使員,員者使方,奏之始皇。始皇善之,出以爲御史,使定書。或曰邈所定乃隸字也。"小篆和隸書同是簡化大篆而成的。其實秦人寫簡筆字並不是秦始皇統一中國時才有。秦國嚴格執行"物勒工名"的制度,歷年各地出土戰國時期秦國的兵器、漆器、陶器上筆劃省減、直多彎少的簡體字都出於工匠之手,已是隸書的雛形。程邈本是小吏,在獄中對照大篆把他熟悉的簡體字加以整理,是合乎情理的事。秦始皇使他出獄當御史來"定書",是罕見的破格提拔,反映出簡體字應用日廣,急需規範化的形勢。湖北雲夢睡虎地出土約爲秦始皇三十年的1200多枚竹簡上就都是規則、熟練的隸書。秦推行小篆只是爲保持秦人的篆書傳統,具有政治意義,隸書在實際應用上已佔優勢。小篆比六國文字複雜難寫,隸書比六國文字簡易,更符合全國人民的需要。秦始皇用小篆統一文字,事實上變成了用隸書統一文字了。

　　隸書的字體結構基本定型,繼續簡化的只是少數字,形體和筆勢有很大的變化,明顯地可分3期:(1)秦隸,如雲夢竹簡,字形較方,雜有豎長形,少波勢,略存篆意。(2)漢隸,如西漢武帝到東漢光武帝時期的居延漢簡和敦煌、新疆各地出土的漢簡,字形橫向發展,豎短橫寬,波勢極大。(3)八分,如《熹平石經》,形體方正,筆劃勻稱,波勢工整。

漢隸發展到八分,已經成為國家的標準書體。日常應用的字從筆法上繼續簡化,到魏晉又形成真書。真書在以前仍帶有隸書的筆意,後人把魏晉南北朝的真書都稱隸書,是對隸書範圍的擴大。

六　書

中國文字學史上的名詞。漢代的學者把漢字的構成和使用方式歸納成六種類型,總稱六書。

六書一詞出於《周禮》。《周禮・地官・保氏》:"掌諫王惡而養國子以道,乃教之六藝,……,五曰六書,六曰九數。"書是寫字。古代沒有印刷術,得書難,兒童入學先寫後讀,所以書藝包括識字和寫字,是文字之學。西漢末,劉歆崇信《周禮》,大力提倡,憑藉政治力量在大學設立博士。劉歆《七略》:"古者八歲入小學,故周官保氏掌養國子,教之六書,謂象形、象事、象意、象聲、轉注、假借,造字之本也。"這是對於六書最早的解釋,象形、象事、象意、象聲指的是文字形體結構,轉注、假借指的是文字的使用方式,而轉注重在字義,假借重音,對當時的文字分析極為清楚,在中國文字學史上可以說是很大的貢獻。四象之名學術性很強,而在語言或書寫上容易發生混淆,造成不必要的錯誤,所以不久他的後學們便作出修正。如鄭眾《周官解詁》,轉注、假借不變,四象改為象形、會意、處事、諧聲,其內容是一樣的。

許慎受到劉歆的啓示,費幾十年的精力整理漢字,編成《説文解字》一書,叙曰:"周禮八歲入小學,保氏教國子先以六書。一曰指事,指事者視而可識,察而見意,上下是也。二曰象形,象形者畫成其物,隨體詰詘,日月是也。三曰形聲,形聲者以事爲名,取譬相成,江河是也。四曰會意,會意者比類合誼,以見指撝,武信是也。五曰轉注,轉注者建類一首,同意相受,考老是也。六曰假借,假借者本無其字,依聲託事,令長是也。"這對劉歆學説有所發展:(1)排定六書次第;(2)修正四象之名,使意義更明顯;(3)六書下分别加以界説,並舉例以明之。從此六書成爲專門之學,千餘年間學者研究古文字都没能超出它的範圍。

許慎的成就無疑是偉大的,不足之處是受資料的局限,探索中國文字之原始構造却没能見最早的文字資料。《説文解字》成書於公元 100 年,所根據的文字資料是秦漢時期的篆書,也采用了先秦時期秦國籀文和儒家壁中經上的古文,没見到更早的文字資料,分析解説自然不免有不夠或錯誤的地方。今日有甲骨文、商周金文、戰國秦漢竹簡帛書等大量資料,對漢字的産生和發展有了一些新的認識,回頭看許慎的六書説自然不免有意見。試爲簡介如下:

(1)"指事者,視而可識,察而見意,上下是也。""視而可識"是説人們直覺看得出來。這和象形相似,所不同者,形體是實,易於描畫,事理是虛,表現出來就要委宛得多(如上、下)。"察而見意"和會意相近,要區別則靠分析偏旁。會意字是兩個或更多幾個字拼湊在一起,以表現一個意,指事字拆開不成字,或者是拆出一個字而仍有不成字的各種符號(如刃、末)。

(2)"象形者,畫成其物,隨體詰詘,日月是也。"詰詘,猶言屈曲。極言重視物體之狀,不敢省簡。

（3）"形聲者，以事爲名，取譬相成，江河是也。"形聲字基本上由兩個字組成，一個作爲形的符號，一個作爲聲的符號。怎樣產生也有兩種情況。甲骨文中的象形字有的筆劃多、區別大，寫起來不免有困難。後來簡化，加一個聲符，便成了形聲字，例如鳳、雞二字，形體不同，而凡、奚二聲符是後加的；也有先用假借字後加形符的，如啓明的啓後加日旁作晵，昱日的昱先假借羽字，後加形符而有翊和翌。由於時間地域之推移，語音不同，文義變異，形聲字又有增加聲符或形符之例。形符、聲符不限於象形字，指事、會意、形聲字都可以作形符也都可以作聲符。中國古籍很多，歷史上經過幾次整理，"飛禽即須安鳥，水族便應着魚，蟲屬要作蟲旁，草類皆從兩中"（《經典釋文·條理》），這也增加了形聲字。從商、周起，形聲字成爲漢字滋育之主要部門，在《説文》中形聲約占文字總數的 9/10。形聲字既是形和聲各佔一半的地位，製造或整理文字者應當對形和聲的部位有所規定，卻未注意及此，於是左形右聲、左聲右形、上形下聲、上聲下形、内形外聲、内聲外形種種結構任意泛濫，學習者諸多不便。

（4）"會意者，比類合誼，以見指撝，武信是也"比類是說把兩個字拼在一起。合誼即會意。指撝即指揮。"以見指撝"是表現出目的和要求。文字卜的形和聲都有客觀存在以爲依據，只有意不容易表現，造字者可以有造字的意圖，學字者可以有自己的理會，容易分歧。即以武、信而論，甲骨文有武字，上戈下止構造分明，也有止和戈兩個字，但是怎麽樣能得出"止戈爲武"這個意思？商、周文字中不見信字，戰國文字中才有，作從言千聲、從言身聲各體，乃以訊爲信。小篆中有信字，《説文》列入言部，是從言人聲的形聲字。信根本不是會意字。可見會意字的造字本義是很難理清楚的，學習文字的人只有承認現實，按照舊傳的音義繼續解説和使用下去。

（5）"轉注者，建類一首，同意相受，考老是也。"許慎把轉注排在會意之後，説明它是以意爲主。"同意相受"戴震解爲"互訓"，因爲《説文》説："老，考也"，"考，老也"。考老互訓。"建類一首"則指部首而言。有些學者主張必須同部互訓才是轉注，例如草部有"薑，蓄也"，"蓄，薑也"；"蕭，苗也"，"苗，蕭也"；即同意相受。從情理上講是可以説得通的。

（6）"假借者，本無其字，依聲託事，令長是也。"假借字之發生有幾種情況，一是字義不容易在字形上表現，取同音之字代用，不作新字，如我、汝、其、來之類。一是文字當使用時不够用，借字來頂替。許慎所舉令長是秦、漢官制，令是施令，長是首長，皆屬字義的引申，雖非本義，但不能稱爲假借。另一種情況是本有其字，寫字的人提筆忘字，用同音字代替，只要音同便可假借，但是不免"人用其鄉，同言異字，同字異言"（鄭玄語），古籍中這種現象很多，學習文字的人應當理解。

總起來講，《周禮·地官·保氏》的六書，内容模糊，究竟是什麽，學者間有不同見解，一時不能解決，也不必急於解決，這只是歷史上的一個名詞的爭論，没有實際用處。

劉歆六書説，象形、象事、象意、象聲、轉注、假借，是六書具體名目的最初形式，在不足100年内經過他的弟子杜子春，再傳弟子鄭衆、賈逵，三傳弟子許慎等人的宣傳和修正。從創意到建立，成爲一門學問，即古老的中國文字學，在中國學術界存在1800多年。

劉歆以爲六書是"造字之本"，這是托古改制，其實决不是先有人制定條例而後造字，六書是劉歆根據當時已有的文字知識歸納出來的名目，許慎通過整理文字的實踐加以修正，才使内容明確。

許慎的成就是偉大的。但是他的六書說還不夠精密。他的學說對後世影響很大,起過好的和壞的作用。近代考古資料聚集日多,研究其文字從分析偏旁入手,取得很好的成績,都是由於許慎的啓示。中古時期學者崇拜許慎太過,揣摩傅會,作繭自縛,產生許多惡果。例如鄭樵《六書略》,支離破碎,毫無用處,可以存而不論。

鳥蟲書

古漢字一種書體的名稱。又名蟲書、鳥書、鳥篆、魚書。公元前 6 世紀至公元 2 世紀有鳥蟲書。古人稱鳥爲羽蟲,魚爲鱗蟲,所以蟲書可以包括鳥書和魚書。

鳥蟲書是一種美術字體,其初只是爲了美觀,後來因爲它筆畫複雜,花樣繁多,難於仿造,也用它寫證件。大體都是用當時流行的篆書字體爲骨幹,任意加以改造和裝飾,開始是作一些鳥或蟲的形狀連綴在筆畫上,常露出字形之外,不難辨認。後來逐漸發展成鳥蟲在筆畫之間,或即用鳥蟲代替筆畫。鳥蟲的形狀"隨體詰詘",和篆書字體很合諧,容易取得美觀的效果。這種字體不能按照許慎六書分析解說,在中國文字學史上是一個駢枝。

中國青銅器時代末期,銅器上時用鳥蟲書作爲紋飾,常見於戈矛劍之類,鐘銘也有,較早的有:吳王子于戈,吳王僚即位(公元前 526)前作;楚王孫漁戈,楚司馬子魚(卒於公元前 525)作;宋公欒戈(公元前 514～前 451);楚王酓璋戈(公元前 488～前 435);蔡侯產劍(公元前 471～前 457);越王勾踐劍(公元前 496

～前465）；越王者旨於賜矛（公元前464～前459）；越王者旨於
賜鐘（公元前464～前459）。這些都是吴、楚、宋、蔡、越國之物，
從地理看鳥蟲書大約發生在長江中下游一帶。許慎《説文解字
·叙》列舉秦書八體，"四曰蟲書"，又舉新莽時的六書，"六曰鳥
蟲書，所以書幡信也"。秦的蟲書列在"刻符"和"摹印"之間，大
約也是書幡信用的，所以能列爲國家的通用字體之一。漢代印
章有許多鳥蟲書，當是爲了謹防假冒。至於銅器（例如河北省滿
城縣中山王墓出土鳥蟲書壺）、瓦當（例如"永受嘉福"當）所見，
則純屬裝飾性質。東漢靈帝愛好書法，光和元年（178）二月，始
置鴻都門學生，敕州、郡、三公舉召能爲尺牘辭賦及工書鳥篆者
相課試，多至千人（見於《後漢書》及注）。鳥蟲書是依附篆書發
展起來的，在東漢篆書已是末路，鳥蟲書失去了憑藉，雖經皇帝
提倡並無起色，没留下什麽字迹。魏晉以下通行楷書（真書），
有的著名書法家也作鳥篆，只是仿古，没有實際用處。唐代武則
天愛好書法，所作《昇仙太子碑額》，以楷書爲本，筆畫上加一些
鳥形，極不調協，怪異醜惡，無人仿傚。

行　書

　　漢字一種書體的名稱。指介於草書和正體字之間的流暢書
體。行書本是由正體字在日常應用中筆劃連寫或小有變異而形
成的，既便於書寫，又不象草書的難於辨認，所以宜於通行。從
漢代至今，行書隨着正體字的發展，而在體勢、筆意上有所變化，
成爲適應性最强、應用範圍最廣、延續時間最長的書體。

　　從各地出土的有年號的漢簡和亳縣出土的曹氏家族的漢磚
等材料看，東漢中期就有行書。世傳東漢晚期劉德昇造行書，這

與説"王次仲初變古形"、"杜度濫觴於草書"一樣,都是後世對於把已經流行的字體歸納出章法并且在傳授方面有功的人的推崇,也反映出這幾種書體形成的年代。漢魏之際,鍾繇、胡昭以師法劉德昇而著名。到西晉行書大行於世,朝廷立書博士,以鍾、胡之法教弟子,包括行書,書法家也多以行書著稱。東晉帝王多善行書。書法家中王羲之善行書,他的《蘭亭叙》更是千古聞名的傑作。行書既是適於日常應用的書體,更是書信常用的字體。鍾繇擅長八分、真書和行書,劉宋羊欣《采古來能書人名》中説:"鍾書三體:一曰銘石之書,最妙者也。二曰章程書,傳秘書,教小學也。三曰行押書,相聞者也。""行押書"即行書,"相聞者也"即用作書信往還的字。歷代書法家的行書墨迹也大部是書信。私人通信可以隨意書寫,各顯本色。比較歷代法帖和真迹中的書信,既可以看到行書的發展變化,也可以看到行書的範圍之寬。《宣和書譜·行書叙論》説:"自隸法掃地而真幾於拘,草幾於放,介乎兩間者,行書有焉。於是兼真則謂之真行,兼草則謂之行書。""真行"與"行書"的劃分,只是從鑒賞的角度作出的。

真　書

漢字一種書體的名稱。指漢末繼有波勢挑法的八分書而出現的新書體。六朝以來,稱之爲真書、正書或楷書。這種書體沿用至今。

從西北地區出土的有年號木簡看,東漢建武至永初(公元25～113)等簡都是隸書,而永和二年(137)簡已基本上是真書(真七隸三。見於張鳳著《漢晉西陲木簡匯編》,1931)。這是戍屯軍治所的遺物,反映出當時官府中一般知識分子所用的書體。熹平四年(175)立於太學的《石經》是標準八分書,但是永壽二年(156)的陶瓶上的大部分題字已近似真書。可見王次仲作八分楷法的傳說和蔡邕寫《石經》,都是從保持隸書傳統的角度對當時的正體字加以規範,而真書則是日常書寫趨向簡易的潮流造成的新書體。西陲木簡中有魏景元、咸熙,晉泰始、永嘉等簡;石刻中有吳鳳凰元年(272)的《谷朗碑》和不知年號的《衡陽太守葛祚碑額》。其形體和筆畫結構都已經完全是真書。可見真書在三國時期是通行全國的。世傳魏初的鍾繇(?～230)爲"真書之祖",雖無手迹流傳,法帖中有《賀捷》、《季直》等真書的章表。劉宋羊欣說"鍾書三體:……二曰章程書,傳秘書,教小學者也"。章程書應當是指鍾繇的這些章表。章程與楷法同義,東漢八分書有了楷法,六朝人稱之爲楷書。真書作爲"傳秘書,教小學"的章程書,又稱真書爲楷書,稱八分爲楷隸。真書成爲通行正體字,所以也稱正書。

真書在應用中不斷發展。東晉王洽寫給王羲之的信中,回顧他們兄弟在真書、草書書法上的創新時說,"俱變古形,不爾,至今猶法鍾(繇)、張(芝)"。但是六朝、隋、唐都把真書視爲隸書的新體,所以把魏晉名家,包括王羲之、王獻之的真書都稱爲隸書。隋唐的真書在書法風格上有了新的發展,如智永《真草千字文》中的真書和歐陽詢的《醴泉銘》。後人有以歐陽詢爲楷書之始的。這都是由於沒有看到反映真書形成過程的資料,又把形體和筆畫結構上的區別與書法風格上的不同混淆在一起而造成的。元代趙孟頫所寫的《六體千字文》,古文、篆、隸、章草、真書、今草六體並列,展現了戰國以來2000多年間中國書體演變的概貌。

籀　文

古漢字一種書體的名稱,又稱大篆。起於西周晚年,春秋戰國時期行於秦國。

許慎《說文解字》以小篆爲正字,共 9353 字。又收兩類異體字,一類稱古文,指古文經中與小篆不同的字,這是地區性的差別;一類稱籀文,指《史籀篇》中與小篆不同的字,這是時代的差別。公元前 220 年,秦始皇帝按李斯的主張統一文字,首先是省改秦國自己的文字,然後再推行到各地。學者把省改前的稱爲大篆,省改後的稱爲小篆。

籀文,即大篆,出於《史籀篇》。《漢書·藝文志》說《史籀篇》是周時史官教學童的書,又著録《史籀十五篇》,本注:"周宣王太史,作大篆十五篇,建武時(公元 25~57)亡六篇矣。"魏晉以下此書全失。段玉裁推測"其書必四言成文,教學童誦之,《倉頡》、《爰歷》、《博學》實仿其體。"王國維作《史籀篇疏証》,把《說文》所採籀文輯出加以解釋,他說史籀非人名,《史籀篇》是"春秋戰國之間秦人作之以教學童。"他的話有道理,可惜毫無證據。西周到秦的銅器銘文傳世很多,根據這些資料可以看出:(1)西周晚期,約周宣王時出現了一種新風氣,字體方正微長,行款整齊,筆劃勻稱,偏旁、結構有定,例如虢季子白盤、宗婦鼎等銘文,和籀文(王國維說:"作法大抵左右均一,稍涉繁複,象形象事之意少,而規旋矩折之意多。")十分相似,可認爲是同一種書體。(2)秦繼承了這種書體,銅器如秦公鎛、秦公簋、秦公鐘、商鞅量、杜虎符、新郪虎符等銘文皆自相似,五六百年間的文字變化不很大,這在同時期其他各國不曾有過。原因何在?

最好的解釋是當時有一個文字課本，嚴格教學。所以周宣王太史籀作大篆 15 篇之説不宜輕易否定。

傳世《石鼓文》、《詛楚文》皆戰國中期秦的作品。前者關係國家禮儀，書法精美。後者是通行字體。兩者皆屬大篆，其中絶大部分和小篆相同，也有不少《説文》列舉的籀文。《史籀篇》收有多少字已不可知，許慎所見 9 篇，舉出了 220 個不同的字。如果按比例推測，全書 15 篇，和小篆不同的字約爲《説文》正字的 1/25。可以約略看出小篆和籀文的差異和李斯從事省改的成績。

篆 文

古漢字一種書體的名稱。有大篆、小篆之分。大篆本名籀文，起於周末，後來行使於秦國。小篆又名秦篆，指秦始皇帝統一文字所用的書體，漢代沿用。後世稱篆書，一般皆指小篆。

西周滅亡，平王東遷，秦處周之舊地，使用周的籀文，逐漸發展而具有秦的特色。戰國時期，七國文字異形，秦始皇帝削平六國，統一文字，采納李斯的奏請，"罷其不與秦文合者"。這時秦使用已久的籀文也在省改，李斯作《倉頡篇》，中車府令趙高作《爰歷篇》，太史令胡母敬作《博學篇》，文字多取《史籀篇》，而篆體却不盡相同，後世稱爲秦篆，又稱小篆，而把篆文稱爲大篆。秦代小篆文字資料流傳下來的有泰山刻石、琅邪刻石、嶧山刻石、會稽刻石等，以及無數秦量、秦權、詔版。文字確已規範化，偏旁都有固定的形式和位置，形體竪長方，其空虛不足之處儘量用筆劃填滿，不顧象形、指事、會意等意義的體現。

許慎作《説文解字》，本意想説明中國文字的原始構造，但是他見不到很早的文字資料,所以用小篆9353字作主要資料。小篆年代雖然不早,數量却很大,是中國文字發展史上的洪流,是千百年不斷産生而匯集在一起的,解釋文義,編造字典自然應當用此爲根據。《説文》列出籀文200多字,古文500多字,作爲重文,這是古代文字發展史由於某些原因而發生的,一般都是異體字,從分析字形探求文義看確乎不如小篆可信。

　　漢承秦制,文字方面也不例外,篆書仍舊是國家的標準書體。當時的高級文件没流傳下來。而從皇帝玉璽、皇后玉璽、諸王金玉印、貨幣、虎符等鄭重的文物可以看到,其文字雖各有類名(如刻符、摹印),書體皆屬小篆。王莽時的貨幣和權衡度量銘文也用小篆,不過筆劃更加方正。許慎作《説文解字》目的是爲了應用,其子許沖説:"自周禮漢律皆當學六書貫通其意。"《説文》這書也就是因爲有用所以一直流傳到今日。魏正始四年(243)刻三體石經,其中古文出自壁中經,隸書是已經流行了400年的通俗字體,而小篆則是作爲傳統的標準字體被重視而刻出。

《中國歷史圖譜資料目録（封建社會部分）》

草　　稿[*]

> [*]　整理説明：本文根據《張政烺文史論集》一書所收影印件進行整理，包括作者在原件上的批注。凡是原件漏排或誤排而作者予以訂正的，則直接據作者的批注排；凡是作者補充材料或新作修改的，則作者的批注用脚注形式出現（個別情況例外）。一般的勾劃和符號予以省略，以免冗贅。此次整理是爲方便一般讀者的閲讀，如果讀者要查看張先生批注的原件，則仍請參考《張政烺文史論集》一書。

中國歷史圖譜資料目録①

（草稿）

封建社會部份

（内部參考・供討論修改之用）

1959 年 3 月 7 日

---

① 苑峰,三月十日。

歷史人物。

本書經濟文化部分所用的圖片,大體講來都是肯定的有進步性的東西。政治部分則不如此,有革命也有反革命,有進步也有反動,並不都是可以肯定的東西,例如這裏收了許多帝王像(閻立本畫的十三個帝王像完全收入),我們並無意肯定他們,也不是立意要編帝王家譜。恐有誤會,特此說明。

陝縣後川 2040 號墓,戰國(不是春秋)。

"中國歷史圖譜"編輯計劃（初稿）

1. 本書定名爲"中國歷史圖譜"，擬通過具體文物（古物、古迹、古圖畫和科學家復原的模型或圖畫等等的照片），形象化地反映祖國悠久的歷史、豐富的文化，各族人民的生産鬥爭、階級鬥爭，各族間的經濟文化交流，並體現中國文化在世界歷史上的應有地位。

2. 本書以"中國歷史編寫提綱"爲綱，具體内容包括各個時代各個地區各個民族的生産力和生産關係；階級和階級鬥爭；農業、手工業；商業、貨幣、交通；城市、建築；一般人民生活（衣、食、住）；文字和書法；科學技術發明創造；史學、文學；藝術（繪畫、雕刻、音樂、戲劇、舞蹈、板畫、陶瓷、錦綉、漆器、金銀銅錫工藝品等）；哲學；宗教；政治制度；兵器、軍隊和戰爭；人物（科學家、藝術家、文學家、軍事家、政治家、哲學家、思想家等）；名勝古迹等等。

3. 本書擬先編至公元 1840 年，分成四部分。卽

（1）中國原始社會

（2）中國奴隸社會

（3）中國封建社會前期

（4）中國封建社會後期

每一部分前面有概括説明，説明這一時期的歷史面貌；每一圖片有個別説明。每部分視材料多少再分成若干集。

4. 本書擬用八開本，共印一千面，所收圖片估計在五千幅以上。

一九五九年三月七日

"中國歷史圖譜"資料目録(初稿)説明

一、這本圖譜的編輯大綱是參照中國歷史大綱擬定的,原則上要求取得一致。但編制圖書受材料本身的限制,和寫書不同,因此在安排章節的時候就不免有出入。

二、爲了便於利用考古學(包括文物書畫的鑒定)的成績,對各代的上下斷限問題仍采用舊説。如通史把束漢的下限劃在 183 年,自 184 年起便是封建割據時期;但在編輯圖譜時很難把束漢文物分在 183 年以前或以後,因此仍把束漢下限定在 220 年。

三、農民起義是推動歷史的真正動力,但自秦漢以後許多次重要的農民起義都沒有文物遺留下來,因此只好用起義地點的照片,有的連這種材料也提不出來。在圖譜中,農民起義的材料和它在歷史上所起的重要作用是遠不相稱的。

四、中國是個多民族的國家,我們很希望在圖譜中體現出這個特點來。但少數民族的歷史文物,我們知道的非常少,雖然采録了一些,仍然不能反映少數民族在中國歷史上的貢獻以及各民族友好團結的傳統。

五、中國與各鄰國的關係,在圖譜中因限於材料,不易處理,凡是說明國際關係的材料,分列於有關各章節中,未獨立成一章。

六、關於漆器、磁器等能體現手工業生産者儘量擺在手工業方面,只有美術價值極高而又不是人民日常生活所必需的才放在文化方面,因元以前有關於手工業生産過程的材料有限,須用實物來幫助體現;明清部分手工業項收集的圖片主要是説明生産過程,工藝項收集的圖片主要是選擇比較代表的作品作爲例子。

七、有些圖片因原材料有因襲前人之處,例如"農書"、"農政全書"、"授時通考"等書,内容大部分相同,我們選擇時儘量避免重複。但有不少生產工具或生產技術,在長時期内變化不大,甚至沒有變化(社會風俗也有同樣情況);在這種情形之下,我們遇到了比較珍貴的材料,也采用了一些。

八、有些材料,因爲能説明問題,同時又不可多得,如宋應星"天工開物"、唐英"陶成圖"等等,我們采用了大部分,有的就全部采用了。

九、爲了閲讀方便起見,我們在編排方面儘量把性質相同的材料集中起來,作爲一個單元,但其缺點是在横的方面不容易顯現它和各方面的聯繫,只能在文字説明的時候補充。

十、目録初稿,倉卒草成,缺點很多,開列的材料不但掛一漏萬,而且不一定都符合要求。還有一些標題都是空白點,沒有列選出材料來。有若干新問題,如資本主義萌芽問題,在資料目録中還缺乏適當的材料。希望大家提示寶貴意見,提供材料或搜集材料的綫索,以便修改補充。

三月七日

第三篇　中國封建社會前期

（公元前 475 年——公元 589 年）

第一章　封建社會的形成①

（公元前 475—220 年）

第一節　戰國形勢

1. 七國分立②

驫羌鐘照片一張

驫羌鐘銘文拓本二張

（驫羌是韓的一個將官，銘文記載三家分晉前一年的一次軍事合作，這裏提到"韓宗""晉君""天子"，是重要史料。出洛陽金村）

韓君銅器有銘文（出金村）

趙邯鄲城遺迹（説明趙的首都）

藺相如奉璧秦王（武梁祠畫象）

（趙的一個歷史故事，藺相如表現了智勇和氣節，民間傳説流行）

魏銅器（故宮藏，銘文記容量，很重要）

大梁司寇鼎（魏惠王遷都後稱大梁）

信陵君侯嬴朱亥（武梁祠畫象）

---

①　第十一章　兼併劇烈時期——戰國（公元前 475—221 年）。（整理者案：以下各章編號作者皆有改動，是對整個圖譜各章合併計數的結果，不再出注。）

②　七雄並立。

（魏無忌是魏國晚期的重要政治人物，這幅圖説明他好客）

齊臨淄城東門遺迹

齊臨淄城北門遺迹

陳侯午敦（齊桓公器）

陳侯因次敦（齊威公器）

陳驛壺（記伐燕之役）

楚王飲章鐘、劍、戈①

楚王飲悍鼎

楚王飲肯鼎（以上皆楚晚期王室之物）

北京附近的燕遺址（如陶然亭的發掘。説明燕都）②

易縣燕下都遺址（如老母臺九女臺等，山土物有磚瓦井圈水道管等。這是燕的第二都城）

燕侯載殷

燕王職劍、戈、矛

燕王喜劍、戈、矛

（以上燕王室之物）

秦雍城遺址③（秦都城之一，在鳳翔彪脚鎮）

商鞅戟

商鞅鐓二個

（這是商鞅當秦大良造（官名）時監造的兵器）

商君書（明刻本）（商鞅學派的著作）④

---

① 楚移燕後。
② 廣安門外椿樹館燕遺址有之。1957 年 5 月，見七期《文參》。
③ 石鼓文。
④ 入百家。

詛楚文(元刻本)(秦惠王和楚懷王作戰時的遺物)

新郪虎符(秦始皇統一前的兵符,説明秦兵制)

重慶冬笋壩發現的巴蜀文化

成都羊子山寶輪院發現的巴蜀文化①

(巴蜀是當時的少數民族的古國,後來並入秦,故附於此)

2. 戰國時期的戰争

兵器(戈、戟、矛、劍、弩、箭、箙、盾、甲等)②

(當注重新式兵器,如弩、箭頭、鐵劍和盾甲)

胡服象(金村出)③

騎士刺虎圖(鏡背花紋)(説明胡服騎馬)

水陸攻戰壺(故宫)

水陸攻戰鑒(考古所郭寶鈞)④

狩獵紋壺、鑒(故宫等)(古人常以狩獵習戰)

名將象(吴起、孫臏、白起、王翦等)?

各國長城的照片(如齊、魏等)⑤

戰國策(宋刻本)(説明合縱連横的計謀)⑥

---

① 昭化。
② 長沙。
　柄、桿。
　大同南梁遺址出土戰國文物。虎符。
③ 洛陽西宫出土戰國小玉飾上騎馬人的花紋。
④ 洛陽戰國遺址出土花片。
⑤ 入七國分立。
　燕長城。易縣。河北文化局。趙長城。
⑥ 入百家。
　樓蘭寫本。
　伊闕戰場。長平戰場。

第二節　封建關係的形成①

1. 生產力的發展

興隆發現戰國時代冶煉場和熔鑄鐵範（説明冶鐵）

全國各地發現戰國冶鐵工場

鐵制手工業工具②

鐵制農具（如輝縣）

西門豹和鄴渠

〔鄴渠如找不到遺迹，可用鄴西門豹祠堂照片（有漢和北齊的碑記）〕

鴻溝遺迹（梁惠王時白圭開掘，不知是否有遺迹？）

鄭國渠遺迹

都江堰（魚咀，"深淘灘低作堰"標語，李冰象）③

春申江照片（黄歇開掘黄浦江。水利交通）④

采桑圖（戰國銅器花紋）（説明經濟作物和婦女的生產活動）

秋胡戲妻圖（武梁祠畫象）同上⑤

2. 手工業商業的發展

紡織品（如長沙發現，可附印木簡標籤）⑥

皮革製品（長沙）

---

① 經濟情況。
② 長治。
③ 《旅行家》1955 年 2 月號 24-25。
④ 申港（申浦）在江陰。
⑤ 曾參母。
⑥ 信陽。
　　烏拉干河巴澤雷克，前五世紀。

席（長沙）①

竹器（長沙）

木器（長沙）

洛陽發現的製陶工場(九個窯製一種大罐子)(説明陶業發達,分工很細)

臨淄等地的陶文(記載工人的里居姓名,説明係私手工業)②

秦上郡戈(有銘文)(説明官手工業的組織)

韓劍(有銘文)(説明官手工業的組織)

楚漆奩(有銘文)(説明官手工業的組織)③

壽縣出楚銅器(有銘文記工人名字)

侯馬發現的帶鈎工場

侯馬發現的空首布工場(這都是官手工業)

布幣(説明三晉的金屬鑄幣)

刀幣(説明齊燕的金屬鑄幣)

圜錢（説明周秦的金屬鑄幣）

蟻鼻錢(説明楚國的金屬鑄幣)

印子金（説明楚國的貴金屬貨幣）

貨幣銘文拓本(説明大城市的發展)（貨幣銘文一般都是大城市的名字)④

車(輝縣發掘附模型)(説明交通運輸業的發展)

---

① 楚席、草鞋(上博)。

② 燕陶。

③ 秦始皇或漢初楚某王之物(自紀年)。
　　這兩項如拿不到,則改用錢範。

④ 不另出?

船(南京出土木船)①

龍節一個(説明駏傳制度)

虎節二個

辟大夫虎節一個

馬節一個

齊大夫牛節一個

鷹節三個

楚鄂君啓金節

(説明水路陸路運輸和商業的發達,貴族階級有免税的特權)

(以下説明度量衡)

周尺(金村出)

楚尺(壽縣出)

齊三銅量(上海博物館)(這是齊國税關的標準量)

商鞅量(説明商鞅統一度量衡政策)

戰國記載容量的銅器(皆作實測)

楚天平

戰國記重量的貨幣(皆作實測)

3. 新的階級分化②

農村(選一已發掘的農村遺址,作全面説明)③

---

① 奄城出土獨木船。
② 社會各階阶的變化。軍功貴族。洛陽墓葬。
③ 石家莊。不用了。
　　個體農民出現?
　　亭長空心磚。
　　孟嘗君故里、坟墓。

"郿傘君"玉印

"霸昌君"玉印

"安武君"玉印

"文成君"玉印

平安君鼎

庸夜君成鼎

緻□君鉼

（説明舊貴族向封建地主的轉化。戰國時代的封君，僅食租税，不問政事。孟子説"不得有爲於其國；天子使吏治其國而鈉其貢税"是較大的地主）①

戰國大墓（輝縣、信陽或長沙）（説明地主階級的奢侈生活）

戰國小墓（各種形式的）②

（可與上作對比。瓮棺葬法曾傳到日本，可説明中日文化交流）

范蠡象（説明富商大賈）③

子貢象（説明富商大賈）

呂不韋戈（這是呂不韋作宰相時監造的兵器）

呂氏春秋（元刻本）④（這是呂本韋作宰相時主編的書）（説明富商大賈）

武梁祠畫象范且和魏須賈（説明游士）

---

① 唐長孺。

　這成了土地國有，與提綱不合。

② 邢臺夫婦合葬墓。

③ 歷博。

　西安出土戰國陶倉。考古所灃西發掘隊。

④ 入百家。

武梁祠畫象無鹽醜女鍾離意(這是女政治家,也是游士一類)

武梁嗣畫象豫讓(説明游俠)

武梁祠畫象聶政(説明游俠)

武梁祠畫象要離(説明游俠)

武梁祠畫象荆軻(説明游俠)

奴婢俑(長沙信陽木俑,各地陶俑,説明奴婢)①

第三節　戰國時期的"百家爭鳴"。科學文化的發展

1. "百家爭鳴"

墨子象

墨子(明嘉靖銅活字本)

老子象(吳道子畫 或宋人畫)

道德經［宋板范應元校注古本道德經(續古逸叢書)這是老子最善之本］②

莊子象

南華經(唐卷子本)

孟子象

孟子(西安石經本)

荀子象

荀子(宋錢佃刻本)(原在海源閣,不知今日能否找到)

孫子象③

孫子(宋本周叔弢舊藏今在北京圖書館)

---

① 注意髠钳。邯鄲殉人墓。

② 三國寫本。建衡二年。

③ (臏)。春秋?

韓非子(宋本?)①

2. 史學和文學

國語(宋本? 敦煌曾出賈逵注本,可用)

左傳(宋本　楊守敬藏唐以前寫本。新疆曾出服虔注本)

屈原象(趙孟頫畫)

離騷圖九歌圖（李公麟趙孟頫陳洪綬蕭雲從等人畫)②

3. 藝術

毛筆(長沙)

削等制簡工具(信陽)

竹簡(信陽、長沙)

玉册(輝縣)

石鼓文(説明秦用籒文)③

繒書(長沙)(最近香港印饒宗頤摹本較好是否可用?)④

帛畫(長沙)

漆器(長沙、信陽、長治)

木器(長沙、信陽)⑤

魯班(公輸般)象(魯班經内)⑥

銅器(製造精巧的,花紋美好的)⑦

---

① 管子、商子、吕氏春秋(戰國策)。

② 汩羅江。

　張敦禮(或張渥)九歌圖。波士頓148–151。

③ 移前(秦)。

④ 美國已出版。

⑤ 雕花苓牀。長治。

⑥ 入春秋。

⑦ 泰山楚銅罍。

　人形銅燈(諸城)。

鎏金器、鍍銀鍍錫器

錯金銀器①

鑲嵌石、玉、琉璃器（信陽、輝縣、金村及故宮藏品）

鏡（長沙，申博四號竟）

帶鈎（輝縣、信陽及故宮藏品）

鐵器（信陽鐵帶鈎、泰山鐵盤）

金銀器②

主器［湖北京山天門考古發掘出一玉人面（石家河遺址）］③

琉璃器（長沙、輝縣）

鉛人象④

銅人象（輝縣，及五省出土文物，金村……）

最美的木俑陶俑（信陽、長沙）

各種動物象（如鄭州采繪陶鴨）⑤

（以上四項説明雕塑）

陶器（精好者）、（燕下都）

彩繪陶器（輝縣、洛陽燒溝）⑥

釉陶器（如吳縣五峰山出土豆盂等）（蘇文管會）

臨淄出"齊"字磚、"平栗"字瓦（説明建築）

鳳翔出印花磚瓦羽陽宮橐泉宮瓦當

---

① 刻花匜（凡五）。長治、長沙、陝縣（三）。輝縣鑑。
② 甘斿杯（上博）。
③ 陝縣、輝縣、洛陽、長沙、考古所。
④ 洛陽中州路。長治。
⑤ 銅牛，壽縣錯銀字四。石牛，壽縣雕塑館。銅馬四匹，洛陽。
⑥ 邯鄲朱繪獸紋壺。長治。

半瓦當(易縣)①

下水道管(易縣、輝縣)

燕下都出磚瓦(歷博)

銅器漆器花紋中所見房屋樓閣等（説明建築)②

銅器漆器花紋中所見音樂舞蹈(説明樂舞)③

舞俑(長沙)④

琴瑟(長沙、信陽)

編鐘及簴(信陽)

編磬(信陽？山西長治也有編鐘編磬)

鐘鎛鉦鐲等(故宮)⑤

古先磬　夾鐘磬(故宮)

塤　（王懿榮潘祖蔭舊藏,曾歸孫壯,今不知在何處?)⑥

殘鼓及簴(信陽)

4. 科學技術⑦

甘石星經圖(開元占經内)

月令(宋本禮記内)

山海經(宋本)

---

① 洛陽中州路。邯鄲。
② 採桑猎鈁之宮殿建築。
③ 壺、奮、鑑、匜。
④ 樂俑。
⑤ 錞于、鐸、小鼓。楚王酓章鐘二個。
⑥ 故宮(于省吾售)。
⑦ (周禮)孝工记。
　　公输般像。
　　安徽出土銅矩。
　　长沙出土木規。

禹貢（唐寫本尚書殘卷）

扁鵲倉公象？

素問靈樞（宋本？明嘉靖覆宋本）①

難經（宋本）？②

第二章　統一的專制主義中央集權的秦帝國

（公元前 221—207 年）

第一節　專制主義中央集權封建國家的確立

1. 秦帝國在各方面的統一措施③

秦咸陽城遺迹（説明秦首都）

廿六年詔版（拓本）

（"廿六年皇帝盡并兼天下諸侯，黔首大安，立號爲皇帝，乃詔丞相狀、綰……"）

（説明統一中國和皇帝稱號的確定）

郡縣官印封泥：九江守印 參川尉印 東郡司馬 琅邪縣丞

（説明郡縣制在全國範圍的普遍實行）

陽陵虎符（銘文）（説明兵制，中央集權）

半兩錢和範（説明劃一制度）

秦量、秦權（南博，歷博）（説明統一度量衡）

瓦量銘文拓本（這是用方印打印的，説明活字印版觀念之起源）

---

① 时代不明。

② 戰陸肆。

③ 秦始皇像。

　　洛陽發現軌字銅器（太和殿）。咸陽發現車零件泥範一窨。

泰山刻石(用29字原石拓本)〔這是秦的標準字體(小篆)〕

瑯邪刻石(原石照片或拓本)(説明統一文字)

〔以下三種是摹本,選其重要詞句(用剪裱木最便)〕(可以説明"書同文,行同倫",以及毀城郭通川防等加强統一措施,對人民的好處)①

繹山刻石　碣石刻石　會稽刻石②

秦淮河照片(説明水利)

蒼頡篇(李斯著,用居延漢簡)③

(説明秦的教育"以吏爲師",也説明開始有隷書)

2. 秦對匈奴的戰爭

匈奴相邦玉印(説明匈奴有國家組織)

秦長城④

秦渠(在寧夏)(説明秦人戍邊把水利工程也帶到河套)

3. 秦對南越的戰爭

越王臺(在廣州)

靈渠(湘漓運河)(這是秦征南越的遺留,也説明水利工程的高度成就)⑤

第二節　陳勝、吴廣領導的農民起義

1. 秦的殘暴統治

阿房宫遺址　阿房宫出土□□　驪山陵

---

① 琅邪臺瓦當。成山瓦當。

② 十二字璽。十二字磚。十二字瓦。

③ 這是"三蒼",入漢《急就》前。

④ 内蒙古建築一。

⑤ 秦狩獵紋磚(西安文物勝迹)。

（阿房驪山説明秦殘暴,但遺物仍反映勞動人民的成就）

驪山陵磚(有左司空等字)(説明是刑徒所造)

驪山陵大瓦當

驪山陵下水道管

2.農民起義推翻秦帝國

大澤鄉照片(説明陳勝吳廣起義)①

項王戲馬臺照片(徐州)②

泗水亭(有漢高祖廟)照片

鴻門遺迹照片(説明楚漢相爭)

武梁祠畫象王陵母

[這是楚漢相爭中的一個悲壯的故事。王陵母體現了中古時代中國婦女的堅定不屈的性格,成爲漢唐藝術文學中的一個好題目(如敦煌本王陵變文)]③

第三章　鞏固强盛的西漢帝國④

（公元前206—公元8 年）

第一節　西漢社會經濟的發展

1.建都長安⑤

漢長安城城門的發掘(一)

漢長安城城門的發掘(二)

---

① 涉故臺。

② 項羽像。

③ 秦柴。

④ 漢高祖入關圖卷,趙伯駒,波士頓66-69。

⑤ 清華建築系踏查作想象圖。

　漢高祖像。蕭何。張良。韓信。

漢長安城城門的發掘(三)

未央宮遺址

上林苑遺址

西安附近發現的漢代住宅遺址

"漢兼天下""漢並天下"瓦當①

2. 社會經濟的發展

西漢的鐵犁鏵、鐵鍬等鐵制農具(説明鐵制農具的改進)

陶制馬、牛等動物俑(説明牲畜)

關中漢渠遺迹

如:漕渠 龍首渠 六渠(輔渠) 靈軹渠 成國渠 韋渠 白渠

(説明灌渠、漕渠的修建)(以上問陝西文管會,選最典型

的,不必全收)

瓠子口照片(説明治河)

史記河渠書(唐寫本)(漢代嘗單行,作治河工作的指南)

河南鞏縣新發現的西漢冶鐵工場遺址(説明冶鐵)

同上説明煤的使用的資料

鐵制的各種生產工具

興隆發現的西漢冶銅工場遺址(説明煉銅)

銅餅有銘(興隆)

銅錠有銘(西安)

錢樹 (要西漢的,無則不用)

銅齒輪(西安、永濟)②

齒輪範(羅振玉舊藏)

---

① "唯漢三年大并天下"出漢中。

② 衡陽人字形齒輪出東漢墓中。

銅制的各種生產工具

銅制的各種農具[如"臨淄右大"農器(善齋藏)"中山"銅鑃]

陶器窰址

製陶器工具

絲織品

麻織品

毛織品

神爵二年買衣券①

(流沙墜簡分成兩截,不如用沙畹原書。說明契約程式,交易有中人,取用錢)。

　　貨幣　小半兩　四銖　半兩　三銖②　五銖等(說明貨幣)

金餅(考古所長沙發掘,有花和光面兩種)

車的模型(長沙考古所復原品)(說明交通)

陶馬車(四川博物館)③

陶牛車④

木船(長沙,考古所復原品)

木船(廣州,復原品)

(以上說明商品交換)

五穀滿倉瓦當(西安)

百萬石倉瓦當(西安)

陶倉有題字(洛陽)⑤

---

① 　屯16下。前60年。

② 　清河。

③ 　東漢。

④ 　東漢。

⑤ 　東漢。

洛陽西郊發現西漢圓囷照片(考古所)①

倉囷(鬥鷄臺出土,廣東出土……)

(以上説明地主官吏商人剝削農民)

　　第二節　西漢帝國的鞏固和强盛

1. 官制

(皆用封泥體現,出下列之書: 1. 封泥考略 2. 續封泥考略

3. 再續封泥考略)

中央官②:

"皇帝信璽"	"丞相之印章"	"御史大夫"
"大司空印章"	强弩將軍	戈船侯印
奉尚丞印	太史令之印	長陵丞印
光禄勳印章	衛尉之印章	太僕之印
桐馬農丞	廷尉之印章	大行丞印
行人令印	郡邸長印	宗正丞印
少府之印章③	尚書令印	大官丞印
東織丞印	少府銅丞	樂府鐘官
宮司空丞	左工室印	右工室印
中尉之印④	都船丞印	大匠丞印
左校丞印	右校丞印	率更之印
大長秋印章	典屬國印章	上林丞印
御羞丞印	禁圃左丞	宜春左園

---

①　《讯》,1956.1,版伍2。

②　精選。

③　少府丞印。

④　中壘右尉。

鐘官火丞	技巧錢丞	内史之印
左馮翊印章	長安市令	掌畜丞印

地方官①：

河南守丞	南郡守印	東郡太守章
南郡都尉章	上郡長史	南郡尉印
上郡庫令	豫章司馬	豫章侯印
關都尉印章	代郡車令	南郡發弩
呼佗塞尉	扜關長印	扜關尉印
臨淄市丞	廣陵市長	定陽市丞(以上郡)
商長之印	瑕丘邑令	雍令之印
新豐丞印	新豐尉印	嚴道長印
司空	市府	雒右尉印(以上縣)
右市	南市	左市
南鄉	中鄉	西市
左鄉	右鄉	東鄉
阜鄉	都鄉	

2. 諸侯王國②

河間王璽	淄川王璽	東平王印
(以上王)		
曲逆侯印	赤泉侯印	城陽侯印
(以上侯)		
梁侯相印	淄川丞相	臨淄丞相
定陶相印章	趙相之印章	淮陰相印章

---

① 精選。
② 齊御府印、齊御府丞(封泥)。服官。

（以上王國相）（諸侯王國相印説明王子侯國歸中央統轄）

平侯相印　　　　女陰侯相　　　　建成侯相

劇魁侯相

（以上侯國相）

3. 財政經濟

（大司農分佈在郡國的屬官）

（倉）齊大倉令　　大倉

（農）趙郡左田

（木）嚴道桔園　　嚴道桔丞　　　桔監

（鹽）琅邪左鹽　　椑鹽左丞

（鐵）齊鐵官印　　齊鐵官丞　　　臨淄鐵丞　　　臨淄采鐵

鐵官

（銅）采銅

（水産）琅邪都水　　琅邪水丞　　齊都水印

（均輸）遼東均長

（以上皆用封泥）

"千乘均監"（汪氏集古印存）

（平準）"官律所平"拓本（漢金文録4：32）"市官所平"拓本（貞松15：22）"雒陽市平"拓本（漢金文録4：29下）

（錢範）元鳳六年錢範　本始元年錢範　本始四年錢範元康二年錢範　神爵二年錢範。

（説明朝廷鑄錢）

（銘刻所見官手工業）

永始乘輿鼎："乘輿十湅銅鼎，容一斗，并重十斤四兩，永始二年，考工工林造，護臣博，守佐臣褒，嗇夫臣康，掾臣開主。守右丞臣閎，守令臣立省。第一。"

二年酒鋗:"二年蜀西工長儋,令史後得,嗇夫中章,佐廣成,工貞造。容五石,重九十五斤"①

居延漢簡（說明算緡）②

鹽鐵論（說明經濟政策之討論）

4. 兵制

（兵器）戈　戟　矛　劍、刀　弩　箭（附）刁斗

虎符

"關内侯印"（說明軍爵）

各種軍官的印可酌選若干

5. 西漢疆域和文化的擴展

漢武帝茂陵照片③

衛青霍去病墓

寧夏漢渠照片（說明水利工程傳到邊地）④

居廷漢亭障烽燧遺址

居延發掘重要文物

居延漢簡

玉門陽關遺址⑤

敦煌漢遺址發掘及其重要文物

敦煌漢簡（注意有關邊郡設置的記載）

---

① 建平五年金銅釦漆耳杯（烏蘭巴圖博物館藏）:"建平五年西工造乘輿髹洀畫木黃耳棓,容一升十六籥,素工尊,髹工褒,上工壽,銅耳黃塗工宗,畫工□,洀工豐,清工白,造工告造,護工卒史巡,守長克,丞駿,掾豐,守令史嚴主。"

② 禮忠簡。徐宗簡。

③ 漢武帝像。

④ 《西北攬勝》134。

⑤ 漢長城,玉門關附近。

封泥考略所見邊疆郡縣的官印：犍爲郡，越嶲郡，牂柯郡，益州郡，九真郡，武都郡，隴西郡，天水郡，敦煌郡，西河郡，朔方郡，玄菟郡

貳師將軍印　漢陶俑所見之大宛馬①又有玉馬頭？

（說明遠征大宛，改良馬種）

漢昭帝象（閻立本畫）

第三節　綠林赤眉大起義②

1. 土地兼併的日趨嚴重

西漢的農村（用遼陽三道壕西漢村落發掘材料作全面說明）③

漢簡所見户籍④

楊量買山記地節二年

（說明土地兼併的日趨嚴重。古者"名山大澤不以封"，這時連山也可以私自買賣了，便出現很大的地主）

奴婢俑（木俑陶俑）（說明奴婢問題）

2. 王莽託古改制，奪取政權（公元 9—23 年）

新莽的貨幣（說明幣制的混亂）⑤

新莽的官印封泥（說明託古改制）⑥

國師之印章	東部監之印	定胡都尉章
街國宰之印	掌貨中元士	豫章南昌連率
司馬右前士	通睦子印章	師尉大夫章

---

①　摩崖天馬圖，蘇聯物質所印。

②　土地兼併的激烈和王莽改制。

③　劉驕墓復原圖。

④　置田簡。

⑤　找齊。

⑥　精選。

趙武男印章　　　常安東市令　　　樂陸任之印
平原大尹章　　　渥符子夫人　　　梁于里附城

3.緑林赤眉大起義①

緑林軍起義地點照片?

日照呂母堌照片

(呂母是赤眉軍的最初發動者和組織者,是中國農民起義史上第一個女英雄)②

更始二年錢範(拓本)(公元24年)③

第四章　豪强大族的發展和封建割據因素的增長農民起義的不斷爆發

第一節　生産的恢復和發展

1.冶鐵和煮鹽

冶鐵工場:④

(河南南召縣冶鐵遺址 即杜詩用水排處?⑤ 北京清河鎮冶鐵遺址和各種鐵製品)

冶鐵圖(滕縣畫象石)

鐵製農具(注意犁鏵、鍬等)

鐵製工具

鐵齒輪(山東榮成、河北武安)⑥

---

①　第四節"緑林赤眉大起義"。
②　《廿四孝圖》蔡順、姜詩。
③　居延漢簡更始二年。
④　南陽新發現鍊鋼遺址(《文物》四期)。
⑤　《農書》。
⑥　附衡陽東漢墓出土人字形銅齒輪。

煮鹽圖（畫象磚）①

2. **農業（南方經濟的發展）**②

牛耕圖（陝西）

牛耕圖（滕縣）

牛耕圖（徐州）（説明牛耕之推廣）

四川水田模型（明器、綿陽、彭山）

四川畫象磚割稻圖③

四川畫象磚搗米圖

鏡湖照片（141 年會稽太守馬臻修）（説明南方之開發）

廣州陶倉題字

廣州陶倉所保存的穀物

四川畫象磚桑田圖　四川畫象磚麻田圖

（説明經濟作物）

四川畫象磚弋獵圖（保護農作物）④

長沙漆奩獵犀牛圖（戰國）？

畫象石弋獵圖（武梁祠、孝堂山、四川等）

畫象石捕魚圖（漁獵也是農民的副業生產）

陶俑之馬牛羊豬狗鷄鴨（四川彭山、河北望都）⑤（説明牧畜）

機織圖（武梁祠）機織圖（徐州畫象石）⑥機織圖（故宮雕塑館）

---

① 　二幅。

② 　山西平陸壁畫，耕田，喂牛，趕車，耬播等圖，《考古》59/9。

③ 　二個。

④ 　沒有獨立存在的。
　　釣魚。捕魚。田獵。

⑤ 　王德元畫象。
　　陝縣劉家渠。

⑥ 　孝堂山織女。滕縣龍陽店。

（説明女子的生産勞動）

任城國亢父縑（英國斯坦因掠去）①

絲織品麻織品

（部分據歷史博物館藏品,故宮藏品,部分據科智洛夫發掘報告,及斯坦因在新疆所得材料復照）

3. 商業貨幣,度量衡,交通

市樓東市門圖（畫象磚）

五銖錢

建武五銖錢範（有銘）

五銖錢排隊表

考古所科學家的研究成果,極重要,説明貨幣演變,也是考校漢墓的尺度）

金餅（有拉丁文,出長沙,問湖南文管會蔡季襄先生）（此物可疑,係先在北京通古齋）②

（説明對外貿易）

王莽始建國銅尺

王莽方量（故宮）

王莽圓量

王莽撮量（陝縣出,現在故宮隋唐藝術陳列室）

王莽衡和權（天水出土,分散在故宮、南京、蘭州三博館,當彙齊印出）

建初慮㡭尺③

---

① 屯 14 下。
② 不是出土品,可能早。
③ 掖縣鎏金尺。

銅尺（長沙東郊雷家嘴出土）

建武斛（甘肅古浪）

建武合

漢權（官累）（羅振玉舊藏二個）

各種陶車模型

各種車的圖畫（壁畫，畫象石、畫象磚。武梁，遼陽、四川，有代表性）

科學家復原的各種車（王振鐸、歷史博物館、考古所）

陶船（廣州出，象有釉的）

畫象石所見的船

三門峽照片①

三門峽和平元年（150 年）（刻石拓本或照片）

函谷關圖（白沙出土畫象石）（美帝掠去）②

開通褒斜道刻石拓本

司隸校尉楊孟文石門頌（拓本）（前半，頌辭不要）

李翕西狹頌拓本

（以上説明交通）

4. 一般人民生活

考古發現的日用品

石磨　杵臼　井圈　竹器　木器　草器　居延筆③

簡牘封泥　石六博盤（西安）石圍棋盤（望都）……

陶俑畫象石、畫象磚所見的：住宅、床帳筵席、杯案、厨竈、井

---

① 　（注意棧道）。

② 　入建築。

③ 　西漢硯及墨。洛陽澗西區。

曰、宴樂、博弈……①

第二節　豪强大族地主勢力的發展

1. 東漢王朝的建立 (公元 25—219 年) ②

漢光武帝象 (閻立本畫) (説明地主取得政權)

雲臺廿八將象 ③ (歷代功臣象有幾個) (説明功臣不預政務)

漢洛陽城

東漢宮殿遺址 ④

漢河南城遺址發掘 (房基、井、水道、石子路等)

"冀州刺史"印 (澄秋館印譜) (説明刺史權力的加强)

"徐州刺史"封泥 (續封泥考略)

武都太守耿勛碑 (拓本) (記載地方行政情况,有代表性) ⑤

2. 土地兼併的急劇發展

紹興跳山大吉買山記 (建初元年)

武孟子買田券建初六年

王未卿買地券建寧二年

孫成買地券建寧四年

樊利家買地券光和七年 ⑥

房桃枝買地券中平五年

① 六博盤,上海,緑釉。
　　桔槔。

② 寧朔王太后璽。
　　公孫述鐵五銖。

③ 鄧禹。

④ 刑徒磚。

⑤ 兵符印。兵器。兵器圖。張弩圖。戰爭圖。

⑥ 找不到,拓本未收。

永和二年買房記

(以上説明土地兼併)①

3. 世家豪族對農民的剝削②

琴亭侯李夫人靈第之門拓本

北海相景君碑陰門生故吏題名

孔宙碑陰③

魯峻碑陰

張遷碑陰

(説明世家豪族)

畫象石出行圖題榜④

(選題榜最多的,如"使君出行時""君車""賊曹""功曹""亭長""鈴下"……等。以見其前呼後擁僚屬隨從之衆,又有"此上人馬皆食大倉",如白沙漢畫石,可見漢代官僚無不貪污。)

郿塢照片(説明豪强地主的田莊——封建堡壘)

漢河南城發現的方倉和圓困(説明剝削農民)

東漢的大墓[花磚的,畫象石的,崖墓等各種形式的,及其附屬品(祠堂、闕、柱、獸、碑)的全景照片]⑤

(説明地主侈縱)⑥

---

① 精選。
② 封建倫理觀念。武梁祠。
　　董永賣身葬父。郭巨埋兒。
　　精選。
③ 不清楚。
④ 1.君車。2.臨沂畫象。
⑤ 武氏林(族葬)。
⑥ 貸糧圖。

廿四字磚(富貴昌,意氣揚,宜官堂,宜弟兄,長相思,爵禄尊,毋相忘,壽萬年)①

(這是地主階級的標語)

閔氏之奴閔氏之婢畫象(内蒙古托克托城)②(説明奴婢)

部曲官印③(説明部曲之起源)

第三節　黄巾大起義④

1.階級矛盾的激化⑤

賈武仲妻馬姜墓記(延平元年)(説明外戚)

———————————

① 不收。

② 三國? 晉?

　奴婢主磚文。

③ 四川執刀俑。

④ 階級矛盾的激化。統治階級内部的鬥爭。

⑤ 整理者案:此部分作者修改之處較多,修改和增補的内容爲:

　1.外戚宦官

　2.階級矛盾的激化

　刑徒磚

　捕盗行刑圖

　3.太學清議和黨錮

　李膺等四人象

　郭林宗碑

　黨錮殘石

　四川新發現

　第四節"黄巾大起義"

　1.張角領導的農民大起義

　2.統治階級對農民加强控制

　都鄉正街彈碑

　辟易殘碑

　詔書殘碑

望都漢畫象墓(人物題榜——如伍百八人等——全部收入)(説明宦官執政)

2. 黄巾大起義

曹全碑(記載張角領導的農民大起義)

第五章　公元前二世紀至公元二世紀的少數民族

1. 匈奴①

内蒙古各地(如綏東二蘭虎溝)發現的匈奴文物

遼寧西斗縣西岔口古墓群所發現的匈奴文物

馬踏匈奴像(説明匈奴人的面型)

武梁祠"休屠像""騎都尉"(隸續内)説明匈奴形像

漢畫像石所見駱駝、驢、騾

漢代陶俑所見駱駝、驢、騾

(這是從匈奴傳入中國的,是通西域的重要工具。説明互市)

"單于和親,千秋萬歲,安樂未央"磚(説明和親是人民的願望)②

青塚

昭君出塞圖

(以上説明和親)

蘇武牧羊圖(明木刻)③

蘇聯考古學家在阿巴干發現漢式建築遺址、瓦當、銅鋪首等

蘇聯考古學家在外蒙古發掘匈奴大墓

---

① 第一節"匈奴"。

② "單于天降"瓦當,《内蒙古古建築》4。

③ 沂南畫石有蘇武。

科斯洛夫諾因烏拉發掘報告中文物如綉被、錦、漆耳杯等
（説明中蒙文化交流）

漢朝鑄的匈奴官印（説明南匈奴内附）

四角王印

四角胡王

漢匈奴惡適姑夕且渠

漢匈奴守善長

漢歸義胡阡長

漢歸義胡百長

漢歸義胡長

漢屠各率衆長

漢盧水阡長

2. 烏桓、鮮卑、東北各族①

烏桓族的古文物？（問沈陽博物館李文信同志）

鮮卑族的古文物？（問沈陽博物館李文信同志）

東北各族的古文物？（問沈陽博物館李文信同志）

漢印（説明漢代内附的烏桓鮮卑等族人）

鮮卑王章

部洛王章

漢保塞烏桓率衆長

新保寨漁陽左小長

漢歸義穢百長

①　第二節。
　　朝陽石板墓。

3. 西域各族①

新疆伊犁專區昭蘇,霍爾果斯一帶發現的石人像如:

昭蘇撒姆塔什石人像　昭蘇阿克蘇石人像

昭蘇小洪海石人像　霍爾果斯特勒克脫石人像

昭蘇、霍爾果斯、特克斯、皮山等地發現的岩石上的記事畫

(以上可能屬於"塞人和烏孫人")

新疆各地發現的各種古文字(以上説明多族雜居)

張騫像?

張騫墓(在城固)

博望侯印

博望侯封泥(西北大學發掘張騫墓道所得)

敦煌壁畫張騫通西域

新疆發現的大月氏貨幣?

(以上説明張騫通西域)

樓蘭漢遺址發掘及其重要出土物

樓蘭木簡及縑紙文書(説明屯田及西域都護的設置)

于闐遺址發掘及其重要出土物

尼雅城出土木簡

致琅玕簡

于闐馬幣(漢文和驢唇書?)

高昌壁遺址②

龜茲遺址

"新難兜騎"印(這是王莽時官印,説明當時曾用難兜人當

---

① 第三節。

② 重要出土物。

騎兵）

降歸義烏孫女子驢頭木揭（説明烏孫人内附）

玉門出土絹（有早期貴霜王朝的婆羅迷字）（説明中印經濟文化交流）

班超像

裴岑紀功刻石（永和二年）

沙南侯獲刻石（永和五年）

龜茲左將軍劉平國作關城頌　永壽四年

（這是龜茲人立的碑，可見其漢化程度，及"秦人"在其地所起的作用）

4.氐、羌①

氐族的古文物？

羌族的古文物？

夏鼐在臨洮寺窪山的發掘品？

馮漢驥在汶川小寨子發掘的石棺葬文化？

四川甘孜附近出土的一批銅器？（問考古所安志敏同志）

陝西鄠縣黃堆鄉出土的羌字陶瓮（西安博物館）

鄭隅討羌檄（絳帖内）

青海發現的趙寬碑（王獻唐有跋登在説文月刊，碑在青海民衆教育館）

漢朝鑄的氐羌官印：

漢率善氐百長　　氐百長印　　四角羌王

漢率善羌長　　漢青羌邑長　　漢破虜羌長

漢歸義羌千長　　漢歸義羌百長　　新西國安千制外羌百

---

① 第四節。

右小長

5. 南方各族、西南各族①

東甌古文物? 閩越古文物? 南越古文物?

廣州越王墓文物(如黄腸木刻字,磚瓦上的文字等)②

錞于

銅鼓 廣西貴縣漢木槨墓出土

各博物館所藏銅鼓

(注意鷗(甌)鷺(駱)花紋,各種人形,船形,及立體黿像,騎馬人像等)

漢朝鑄的越君官印(説明越人北遷和漢化)

越貿陽君　　越青邑君　　越歸義蜻蛉長　　新越余壇君　　新越三陽君印

"漢安二年十月十三日交址西于作"銅釜

雲南晉寧發現的滇國古文化:(鐵器、銅器——兵器、銅鼓等)③

滇王金印(同上出土)

漢朝鑄的西南各族的官印:

哀牢王章　　漢歸義夷王　　漢歸義夷阡長

漢夷邑長　　蠻夷邑長　　蠻夷邑矦

蠻夷率善邑長　　白虎夷長　　歸義叟矦

漢叟邑長　　漢叟阡長　　叟陷陣司馬

貴州紅崖刻石

---

① 第五節。

② 廣州出西漢初物很多。

③ 銅花片。

廣西寧明花山崖壁上的僮族史迹

福建華安汰内仙字潭摩崖①

第六章　公元前二世紀至公元二世紀的文化

第一節　哲學、經學和教育、宗教

1. 哲學、經學

孔子問禮於老子畫象(拓本)(説明道家思想壓倒孔子)

老子河上公注(用序文第一頁)(説明道家思想)②

董仲舒象③

董仲舒墓

春秋繁露(明活字本)

讖緯(用春秋緯)④

白虎通義(元刻本)

熹平石經周易(塊最大)⑤

熹平石經尚書⑥

熹平石經後記

鄭玄象

鄭玄墓碑(拓本)

周禮鄭注(徐刻單注木或宋婺女刻本)

---

① 入第九章。

② 僞。用碑?

③ (吳郡名宦先賢象)。

④ 孝經(整理者案:張先生意謂當改用孝經緯)。

⑤ 春秋僖公 13–33 年。

⑥ 般庚。

王充象①

論衡(宋本)

賈誼新書(明刻本)②

王符潛夫論(明刻本)

2. 教育

天禄閣遺址

石渠閣遺址③

劉向校進書叙録④

劉歆校進書叙録

史游急就篇(流沙墜簡居延漢簡)⑤

楊雄象(曾校書天禄,是漢賦作家)⑥

方言(宋本)

許慎象(用桂馥説文系統圖)

説文解字(唐寫本)

西漢大學遺址(明堂、辟雍)

東漢太學遺扯

伏生授書圖畫象石⑦

文翁講經圖畫象磚

----

① 墓在上虞西南烏石山。
　 桓譚。
② 賈太傅長沙故居。
③ "石渠千秋"瓦當。王懿榮。《東方襍誌》。
④ 劉向像。
⑤ 蒼頡篇。
⑥ 歴博。
⑦ 授經圖(天津)。

3. 宗教

洛陽白馬寺

洛陽白馬寺之西來二高僧墓①

淮南九女塚出土三層樓房之光頭偏袒人象?②

蓮花紋缽盂(湖南)

滕縣畫象石之六牙白象

鎮墓石所見之道教符籙(周進舊藏壽縣出土)③

鎮墓鉛券所見道教符籙

殃瓶所見道教符籙

太平經(道藏本)④

第二節　史學、文學、藝術

1. 史學

司馬遷象

司馬遷墓

史記(宋本 附流沙墜簡滑稽列傳簡)

班固象?

漢書(宋本)

劉向列女傳(阮刻有圖本)

---

① 四川彭山出土陶座,有一佛二艹。在南博。

　樂山崖墓有佛像浮雕(《文參》)。

　樂山麻浩享堂的佛刻,在梁上,繞頭有佛光,右手作施無畏印。見聞

　宥59圖。

　沂南66頁,插圖41、42。

② 奴(髠鉗)?

③ 黃米石。

④ 倫敦本(太平部)。老子想爾注(六朝寫本)。

（這是中國第一部記載女子事迹的傳記，以後正史有列女傳都受劉向的影響）①

2. **文學**

司馬相如象②

東方朔象（用明刻絲東方朔偷桃相好。歷史博物館藏）

王逸楚辭章句（明刻本）

王逸集牙籤

蔡邕象③

蔡中郎集（明銅活字本）④

蔡文姬胡笳十八拍圖（女詩人。陳居中繪本。明仇英繪本，南京博物院）⑤

3. **藝術**

①工藝

銅器：

（製造精巧的，花紋優美的，鎏金的，象各式各樣的燈錠，博山爐，太和殿陳列的斛和旋等等）⑥

鏡（有年號的，花紋美的，銘詞有文學價值的）⑦

帶鈎（有年號的，花紋美的）

---

① 越絕書。
② 文君當壚圖。宋元寶繪西集 13。宋顧大中。
　 樂府詩集。
③ 歷博。
④ 故宫。
⑤ 波士頓文姬歸漢圖 61–65（入宋）。
⑥ 洛陽東漢鐵九枝燈。
⑦ 西安白家口漆繪人物鏡。

金銀器（如"西共寶氏銀匜"西安）①

金箔貼花（長沙、考古所、長沙文管會、寶鷄）

玉器

玻璃（長沙，廣州）

西漢彩繪陶器（洛陽燒溝）②

黄釉陶器（陝西鬥鷄臺出土，科學院、考古所、歷史博物館、故宮）

綠釉陶器（望都出土陶犬，山東出土綠釉陶樓房和其他物，歷史博物館）

瓷器（信陽、紹興）（信陽擂鼓臺出土、壺和碗，歷史博物館。紹興出壺、虎子，江蘇博物館）③

錦綉（考古學家的新發現）（黄文弼發掘品，新疆）④

（斯坦因發掘品，新疆）（科茲洛夫發掘品，外蒙）

漆器（考古學家的新發現，長沙、文登、……）（科茲洛夫發掘品，外蒙）⑤

②繪畫⑥

漢磚上的人物畫（洛陽、鄭州、京歷史博物館、故宮）

滎陽河王水庫漢陶樓繪畫

漢墓壁畫 壽張 望都 遼陽（北園子、棒臺子屯、三道濠）⑦

---

① 鏤空金球，學報 1957 年一期 152。
② 西安白家口彩繪陶壺。
③ 長沙出瓷珠（東漢）。
　故宮東漢瓷器。
④ 綾。
⑤ 貴州出土元始耳杯。
⑥ 西安出土西漢鏡背彩繪人物。
⑦ （魏晉？）。

畫象石(山東、山西、陝西、四川、南陽、洛陽、登封、徐州等地出土)①

(重要題目已分別在各章節中用盡,這裏應嚴加挑選,避免重複)(注意戰爭圖,蹶張圖)

畫象磚(重要題目已分別在各章節中用盡,如所餘無幾,便可取消此目)

③造型藝術

霍去病墓前石刻(全分)(新發現有大象,又二塊有銘文)②

斗門鎮牛郎織女象

登封泰室石闕前二石人

曲阜孔廟二石人③

曲阜新出土石人

四川蘆山縣石人

望都漢墓騎馬石人

武梁祠石師子

臨淄出土劉漢作石師子(現在濟南博物館)

洛陽周公廟石師子有銘

洛陽周山洛河岸石闢邪

南陽宗資墓天禄闢邪

雅安高頤墓石闢邪

四川德陽黃許鎮石闢邪④

---

① 安徽宿縣。沂南?
② 夏縣石虎,西漢,山西博物館。
  青海海宴始建國石虎。
③ 府門之卒。
④ 基建241。

四川蘆山石闢邪

四川蘆山石羊

沂州石羊（永和五年）（故宮雕塑館）

壽縣石羊（周進舊藏，捐贈故宮）

陶俑人象（精選）

輝縣出土一群陶小羊小狗

錯金臥虎（有銘西安東郊滻河邊出土）

銅有翼小兒象（小天使）（西安）

西安出鉛質俑婦女坐象，立象，馬象

④建築藝術①

瓦當（花紋美的，文字美的，文字有史料價值的）

磚（注意有文字的）

空心磚和花磚（花紋好的，文字好的）（注意四川萬縣植物花紋磚）②

西安發現的幾種下水道管

魯靈光殿陛石（北大）

黃腸石（北大）（開封博物館）（周進舊藏捐贈故宮）

山東平邑皇聖鄉石闕

山東平邑功曹石闕

四川渠縣沈君闕

雅安高頤石闕

漢墓門刻字（下有伏虎，現在太和殿）③

---

① 　漢未央宮殿基。西安漢城。

② 　北大藏彩畫空心磚（亭長玉兔），或係西晉。

③ 　（蕥池君祠堂石柱？晉？）。

畫象石,畫象磚,明器所見漢代建築(樓、閣、四合院……)如:①

陝縣劉家渠出緑釉陶水閣

崖墓(選一最大最好的)

畫象石墓(選一最大最好的)

⑤音樂、舞蹈、優戲②

樂器(舊傳鐘磬之屬)(故宫)(各地新發現的實物)

奏樂俑(樂妓)(如成都天迴山)③

舞蹈俑(北京漢墓出土)(歷史博物館)④

登封石闕馬戲圖

畫象磚畫象石所見各種百戲雜技如:⑤

山東石刻舞戟圖(山東博物館)

遼陽漢墓畫百戲圖(歷史博物館摹本)

四川陶歌謳大俑(四川博物館)⑥

第三節　科學技術

1. 天文曆算學的發展

漢簡六甲表(説明曆算教育。用沙畹書)

漢簡九九表 (説明曆算教育)

漢簡曆書(元康三年曆)(神爵三年曆)(永光五年曆)(永元六年曆)

---

①　洛陽西漢陶房。
　　函谷關。

②　四時嘉至鐘磬,反映樂府?

③　騎吹磚。鼓樂車圖。

④　漢長袖舞俑(西安文物勝迹,出白家口)。

⑤　兩城山。騎吹樂隊磚。

⑥　漢壹叁貳。

日晷（瑞方舊藏）

九章算術

周髀算經

新嘉量（五量銘文）（説明算學）

陽和量（銘文）

張衡象？（用歷史博物館設計，在醴陵燒瓷的）

渾天儀圖

地動儀模型（王振鐸復原品）

2. 煉丹術與化學

淮南子象①

八公山淮南子遺迹

魏伯陽象

列仙全傳煉丹圖

參同契（道藏本）②

古代燒汞的竈（大規本草内）（又唐真子飛霜競丹竈爐，歷史博物館）③

3. 醫學

漢簡中的醫方④

漢簡中的相馬法

張仲景象

---

① 明崔子忠雲中雞犬圖（故130）。
　　入思想？
② 趙孟頫寫本。問三明。
③ 政和本草4、14下煅水銀鑪。
④ 居延。敦煌。附蒲昌海北出殘紙醫方。
　　顯明燹藥函。

醫聖祠

張仲景墓

金匱要略

傷寒論

華佗象?(歷史博物館摹本)

4. 紙的發明

西漢的紙(西安出土)

東漢的紙(與漢簡同出)

蔡倫墓

蔡子湖

第七章　魏蜀吳割據和西晉短期統一[①]

第一節　割據局面的形成

1. 割據局面下的北方——魏(220—264年)

曹操象?[②]

曹操孫子序(道藏靜六第一頁)(查宋本孫子?)[③]

曹丕象(閻立本畫)

鄴城遺址照片(河南臨漳縣)(說明魏都)[④]

銅雀臺瓦

銅雀臺石龍頭

---

① 漢壹叁玖。

② 歷博。

③ 魏武帝集。

④ 清華建築系踏查想象圖。

　　武士俑(部曲)。

　　平東將軍章(金印)。

受禪碑("禪讓"開創了歷代君位篡奪的新的形式。字體很美,范老書曾講過)①

三門峽正始元年刻石(考古所)(説明交通)

三門峽甘露五年刻石(考古所)(附錄晉泰始四年太康二年二刻石,考古所)

李苞通閣道題名(景元四年)(附錄晉泰始元年潘宗伯題名)

指南車(王振鐸復原品)(説明馬鈞的機械發明)

記里鼓車(王振鐸復原品)

曹植墓出土文物(東阿發現,在歷史博物館)②

鐵帷帳架(全部)(正始八年銘)(洛陽16工區)

鐵燈(洛陽16工區)

玉杯(洛陽16工區)

正始石經無逸君奭未剖本

正始石經(白堅舊藏記石數者)

正始石經(西安新出記石數者)

何晏論語注(説明新經學)③

王弼周易注

王弼老子注(説明玄學)

建安七子集(明刻本)(説明文學)④

---

① 不清楚,不如用"上尊號"。
② 弩机。
　　魏五銖錢。
　　四神鐵鏡(嵌金花)。
③ 用皇侃疏。
④ 范欽手寫本(上圖)。
　　三曹集。

嵇康集(有唯物思想)(説明文學)

鍾繇楷書帖　季直表或宣示帖[説明楷書的開始(漢字一大改革)]①

遼陽三道壕令支令張君墓壁畫

2. 割據局面下的南方——蜀(221—263 年)、吴(222—280 年)

湖北鄂城吴武昌城遺迹②

赤壁照片

朱鋭畫東坡遊赤壁圖

海内奇觀赤壁圖

孫權象(閻立本畫)

陸績象(江東土著望族,曾作渾天儀,注周易)

青瓷(鷄頭壺、罍、樓閣建築大罐,故宫)

紹興鏡(伍子胥畫相竟,西王母竟,浙江博物館、津博、故宫)

鄂城出土紹興式銅鏡(曾在漢口見四枚)③

貨幣(大泉五百,大泉當千,大泉二千,大泉五千)

江都出土鳳皇二年買地券

九真太守谷朗碑(説明吴之南境。字體也是進步的)

---

① 戲魚堂。三希堂。
　嵇康像。
　聲無哀樂論。
　廣陵散譜(神奇祕譜本)。
　宋人繪聽琴圖。《故宫》76。嵇彈鬼聽。
② 建鄴石頭城。
　冶城魯肅墓。
　周瑜練海軍處。
③ 吴甘露三年的文物(湖北)。

劉熙釋名(宋刻本)

成都蜀漢遺迹

劉先主祠

武侯祠

劉備象(閻立本畫)

白帝城照片(説明三峽之險)

義勇武安王版畫(科兹洛夫在額濟納河黑水城發現)

張飛象(歷代功臣象)

張飛大破張郃處刻石(拓本)

諸葛亮象①

隆中圖(石刻本)(有隋董展三顧茅廬圖,似宋人筆。有元刻三顧茅廬圖)

八陣圖(遺迹照片)

木牛流馬圖?

打箭鑪遺迹

孟獲象(在廣西)(元刻三國平話有作戰圖)

蜀銅器

弩机②

貨幣(五銖,蜀五銖,直百五銖,直百)

新津崖墓畫象(石函有銘文,延熙年號已殘,在四川博物館)

---

① 故宫繪畫館。明張飆畫,故162。
　　亮墓定軍山。
② 章武僞,景耀不好。又建興。

第二節　晉的短期統一(公元 265 年—316 年)

1. 統治集團的腐朽

晉武帝司馬炎像(閻立本畫)①

晉當利里社碑陰(説明地主階級控制鄉里)

徐美人墓誌②(説明政治腐朽,統治集團内亂)

石尠墓誌(附石定墓誌)(説明士族統治和農民起義)

曹翌買地券(南京博物院)

沂南古墓画像(描寫腐朽生活和剥削壓迫農民部分,如宴會、祭祀、糧食)③

朱鮪墓室畫像(同上)

竹林七賢圖(程氏墨範本)④(説明清談)

2. 西晉文化

(1)經學、宗教

晉辟雍碑(有陰)

杜預左傳注(用後序第一頁)⑤

竺法護譯經(元康六年寫本)⑥

老子化胡經〔用敦煌寫本卷一(在倫敦)〕

---

① 司馬懿像。

② 綬。

③ 魏。
　金谷園圖。石崇鬥富圖。

④ 南京南朝甎墓壁畫。
　佃兵武士俑(部曲),洛陽出,極精。
　晉俑。湖南長沙。武士,騎士,樂舞,好。

⑤ 杜預象。

⑥ 諸佛要集經。新西域記下。西安大興善寺。

（2）史學、文學

陳壽三國志（用晉人寫無注本吳志）

又陳壽三國志（用宋刻本吳志）（說明裴松之三國志注）①

張華博物志②

齊太公呂望表（太康十年）（說明考古學）

穆天子傳（用舊鈔有荀勖等銜名者）（說明考古學校勘學）

陸機平復帖（墨迹在故宮）（說明文學家陸機）

陸機文賦（唐陸柬之寫本）（說明文學家陸機）

左太冲三都賦（用唐寫本文選）

（3）工藝

洛陽晉墓出土剪刀、骨尺、白玉杯、青瓷獸等③

周處墓出土金釵、鋁制腰帶、瓷器、瓷俑等④

南京晉銘出土瓷器等

鏡（善齋舊藏，有銘極工）

昌盧石磨銘文（在山東圖書館）⑤

（4）繪畫⑥

---

①　華陽國志。

②　嵇含南方草木狀。

③　陶狗，陶馬。

④　四川晉俑執刀與箕？

⑤　連磨（《農書》十六“八磨相連”）。

　　縢纈と繡。

　　走獸文の紗。

　　建築。

　　荀勖笛律。

　　裴秀地圖。

⑥　北大藏彩畫磚。

洛陽壁畫墓磚

敦煌墓磚畫(考古所夏鼐)

沂南古墓畫像(精選,不要重複)

朱鮪墓室畫象(同上)

(5)醫學①

皇甫謐甲乙經

王叔和脈經②

第八章　民族鬥爭和民族融合

第一節　各族內遷的過程

魏晉內遷各族的官印(説明魏晉政權和漢族地主對內遷各族的控制和奴役)

魏率善氐邑君　　魏率善氐邑長　　魏率善氐仟長

魏率善氐佰長　　魏率善羌邑長　　魏率善羌仟長

魏率善羌佰長

(這類官印很多,有"胡"、"叟"、"俀"、"烏桓"、"屠各"、"蠻夷"……等,先收集齊全,再加選擇。有黃金製者,可照像收入)③

親晉胡王　　　　親晉氐王　　　　親晉羌王

晉歸義胡王　　　晉歸義胡侯　　　晉歸義夷王

晉歸義夷阡長　　晉歸義氐王　　　晉歸義羌王

晉歸義叟王　　　晉歸義叟侯　　　晉烏桓歸義侯

---

①　(5)百戲。

　　(6)醫學。

②　王叔和藥碾、碌磚和舂藥石臼(有泰始三年題記)。山西高平縣王寺村。

③　晉木製招子五簡。新西域記下。

晉蠻夷歸義侯　　　晉蠻夷率善邑君　　　晉蠻夷率善邑長

晉蠻夷率阡義阡長

（這類官印很多，有"烏丸""鮮卑""高勾驪""夫餘""屠各"

"匈奴""上郡""盧水""胡""氐""羌""叟""傊""貊""韓"……

等，先收集齊全再加挑選）

毌丘儉丸都山紀功碑（正始三年）

晉烏丸歸義王段建志磚

代王猗盧墓碑（有畫像，柯昌泗舊藏）

羅布淖爾東北古城所出晉人簡牘縑紙遺文（流沙墜簡）

于闐尼雅城北古城所出晉人簡牘縑紙遺文（流沙墜簡）

（注意"晉守侍中大都尉奉晉大侯親晉鄯善焉耆龜茲疏勒

于闐王寫下詔書……"一簡）

第二節　北方各王國、各族人民的逐漸融合

1. 成

"安平一百"錢

小"直百"錢

"漢興"錢

2. 後趙

"豐貨"錢

三城護軍虎符

百濟王虎符

石安城磚（修補長安城的磚，有銘。考古所）

奉武殿猿戲絞柱題字（北大）

"歸趙侯印"印

"巧工都尉"印

"巧工司馬"印

"木工司馬"印①

3. **苻秦**②

"兼并州陽河篷督"印

"兼陽平公典祠令"印

"兼前將軍司馬"印

"兼偏將軍司馬"印

修鄧太尉祠碑（有陰，建元三年）

廣武將軍碑（有陰）③

王猛像

蘇若蘭錦字迴文詩（查四庫寫本）

鳩摩羅什像或舍利塔照片（問西安文管會）④

鳩摩羅什譯經（用最早寫本）

妙法蓮華經（宋刻本）⑤

4. **姚秦**

白雀元午物品清單（考古所）

大雲無想經（竺法念譯）（羅振玉舊藏）

5. **前涼**

酒泉大守虎符

---

① 建武四年銅佛像。

② 3. 前燕。

前燕建熙元年（360）孫永平墓磚，黃縣出土。

4. 苻秦。

③ 綬。

④ 草堂寺。

⑤ 大秦龍興瓦當。

西域長史李柏書稿四件①

6. 後凉

麟嘉五年寫經(上海博物館)

7. 大夏

統萬城遺址(説明對勞動人民的壓迫和剝削)②

石馬有銘(西安)

大夏真興錢(羅振玉舊藏)

8. 西凉

妙法蓮花經卷一(建初七年寫本)③

神獸鏡(嘉興元年)

9. 北凉④

酒泉文殊山石窟寺田弘造經塔(承玄二年)

酒泉文殊山石窟寺白雙且造經塔(緣禾三年)

凉王大且渠安周造像記

優婆塞戒卷第七〔河西王世子大且渠興國丁卯年(247)寫本〕

吐魯番新發現波斯薩珊朝銀幣(説明和西方的經濟文化交流)

10. 高勾麗

廣開土好大王碑(吉林輯安縣)

好大王陵磚(北大)

---

① 新西域記下。
② 内蒙古建築6。
③ 新西域記下。
　戶籍有建初十二年(416)殘卷。
　宴樂圖畫稿。
④ 神璽二年寫諸佛名經。

"牟頭婁墓誌"

通溝高勾麗古墳壁畫(皆在輯安)

附録①

冬壽墓壁畫(朝鮮民主主義人民共和國黃海北道安岳發現)

(冬壽是中國官僚流亡朝鮮,墓銘記載晉永和十三年,説明中朝經濟文化交流)

第九章 四至六世紀南方的社會經濟

(317—588 年)

第一節 五個朝代的更替

1. 東晉、宋、齊、梁、陳五個朝代的更替

金陵古迹(説明南朝的首都)

建業城 石頭城 冶城②

(説明南京當時有三個城)③

莫愁湖 六朝松 鷄鳴寺 臺城④

(以上找到的收,找不到便不收)

永嘉磚文拓本(廣州,選字迹清楚的)(説明偏安)

"永嘉五年陳仰所造"

"永嘉六年壬申陳仲恕製作磚"

"永嘉七年癸酉皆宜賈市"

"永嘉中,天下災,但江南,皆康平"

---

① 遼陽城圖。

② 入吴。

③ 五個城?

④ 烏衣巷。

"永嘉世,天下荒,余廣州,皆平康"

"永嘉世,九州荒,余廣州,平且康"

"永嘉世,九州空,余吳土,盛且豐"①

顧榮象(江南土著望族,是東晉政權的支持者)②

謝安象③

淝水戰場照片④

南朝的武士俑⑤

鐵制兵器⑥

宋高平太守虎符

檀道濟象

齊梁陵墓?

梁武帝修陵碑 (江蘇博物館)⑦

梁始興忠武王蕭憺碑

梁安成康王蕭秀碑陰

(記載幕僚之多象蝗蟲)

---

① 王導像。
② 用拓本。
③ 歷博。
　謝玄像。明代浮雕。
④ 夫人城遺址。
⑤ 南京。
⑥ 南京刀。
⑦ 梁武帝像,《故宫名畫三百種》290。
　宋武帝二。
　齊高祖。
　梁武帝。
　陳武帝。

鄱陽王蕭恢入蜀題記

陳宣帝(頊)象(閻立本畫)

陳文帝(蒨)象(閻立本畫)

陳廢帝(伯宗)象(閻立本畫)

陳後主(叔寶)象(閻立本畫)

(這四幅畫可作風俗畫看,觀其衣冠文物。當然也反映了帝王的腐朽生活)

2. 士族制度的發展和崩潰①

晉周芳命妻潘氏衣物券(説明士族的奢侈腐朽)

淳化閣帖裏所保存的南朝士族的書札②

萬歲通天帖

法帖裏所見的"服石""行散""行藥"(這就是魯迅講的"藥")

敦煌出土唐人寫解石方(貞松堂西陲秘籍叢殘)(説明士族腐朽)

3. 南方的少數民族

晉義熙四年銅鼓(阮元舊藏,問上海博物館)

爨寶子碑

爨龍顔碑③

---

①　謝安東山絲竹圖。故下29。
　　明郭詡畫東山攜妓圖。
　　陵靈太守顔約顔琳全部出土物。

②　蘭亭圖。

③　僮族摩崖畫。
　　汰内仙字碑。
　　貴州六朝金飾品(少數民族)。

第二節　南方的農業手工業和商業

1. 農業

南方各地發現的鐵制農具

2. 紡織、礦冶和各種手工業①

南朝墓内發現的金纍玉纍

紡織品

新興冶庫督印（東晉）

陳戸司冶丞官印（端方舊藏）

各地發現的鐵制工具

元嘉十九年鐵刀鐵剪（四川昭化寶輪院）

"大舟卿印"（梁）（説明南朝造船事業）

顧愷之斲琴圖（畫出了全部製造過程，有各種木工工具）

青瓷（有年號的全部收入）（各地發現之古窰址）

3. 貨幣（尚待補充）②

4. 南方的大城市

吴　吴興　會稽　揚州③　江州　廣州　荆州　成都……

（以上各地有六朝遺迹才收，没有六朝遺迹便不收）

第三節　南朝文化的發展

1. 哲學和宗教

唐寫本世説新書（這是玄學史料集）

法顯佛國記（趙城藏本，問徐森玉先生）（説明中國和印度錫蘭文化交流）

---

① 武士俑。
② 湖北發現泰和六銖。
③ 京口。廣陵。

敦煌出土南朝寫經

廬山西林寺（慧遠）（説明佛教）

蘇州支石刑山支公塔（支遁）

南京靈谷寺志公塔（寶志）

茅山圖，茅山志（元末明初刻本）（説明道教）

茅山道教遺迹照片

范縝神滅論？

2. 經學和史學①

唐寫木隸古定尚書

唐寫本經典釋文舜典

唐寫本玉篇

范曄後漢書

沈約宋書②

3. 文學

陶淵明象

陶淵明集（宋本）

謝靈運石門新營詩摩崖（拓本）

三謝詩（宋本）

蕭統象（常熟縣昭明太子讀書臺石刻拓本）③

唐寫本文選

唐寫本玉臺新咏

---

① 禮記子本疏義。
　論語疏義，皇侃。
　裴松之三國志注。
② 江淹銅劍贊。
③ 歷博。

唐寫本文心雕龍(草書極精,在倫敦)

鍾嶸詩品(明刻本)

4. 藝術

①繪畫和書法

顧愷之女史箴圖

顧愷之洛神圖(故宮)

顧愷之列女仁智圖(故宮)

考古圖裏保存的一頁列女圖①

王羲之象(天籟閣藏宋人畫册内"王羲之自畫象")

王羲之十七帖(問成都文翁禮殿)(考古)②

王羲之十七帖(來禽日及藤)(藥物)③

王羲之頭眩方(醫方)

定武蘭亭真本(故宮)④

蘭亭圖(明益府刻本拓本)⑤

王獻之奉對積年帖(閣帖)

王珣伯遠帖

②造型藝術⑥

銅博山爐

---

① 衛夫人書。

古畫品録(齊謝赫)。

六法論。

② 改用墨迹。

③ 改用墨迹。

④ 馮承素摹本?

⑤ 移前。

⑥ 梁吳平忠侯蕭景神道石柱題字。

鎏金銅熊

陶俑（注意樂舞俑）①

南朝陵墓前的

石獸（問江蘇文管會或南京博物院）

石柱（問江蘇文管會或南京博物院）

附石柱石碑花紋

③佛教藝術

棲霞山南齊造象

棲霞寺碑（江總撰，韋霈書）

成都萬佛寺出土南朝造象（有年號者多收）

四川綿州北山南朝造象（有年號者多收）

吳郡造維衛尊佛題字（永明六年浙江會稽妙相寺）②

梁虞思美造象（玉雕象舊在趙某處）

梁陳慶之造長干寺磚

蓮房瓦當（曾影響百濟、日本，説明文化交流）

第三節　科學技術③

郭璞象（博物學家，也是大文學家）

爾雅臺和墨池照片

葛洪象（煉丹家醫學家）④

杭州葛嶺葛仙翁丹井照片

抱朴子（道藏本）（用"詰鮑篇"好反映鮑敬言的無君論）

---

① 　武士俑（部曲）。

② 　《書道》五20。

③ 　祖冲之。

④ 　入思想。

肘後方

褚氏遺書(南齊褚澄著)(醫書)

杰出的科學家祖冲之?

陶宏景象（藥物學家）

唐寫本本草集注

古今刀劍録

第十章　五至六世紀北方的民族大融合

第一節　北朝魏齊周的興亡

1. 鮮卑拓跋部政權的建立

盛樂城遺迹(内蒙古和林格爾縣)(説明北魏早期都城)

平城遺迹（大同）

大同元魏陵墓照片

雲岡北魏瓦當"傳祚無窮"①

皇帝東巡之碑(御射碑)(易縣)

虎符(1925年大同貴人村出七八枚)

鐵制兵器

武士俑

騎士俑

戰爭圖(敦煌壁畫)

2. 孝文帝的漢化政策

吊比干碑有陰

元顯魏墓志(孝昌元年)

---

① "富貴萬歲"蓮瓦,問英宗江。

元顯儁墓志（延昌二年）

穆亮墓志（景明三年）

於景墓志（孝昌二年）

（説明拓跋部貴族的漢化和門閥化）

敦煌壁畫所見鮮卑人的胡服

敦煌壁畫所見鮮卑人的辮髮

北魏早期幕葬的胡服俑（見歷史博物館計劃）①

北魏晚期墓葬的冠服俑（見歷史博物館計劃）

（説明漢化）

3. 各族人民大起義

龍門賓陽洞皇帝禮佛圖皇后禮佛圖（美帝掠去）

鞏縣石窟禮佛圖

（以上説明統治集團的瘋狂掠奪）②

標異鄉義慈惠石柱（記載杜洛周葛榮起義，本身也是藝術品）

敬使君碑（記載農民起義，字也寫的好）

4. 東魏北齊和西魏北周的分立

景縣封氏墓出土封魔奴墓志（正光二年附官印三方）

封延之墓志（興和二年）

封子繪墓志（河清二年）（説明魏齊地主門閥）

雲峰山鄭文公碑（下碑）（永平四年）

鄭述祖重登雲峰山記（河清三年）（説明魏齊地主門閥）

劉懿墓志（興和二年，系出匈奴）（這是東魏的新貴）

---

① 西安草場坡北魏武士俑，甲馬武士俑。

② 馬衡仿製隋書律曆志十五等尺。

賀屯植墓志(保定四年,原姓侯,賜姓賀屯氏)(這是西魏北周的新貴)

獨孤信墓志(見歷史博物館計劃)(重要政治人物)

後周武帝象(閻立本畫)

第二節　北朝的經濟

1. 農業①

各地發現的鐵制農具

陶俑:豬、羊、鷄、狗、倉等

2. 手工業②

各地發現的鐵制工具

銅器

金銀器

玻璃器(封氏墓)

瓷器(封氏墓)③

陶器

3. 交通

陶馬車

陶牛車(太原張肅墓)④

駱駝(太原張肅墓)

---

① 壁畫。敦煌209窟二牛拉犁。
　　洛陽孝子棺郭巨董永。鄧縣磚郭巨。
② 紙(敦煌寫經)。
　　龍鳳文錦450-650。敦煌千佛洞。
③ 蓮花尊爲北齊,其餘或係隋物?
④ 鄧縣磚牛車,攜轎。

壁畫裏的車(敦煌)①

壁畫和浮雕裏的船(法華經普門品變相)

石門銘(永平二年)

三門峽景明等刻石

4. 貨幣

貨幣

大象錢範(?)

青海西寧出土的波斯薩珊朝銀幣(五世紀中葉)(説明中西交通)

5. 土地問題

苟頭赤魯買地券(大延二年)

張神洛買田券 ②(正始四年)(説明均田制下還有土地買賣)

第三節　北朝的文化

1. 經學和宗教

大代華岳廟碑　中岳嵩高靈廟碑

(説明道教)

少林寺照片　草堂寺照片　敦煌出土北朝寫經

(説明佛教)

北齊校書圖　顔氏家訓　大戴禮記注

(説明經學)

---

① 257,常書鴻摹。

龍門武平元年須大拏本生圖馬車。

② 藝術叢編4期。

楊:敦煌卷子,上博藏。西魏大統十三年(丁卯547)户籍,八丁六丁

(或謂丁卯)。

唐:倫敦,太和十一年有干支無年號。

内蒙吐默特旗北魏美岱墓出土文物。

2. 史學和文學

水經注（宋刻本）

洛陽伽藍記（如隱堂刻本）

魏書（宋刻本）

庚子山集

周車騎大將軍豆盧恩碑（庚子山撰）

3. 藝術

①石窟寺（包括佛象、浮雕、壁畫等方面）

敦煌　雲岡　龍門　麥積山　天龍山

其它（有二十個左右，選最精者，不精不收）

②雕塑佛象、玉皇象（魏、東魏、北齊、西魏、北周都要有代表作，指出各個時期的特點）

泥塑

石雕（河北曲陽）

銅鑄

③浮雕（佛背佛座上浮雕的佛教故事，如維摩説法，佛本行經變相，法華經普門品變相等）

④石刻畫（參考王子雲中國古代石刻畫選集 5—18 頁）

石棺　石墓門　墓志四周及蓋

⑤鄧縣北朝墓畫磚

⑥陶俑（精選，不要重複）

人象　動物象　鎮墓獸（北齊張肅墓）

⑦建築

磚瓦　嵩岳寺塔　神通寺塔（濟南）①　陶俑所見之建築

---

① 四門塔,柳埠（朗公塔）。

壁畫所見之建築①

　　⑧音樂舞蹈

　　陶俑之妓樂舞蹈②

　　浮雕之妓樂舞蹈（雲岡、龍門）

　　石畫之妓樂舞蹈（如茂陵古佛座）

　　壁畫之妓樂舞蹈（敦煌）③

　　日本保存的蘭陵王舞（説明中日文化交流）

　　4. 科學技術④

　　齊民要術（宋刻本）

　　師道興藥方碑（拓本）

　　5. 少數民族的文物

　　茹茹可敦造象記（雲岡）

　　柔然寫經

　　高昌寧朔將軍曲斌造寺碑

　　高昌寫經

　　高昌墓磚志

　　新疆拜城赫色爾石窟⑤

----

①　浮雕所見之建築。
　　古陽洞。
②　鄧縣磚鼓吹樂隊。
③　伎樂天。麥積山奏樂飛天。
④　敦煌北魏建築有闕形龕、建築羣畫像。
　　綦母懷文灌鋼術，北齊書49本傳。
⑤　新西域記下。
　　中157。
　　共367，待壓縮。
　　約計320幅。

第四篇　中國封建社會後期

（公元 589 年——1840 年）

第一章　統一南北的隋帝國

第一節　南北統一後的新局面①

1. 建立統治機構

隋文帝楊堅象

隋煬帝楊廣象（煬帝夜游圖,傳伍仁發繪）

廣納府印

觀陽縣印

橫海大都督裴國齡墓志②

2. 貨幣（五銖錢照片）（説明南北朝時代各國貨幣混亂,隋統一後,通用五銖錢）

3. 開鑿溝通南北的大運河

運河漕運圖長卷（隋運河部分）

隋運河河道照片③

4. 都市

長安（尚待補充）

洛陽南天津橋殘拱

---

① 切韻,統一的産物。

② 府兵制。

③ 糧倉,三門峽。

5. 漢族與高山族開發臺灣(尚待補充)①

6. 手工業②

南方青瓷壺,玉壺春式瓶子(江蘇博物館)

北方青瓷四耳罐(卜仁墓出土,仁壽三年,故宮)

白瓷罐(陝博)

綠釉陶俑甲士(故宮)

黃釉陶騎馬人(故宮)

栗殼黃釉陶牛馬(故宮)

淡黃釉小嘴壺(故宮)

7. 社會生活③

陶米春 伐木圖(敦煌壁畫)駝車(敦煌壁畫)

須達那太子本生故事畫(敦煌壁畫馬車)

供養人(敦煌壁畫)(説明服飾)

供養人(麥積山)(説明服飾)

武官俑(説明服飾)

第二節　隋煬帝的暴政與農民起義

1. 加重剝削(倉磚拓本可用。又唐人畫九成宮即仁壽宮可用)④

2. 隋煬帝巡遊各地

夜游圖

---

① 隋和西域的關係。
　　隋和歐洲的經濟文化交流。
　　羅馬金錢。
　　羅馬玻璃杯。
② 玉泉寺鐵鑊題字:"大業十一年,用鐵三千斤"。
③ 敖倉址。
④ 波士頓。
　　宋人《醴泉清署》。

龍舟圖(王振朋繪)

(再據隋煬艷史、隋唐志傳等,選用若干幅)

3. 農民起義①

瓦崗寨遺址(瓦崗軍)

竇王殿遺址(竇建德)

農民起義圖(隋煬艷史、隋唐志傳)

第三節　隋代的文化藝術②

1. 建築

趙州安濟橋(石匠李春設計監造)

鐵制銀錠嵌

青石浮雕

2. 繪畫

展子虔春游圖(故宮)

五百强盜故事畫部分(敦煌壁畫)

薩埵太子本生故事畫(敦煌壁畫)

3. 書法

智永書真草千字文

開皇二十年龍公墓誌

董美人志

4. 雕塑

石造象(曲陽出土釋迦靈寶象、彌陀象)

白玉石菩薩立象(曲陽出土)

開皇白玉三體佛象

---

①　王薄起義長白山照片。

②　王通。

麥積山牛兒堂天王相（文物局照）

墓飾石闕

5. 工藝

開皇十三年鑄金佛象　大業二年造象

大業四年造雙觀音象　藻井、邊飾（敦煌壁畫）

青銅鏡子二（故宮）

6. 樂舞①

伎樂天（敦煌壁畫）樂舞圖

供養人奏樂圖（敦煌壁畫，民族美術研究所摹本）

第二章　唐帝國的建立與唐代的政治制度

第一節　建立統治機構

唐高祖李淵象②

唐高祖獻陵及陵前石虎

唐太宗李世民象（故宮，歷博重摹本）

唐太宗昭陵

步輦圖③

十八學士圖（明仇英摹舊本）？

唐后行從圖（蘊輝齋藏唐宋以來畫集）

---

① 李小孩墓。

② 魏徵。李靖。徐勣。
興平石刻本宋金流傳有緒之物。
武則天像。
陸贄像（故宮）。

③ 入西藏。
安史之亂。

第二節　政治制度①

1. 身分等級——禮儀、輿服

王及侍臣（敦煌壁畫貞觀十九年維摩說法圖下部）

西安南郊羊頭鎮墓壁畫（說明貴族家庭的氣派）

咸陽底張灣唐墓壁畫（歷博摹本，一執拍板，一雙鬟少女）

張議潮出行圖（說明儀仗、服飾）

宋國夫人出行圖（說明儀仗、服飾）

肩輿圖（敦煌壁畫）

文官陶俑（故宮、歷博）

武官陶俑（故宮、歷博）

2. 科舉和學校

進士題名錄（西安大雁塔下）②

3. 兵制和邊防③

軍隊行進圖（敦煌壁畫）

戰騎圖（敦煌壁畫）（分舍利圖，蓮花太子經圖，均係作戰）

戰爭圖（敦煌壁畫）

兵役名册（敦煌發現）

服兵役通知書（敦煌發現）

追捉逃兵殘牒（吐魯番哈拉和卓舊城出土）④

---

① 官制。官印，律令格式，考語。
　　財政。告□，租庸调。
　　公共職能。
② 考古所。
③ 府兵制。
　　兵器。
④ 馬政。

烽火臺遺址

受降城遺址①

戍卒遺物

4. 刑獄

受刑圖（敦煌寫卷、敦煌壁畫）

審案圖（敦煌寫卷、敦煌壁畫）

律令條文（敦煌寫卷）（斯1344）

"唐六典"②

第三節　階級矛盾與農民起義

1. 統治階級的荒淫奢侈的生活③

麗人行圖（故宮）

虢國夫人出行圖（東北博）

玄宗並笛圖（錢舜舉）

明皇夜宴圖（清仿宋）④

宮中圖（周昉）

楊國忠進獻的銀錠及鍍金盤（剝削民脂民膏，供帝王揮霍）

西安韋頊石椁畫象（説明貴族的豪華生活）

樂庭懷夫人供養象（敦煌壁畫）

野宴圖（敦煌壁畫，473）（在帷幄中舉行宴會，盛裝的男女

---

① 閻立本《職貢圖》（故宮）。

② 入官制。

③ 入社會經濟。

④ 明皇幸蜀圖（宋摹唐畫）。

　　氏族志。

　　元和姓纂。

　　宰相世系表。

分坐長桌的兩旁。桌前有樂隊

帷幄閒話圖(敦煌壁畫,85)(中年男女二人,對坐閒談)

樂舞圖(敦煌)

韓滉文苑圖(説明貴族士大夫的安逸生活)

張萱會文美人圖(説明貴族婦女的安逸生活)

武官出行圖(唐碑坐畫象)(刻一武職貴族,披甲扶劍,身後隨着一些侍衛和僕人)

文官狩獵圖(唐碑坐畫象)(刻一文職貴族出門狩獵,身後的隨從牽着鳥和獵狗,一個人還架着鷹,所有隨從都是胡人的形象)

2. 勞動人民生活情況①

雨中耕作圖(敦煌壁畫)修造圖(敦煌壁畫)乘牛圖(敦煌壁畫)

縴夫挽船圖(敦煌壁畫)劉沙沙借麥牒(敦煌發現)趙僧子與子契(敦煌壁畫)

吳慶順典身契(敦煌壁畫) 龍聰兒受顧契(敦煌壁畫)

3. 農民起義

唐王韵墓誌(安陽出土。誌石下側有"是年黃巢坐長安"文句)②

---

① 入社會經濟。

《金石補正》30 敖倉粟窖題字(貞觀八年)。

宜興湯氏曾得和籴窖題字四種。

《金石續編》和籴甎文跋(按補正 34)。

② 移後。

韋莊秦婦吟,反宣傳作品。

第三章　唐代封建經濟的發展

第一節　土地制度與勞動力編制

1. 均田制和戶籍①

一般受田戶籍（敦煌寫卷）（説明計口授田制曾長期施行）

官僚受田戶籍（敦煌寫卷）

課戶、不課戶戶籍（敦煌寫卷）

寺院戶籍和名册（敦煌寫卷）（説明寺院在地方上的勢力）

2. 莊園制②

輞川別墅圖

"諸寺丁壯車牛役部"（敦煌發現）（這是十三個寺的記工流水賬簿，説明大寺院經營産業的規模）

3. 租税、徭役和"括戶"③

西州徵物殘牒（敦煌發現）

安末奴等納馱狀（敦煌發現）

開元十三年徵物殘牒（敦煌發現）

安環清賣地契（敦煌發現）（因"不辦輸納"，出賣土地）

職官差役名册（敦煌發現）（據此名册，派遣科差）

王才緒、張衆漢逃戶殘牒（新疆出土）（農民無以爲生，逃亡四方）

農民自報戶籍（敦煌發現）

（具結保証："新舊戶口，並皆依實。如有人糾告，括檢不同，求受偷人之律"）

---

① 入政治。
② 補充石刻。
　　劉後村姪媳墓誌背後。
③ 入政治。
　　倉甎（八瓊室萃編）。

第二節　農業與畜牧業

鐵生產工具

根據陸龜蒙耒耜經復原的犁、礰礋、礰礋

打場圖（敦煌壁畫）

黃釉和三彩釉陶馬、牛、羊、豬、鷄、駱駝（故宮）

豬群（敦煌壁畫）

屠宰作坊（敦煌壁畫）

擠牛乳圖（敦煌壁畫）

韓幹牧馬圖（故宮）

宋摹韋鶠放牧（馬群）圖（故宮）

獵戶圖（敦煌壁畫）

康富盈領羊契（敦煌發現）

第三節　手工業①

1. **紡織、印染**

新疆、敦煌發現的唐絲、麻和毛紡織品（彩印）

臘染織品殘片三種（彩印）（藏旅大博物館，已調歷史博物館）

麻織品印花布殘片（彩印）

趙佶摹張萱繪搗練圖（彩印）

唐人倦綉圖（故宮）

唐錦（西北發現和正倉院藏品）

①花樹雙羊②花鹿③鳥啣花④放射式瑞錦

2. **陶瓷業**

重要陶瓷窰遺址：

---

① 建築。木匠。

越州青瓷壺（王叔文夫人墓出土、故宮）

越州青瓷合（故宮）

邢州白瓷鷄頭壺

岳州青瓷茶盞（湘博）

廣東青瓷罐（故宮）

河南出土黑釉瓷壺（故宮）

白釉瓷燈座（故宮）

白釉瓷雙螭尊（故宮）

三彩釉陶燈座，三彩釉陶銀櫃，師子、坐俑（歷博，文物出版社各彩色底片）

三彩釉馬和駱駝和狩獵騎士、文官和武將俑

邛窑各種小玩具（故宮）

3. 鑄造業、金銀銅器製造業①

景龍觀鐘、鐘銘

金盤（西安唐宮址出土）

金花大銀盤（西安唐宮址出土）

銀洗（西安唐宮址出土）（銀馬）（湘博）鎏金鴛鴦銀碗

刻雙魚銀碗 各式銅鏡 銀背銅鏡（白沙水庫出土）

螺鈿鏡（洛陽出土、上海）金銀平脫羽人飛鳳花鳥鏡（申文管會）

第四節　商業

1. 貨幣②

開元通寶　乾封通寶　順元天寶（史思明鑄錢）

---

① 鐵。

② 入政治。

圓形馬蹄形、元寶形的銀錠① 乾元重寶(一當十)

重輪乾元錢(一當五十)

(以上兩種錢幣説明通貨膨脹)

2. 高利貸

沈延慶貸絹契(敦煌發現) 龍弘子貸生絹契(敦煌發現)

彭順子借糧契(敦煌發現)

3. 典當業(尚待補充)

4. 度量衡②

唐尺(長沙北郊出上唐鐵尺) 唐牙尺(正倉院藏二種)

唐牙尺(申文管會,故宮) 唐銅尺(故宮)

〔附宋牟益摹唐擣練圖中用尺裁衣部分(故宮)〕③

5. 行會

房山石經(記涿州范陽郡行業有大米行、白米行、粳米等三十種行業)④

屠行哈三批示(吐魯番雅爾湖城出土)

第五節　城市與交通

1. 國都長安⑤

唐長安城圖宋呂大防刻唐長安圖題記宋刻唐興慶宮平面圖

唐興慶宮方磚、瓦當、琉璃滴水和其他遺物

唐大明宮遺址

唐大明宮下水道閘門

---

①　崔慎由銀錠。楊國忠銀錠。

②　入政治。

③　入宋。

④　龍門。

⑤　入政治。

唐大明宮出入證及發現的有關大明宮的其他遺物

唐曲江池遺址

唐漕運遺迹(豐水路)

連吕宮圖(故宮週刊,清人繪)

曲江圖(故宮)

醴泉清署圖(故宮)

岳陽樓圖(故宮)

黄鶴樓圖(宋繪,故宮)

滕王閣圖(宋繪,故宮)①

驪山温泉

2. 洛陽及其他大城市、大集鎮

3. 交通及驛站②

三門峽開元新河及棧道(唐代開鑿的人工渠道和棧道)

關鎮遺址(如潼關、函谷關、虎牢關、玉門關、陽關等)

各地驛站遺址

隊頭程住兒雇驢契(敦煌發現)(雇驢赴甘州,雇價上好羊

皮九張)

驛站(敦煌五臺山圖中部分摹繪)③

唐人春山行旅圖(故宮)

唐人遊騎圖(故宮)

---

① (以上三地)不在國都。

② 入政治。

水部式。水管。水閘。連筒(農書18杜詩)。轆轤(農書18唐仲子陵賦)。

③ 宋?

鮮于氏離堆記。

唐人遊騎圖(敦煌畫)

狩獵圈(明刻顧氏畫譜中,唐人稿)

三彩狩獵胡人騎士(故宮)

4. 交通工具①

群馬(敦煌壁畫)

三彩馬俑(故宮)

三彩驢俑(陝西,已調歷博)

駱駝俑隊

駱駝運輸圖(敦煌壁畫)

行旅休息圖(敦煌壁畫)

牛馬

黃彩牛馬

山車

舟渡——迎佛圖

大船(敦煌壁畫)

第六節 對外貿易與對外貿易港口②

全國各地發現的波斯錢幣

埃及發現的唐錢幣

印度塞浦爾寺出土的唐開元錢幣

埃及發現的唐瓷器

伊拉克境內沙瑪拉遺址出土的唐陶瓷器

蘇聯葉尼塞河右岸舒申斯克區發現的唐代雙鸞鏡

---

① 棧道。

② 開羅伊斯蘭博物館。
　羅馬錢。

　　日本保存的唐鏡、琵琶等樂器，木器，家具，綢緞（東瀛珠光，
正倉院御物染織裂二書中選取）

　　廣州港口遺址

　　廣州南海神廟（波羅神）

　　廣州南海神廟達奚司空象（波羅國人）？

　　廣州懷聖寺光塔

　　廣州懷聖寺内景

　　泉州港口遺址

　　登州、文登新羅館遺址①

　　　　第七節　風俗習慣

　　陶竈（河南偃師出土）

　　釉彩春玉機、三彩井欄（西安十里鋪出土）

　　三彩銀櫃（西安王家墳出土）

　　明器（河南偃師出土）（鎮墓獸、武士俑、騎馬俑、女俑、陶牛
車、胡服俑、陶俑、盤杯等）（説明喪葬禮儀）

　　唐明皇打球圖（故宮）宋李公麟原本，清丁觀鵬臨摹）

　　福建大中十年碑（記球場事。福建博物館）

　　燈樹圖（樹上置燈）

　　雙陸圖（唐五代名迹）②

　　西安出土陶俑（遊山男女群象）

　　獅子舞錦

　　唐人遊騎圖

　　獵戶圖（敦煌壁畫）

---

①　無。

②　文娱體育。

第四章　唐帝國與邊境各族的關係

第一節　唐與西域各民族關係

1. 西域人象

西域人圖(敦煌壁畫)

貞觀十九年維摩變下聽經部分

又佛涅槃相背後群衆

又净土、報恩經變下群相

又斯坦因盜存印度部分新疆壁畫

彩印西域人形象

2. 新疆出土的唐代文物

壁畫×件　雕塑×件　錢幣×件　紡織品×件

玉器玻璃×件　服裝×件　用具×件　漢文錢紙

(以上據西域考古報告及旅大藏品,旅大的已調歷博)

兄弟民族文字的文件

3. 高昌

高昌國都遺址 高昌國故址發現的壁畫

高昌古墓發現的木心女俑及泥俑

絹本人首蛇身神象(科學院藏品)

貨幣

高昌故城中的土塔

4. 龜兹

壁畫斷片

朝元仙仗圖中的龜兹隊部分(傳北宋武宋元繪,實唐稿)

5. 于闐

于闐發現的唐代壁畫

第二節　唐與吐蕃的關係

松贊岡布象　文成公主象

文成公主象（敦煌壁畫、供養人?）大招寺

公主柳大招寺天王象佛座銅象浮雕

保存的唐代樂器吐番文印刷品吐番絲織品

敦煌發現番漢千字文

唐番會盟碑

吐番舞隊（張議潮出行圖）

吐番裝人象（新疆壁畫）

第三節　唐與突厥、回鶻的關係

1. 突厥①

北蒙 Orkhon 河右岸 Kosho Tsaidom 突厥遺迹

闕特勤碑（漢文）

闕特勤碑（突厥文）

突厥默蘇連可汗碑

太宗便橋會盟圖

　①太宗與儀仗騎從

　②突厥馬技

2. 回鶻②

北蒙 Orkhon 左岸 Kara Balgharsum 回鶻故城

回鶻毗伽可汗（Bilga Kaghan）碑（三體文字）

Kara Balgharsum 回鶻古迹

---

① 附錄。

② 附錄。

免冑圖(郭子儀免冑見回紇)(宋)

第四節　唐與渤海國、契丹的關係①

渤海京城略圖

渤海上京宮殿遺址

渤海京城石燈

渤海京城出土石獸頭

渤海京城出土蓮花方磚

渤海京城出土平瓦

黑龍江、吉林等地出土的渤海文物

第五節　唐與南詔的關係②

1. 雲南劍川石窟

第一窟　王者雕象

第四窟　趕象人象

第七窟　菩薩象

張勝溫畫③

2. 瓦

"宮諾""元年官瓦""白伝、田君"(高陀山遺址)

"成仲"(火把菁遺址)

---

① 崔忻井闌題名(開元二年宣勞靺鞨使)。
　　高麗人。
② 平蠻頌,大曆十二年。
　　德化碑並陰贊普鐘十四年。
　　崇聖寺鐘款建極十二年。
　　石城碑明政三年。
　　文安鏡款文安年。
③ 入宋。

"年官"(諸葛遺址)

3. 磚

花磚　畫象磚(昭通出土)

4. 梵文火葬幢

5. 摩伽陀墓(傳瑜伽教的印度僧人)(劍川城北中科山)

6. 建築

千尋塔(見前建築項下)

第五章　唐代的光輝燦爛的文化

第一節　經學、哲學①

1. "五經正義"

2. "理學"的先驅者韓愈和李翱

韓愈象　韓昌黎集　李翱象　李文公集

3. 樸素唯物主義思想家呂才、劉禹錫和柳宗元

呂才象　柳宗元象　柳河東集

劉禹錫集　劉禹錫寫的碑文　劉賓客集

第二節　宗教

1. 佛教

禮佛圖(敦煌絹畫)

剃度圖(敦煌壁畫)

玄奘象(歷博摹本)

印度那爛陀遺迹(玄奘在此處研究佛學)

大雁塔

----

① 盧同像。開成石經。

"大唐西域記"

玄奘進西域記表（古寫本）

"玄奘法師傳"

玄奘譯"成唯識論"寫本

陝西宜君縣玉華宮（玄奘曾在此譯經）①

玉華宮石佛座玄奘題名

興教寺玄奘塔（玄奘葬於此寺）

寺院主監視佃戶打場圖（敦煌壁畫）

禮佛圖（敦煌絹畫）

不空三藏碑（西安大興善寺）（唐代密宗金剛智弟子）

杭州龍興寺經幢（開成二年）

餘姚普濟寺經幡（開成四年）

2. 道教

四川綿陽玉女泉道教石刻

老子化胡經（敦煌發現）

朝元仙仗圖執絳節寬㫼部分

龍女圖（敦煌壁畫）

騎龍仙人圖（敦煌壁畫）

嫦娥奔月（唐鏡）

張果老見明皇圖

唐刻道德經大石碑

3. 景教

大秦景教流行中國碑

大秦景教流行中國碑（拓文）

---

① 敦煌寫經譯者銜名（説明譯經組織）。

高昌故址發現唐代景教寺院壁畫斷片（歷博有複彩印圖）

景教經典一神論景教三威蒙度贊敦煌發現的景教畫象

敦煌發現的景教經典序聽迷詩所經

粟特語耶穌教經典叙利亞文字耶穌教經典

4. 摩尼教

高昌故址發現唐代摩尼教寺院壁畫斷片

敦煌發現漢譯摩尼教經典斷片

高昌故址發現唐代摩尼教寺院壁畫斷片

高昌故址發現唐代摩尼教經典彩畫斷片

高昌故址發現唐代摩尼教風俗圖斷片

高昌故址發現唐代摩尼教經典屏畫

突厥文摩尼教經典

中期波斯語摩尼教經典

5. 伊斯蘭教

廣州清真寺①

廣州清真寺阿拉伯文砷拓片

廣州清真寺斡葛思（阿拉伯人，唐初來廣州）象

廣州清真寺斡葛思墓

第三節　文學②

1. 詩③

唐韻寫本（敦煌發現）唐詩寫本（敦煌發現）

---

① 宋。
② 古文運動。
　　傳奇（唐人小説）。李娃傳。多半可找圖畫。會真記。
③ 司空表聖詩品。
　　元結。薛濤。李治（季蘭）。

李白廟(安徽當塗)李白行吟圖　李太白集

杜甫廟 杜甫象(歷博)

杜甫草堂（成都浣花溪）（杜甫博物館材料還多）

山東兗州少陵臺

杜工部集

白居易象(歷博)

明刻青衫淚戲劇插圖　琵琶行插圖　白氏長慶集

晚秋閑居圖(白居易)（明刊本唐詩畫譜）

2. 變文

伍子胥變文寫本（敦煌發現）

王昭君變文寫本（敦煌發現）

張議潮變文寫本（敦煌發現）

目蓮救母變文寫本（敦煌發現）

地獄圖(敦煌壁畫)

3. 詞的起源——起於民間

雲謠集(敦煌發現)

望江南（敦煌發現,伯3911）（反映妓女的悲慘生活）

南歌子（敦煌發現,伯3836）（青年男女二人對話）

第四節　藝術

1. 書法①

虞世南夫子廟堂碑(故宮)

歐陽詢(醴泉銘或化度寺碑)

褚遂良(枯樹賦、聖教序,倪寬贊,枯樹賦較活潑)

李 邕(雲麾碑)

---

① 張旭。懷素。

顏真卿(爭坐位、祭侄稿,或鹿脯帖)

柳公權(敦煌發現玄秘塔)

2. **繪畫**

唐墓壁畫×幅(咸陽底張灣墓)

供養人和馬(敦煌壁畫)

維摩經變(貞觀十五年繪)

渡海天王圖(敦煌絹畫,英博物館,複印木)

周昉簪花士女圖　虢國夫人出行圖　紈扇仕女圖①

韓幹照夜白圖(唐人繪圖卷,故宮)

樹下美人圖(吐峪溝發現)

3. **雕塑**②

龍門二天王相

十二辰石象石雕菩薩象×件

石雕武士象×件

石雕金剛象×件

敦煌莫高窟彩塑×件

唐太宗昭陵六駿

龍門舍利那大佛

天龍山第十七窟後壁右脅侍菩薩

麥積山第一三三窟中部立佛

佛光寺塑象

陶俑×件

---

① 吳道子。

② 石臺孝經。□里教。
　　楊柬之。

4. 建築

敦煌壁畫中的寺院

敦煌壁畫中的住宅、城郭

李思訓九成宮避暑圖

李昭道九成宮圖

五臺南禪寺（建中三年修）五臺佛光寺（大中十一年修）五臺佛光大殿

長安慈恩寺大雁塔（長安四年修）長安薦福寺小雁塔（景隆年間修）

雲南大理千尋塔

蘇州雲嚴寺塔

房山雲居寺石塔

大足北山多寶塔

5. 樂舞百戲

敦煌壁畫樂舞圖（220、217、127、201、85、158 等窟）

樹下彈琴（敦煌壁畫）

彈琴圖（洛陽十六工區唐墓出土螺鈿鏡）

四川仁壽望峨臺的樂舞象（雕刻）

樂舞陶俑×件

樂譜（工尺譜）（敦煌發現）

琴曲“幽蘭”譜（文字譜）（流傳日本）

舞譜（敦煌發現）

觀舞圖（敦煌壁畫、七德舞?）

百戲圖（見張議潮出行圖）

百戲圖（日本正倉院藏彈弓漆畫）

西安出土三彩駱駝上西域樂隊（文物出版社彩印）

又（正倉院藏琵琶上裝飾部分）

宮中圖卷擘阮部分

聽箏圖（羅振玉舊藏）

弄琴圖（唐鏡）

聽琴圖（周昉）

唐士女調琴會茗圖

尋橦圖（正倉院藏彈弓漆畫）

第四節　史學①

劉知幾象“史通”

杜佑“通典”

第五節　科學技術

1. 數學和天文學②

天文學家一行和尚發明的“一行渾儀”（模型）

一行所製大衍曆

一行和尚象

王孝通“輯古算經”

李淳風注釋的前代經：“九章算經”、“孫子算經”、“五曹算經”、“夏候陽算經”、“張丘建算經”

2. 醫學、藥物學③

巢元方“諸病源侯總論”

---

① 編年體。
　　順宗實錄。

② 敦煌出算書。

③ 酌删。
　　耀州石刻。宣和。隆慶。北大有□幅。

孫思邈"千金方"

孫思邈祠堂、塑象、石碑

"急救千金要方"、"千金翼方"、"銀海精微"（眼科）

王燾"外臺秘要"

王冰"黃帝内經素問"

杜光庭"玉幽經"

咎殷"經效産寶"

甄權"甄氏針灸經"

"新修本草"

孟銑"食療本草"

陳藏器"本草拾遺"

蕭炳"四聲平草"

楊損之"删繁本草"

李含光"本草新義"

敦煌發現的藥方若干種

敦煌發現的"生查子"詞三首（伯3039）（用歌謠形式講傷寒病象及病理）

得醫圖（敦煌壁畫）

3. 地理學

傳李公麟摹閻立本職貢圖（南博。西域諸國人相，上有文字注明區域）

裴矩"西域圖經"

賈耽"海内華夷圖"①

李吉甫"元和郡縣圖志"

---

① 無書。用貞元十道録。

沙州圖經(敦煌殘本)

4. 農藝學

陸龜蒙 耒耜經

5. 印刷術①

咸通九年刻本"金剛般若波羅密經"(敦煌發現)

中和二年曆書

乾封四年曆書

新疆發現的唐代印本

新疆發現的古維文印本

第六節　唐帝國與亞非各國的文化交流

1. 唐與朝鮮的文化關係②

新羅人在登州、文登所建佛寺遺址③

桂苑筆耕集(新羅人崔致遠舉唐進士,回國後的著作)

朝鮮發現的唐代文物和新羅文物

2. 唐與日本的文化關係

日本渡船圖

遣唐使印

唐鑒真和尚在日本修建的寺院——招提寺

日本和尚空海入唐求經墨迹

日本留唐學生帶回的中國書書目

留唐和尚圓仁著"入唐求法巡禮記"

---

① 成都。
② 泉男生誌。
　兵學(七書)。書學。律學(音義)。算學(十書)。畫院。
③ 無此。

日本僧圓珍入唐所領用的過牒(3件)①

3.唐與印度的關係②

摩伽陀墓(劍川城北中科山)(傳瑜伽教的印度僧人)

分舍利圖、涅盤圖等(新疆、敦煌壁畫)(全屬印度風格)

天龍山唐塑(全屬印度風格)

4.唐與中亞、阿拉伯諸國的文化關係③

與阿拉伯、黑昆崙有關的敦煌壁畫和陶俑

傅盧梭伽繪番王禮佛圖

(畫不象唐代的,因此不入繪畫,當材料用,好。故宮)

大唐故波斯國大酋長阿羅憾丘銘

廣州南海神(波羅神)廟(?)

廣州南海神廟達奚司空象(波羅國人)(?)

第六章　五代十國④

1.五代壁畫

射手(敦煌壁畫,窟號54)

供養人(敦煌壁畫,窟號97)

供養人(敦煌壁畫,窟號98)

---

① 過所。

② 義净。

③ 尚多,當補。

④ 朱溫。柴榮。張全義。
　治鑄。農業發展。農具。五代錢。
　汴梁照片。
　五代監本經書。爾雅。
　韓致堯集。

2. 後唐

後唐莊宗李存勗象

莊宗扮戲圖(明木刻)

蘇洲開元寺(後唐建)

3. 後晉①

曹元忠開雕觀世音板畫(後晉開運四年)

曹元忠供養象(敦煌壁畫)

曹元禄供養象(敦煌壁畫)

4. 後周②

華陰西嶽廟(後周天和三年重建)

西嶽玲靈圖(西嶽廟壁畫)

5. 吳③

白瓷器×件(海州東門外,大和五年墓)

6. 南唐④

後主李煜象

哀册(南唐二主陵出土)

---

① 王彦章鐵槍。
　宋本胡曾咏史詩。周曇咏史詩。
　滄州鐵獅子。
　十國錢。錢鐵。
② 韓通墓誌。
　雨過天晴瓷器。
③ 南昌大安寺鐵香爐,楊吳大和五年造,重一萬二千斤,高六尺,共六層。
④ 二主詞。
　澄心堂紙。澄心堂帖。李廷珪墨。五代硯。
　徐鉉徐鍇題名説文繫傳。

南京棲霞寺舍利塔

金銀器×件（合肥南唐墓出土）

玉器×什（合肥南唐墓出土）

陶器×件（合肥南唐墓出土）

漆器×件

銅鐵器×件

男女舞俑六種（南博）

韓熙載夜宴圖（顧閎中）

7. **吳越①**

蘇州虎丘塔

木工具（虎丘塔中發現）

寫經（虎丘塔中發現）

印花綢（虎丘塔中發現）

綉花經袱（虎丘塔中發現）

石函（蘇文管會）

杭州閘口白塔

吳越鐵券

投龍簡

錢鏐墓及碑

金華市萬佛塔出土文物×件

臨安縣海會寺經幢②

---

① 石刻。

② 錢塘江海塘。射潮圖。
　刻經。雷峰塔照片拊。

8. 南漢

廣州光孝寺千佛塔

9. 閩①

合金的錢幣（福州發現）（？）

10. 前蜀②

王建象（成都王建墓）

王建墓內景

王建石棺沿女樂浮雕 23 件

武士捧棺石刻

銀飾件×件

玉器×件

11. 後蜀③

石棺浮雕（四川封山縣觀音鄉後蜀墓出土）

陶器（四川封山縣觀音鄉後蜀墓）

瓷器（四川封山縣觀音鄉後蜀墓）

銅器（四川封山縣觀音鄉後蜀墓）

玉器（四川封山縣觀音鄉後蜀墓）

石器（四川封山縣觀音鄉後蜀墓）（其中有石杵、買地券）

12. 北漢

山西平遙鎮國寺大殿

---

① 閩王王審知像。
　辰州銅柱。
　徐熙。黃荃。
② 貫休畫羅漢。
　韋莊浣花集。
③ 花間集。花蕊夫人宮詞。石經。

第七章　統一對建王朝的再建

第一節　宋代的政治①

1. 中央集權政府

（宋）太祖皇帝統一圖（見歷代地理指掌圖。舊題蘇軾撰，明刊本）

聖明元豐九域圖（同上書）

（以上説明宋的統一）

東京開封府内外城圖（見“事林廣記”甲集卷一）

東京開封府内城圖（同上書）

東京開封府城朱雀門外圖（同上書）

汴京故宮遺址石欄（照片）②

京城圖（南宋行安臨安城市圖）咸淳臨安志（清刊本）③

（以上説明政治中心）

宋太祖趙匡胤畫象

天下一擔挑貨郎圖（趙匡胤）④

宋太宗趙匡義戒官吏銘（石刻）（説明集權）

北宋都虞侯銅印

鄜延第四將帶器械銅兵牌

---

① 北宋南宋分开。

② 清明上河圖。
　現在的開封圖入朱梁。

③ 歸南宋。

④ 神宗。
　鞏縣宋陵。
　宋刑統（天一閣抄本）。

探事使銅牌

練武壁畫（敦煌窟 61 號）

（以上説明軍隊）

紹興進士題名録（紹興十八年同年小録）

寶祐四年登科録（寶祐四年。文天祥、陸秀夫、謝枋得在内）

（以上科舉）①

南宋太學（見事林廣記）（學校）②

白鹿洞書院（東洋文化圖譜）

嶽麓書院（同上書）（書院）

2. 階級矛盾

天水麥積山石窟

耕獲圖（宋人繪畫）③

送錢帛圖（白沙一號宋墓壁畫）

送錢帛圖（白沙三號宋墓壁畫）

受錢帛圖（白沙一號宋墓壁畫）

送酒禮圖（白沙一號宋墓壁畫）

宋淳化二年韓願定賣妮子契）

（以上農民與地主的關係）

宋太平興國七年住盈阿鸞賣地契（敦煌資料第一輯）

宋開寶八年鄭醜撻賣宅舍及分地契（敦煌戶籍殘卷）

（宋代嘉定十七年四川制置司給田公據碑）

---

① 武經七書。算經十書。律音義。醫。
　　北宋科舉。呂蒙正。梁灝。寶燕山。禮部韻略。國子監刻書銜名。
　　大觀聖作之碑。告諸士十一條。論及三舍。
② 查北宋書院。
③ 入生產。

3. 宋和遼夏的關係

宋真宗畫象

寇準畫象

開元寺料敵塔

（以上説明宋遼關係）

宋仁宗畫象

范仲淹畫象①

范仲淹墨迹

范仲淹道服贊②

韓琦畫象

韓琦墓擴壁畫③

（以上説明宋夏關係）

4. 王安石變法和新舊黨爭

宋神宗畫象（歷代帝后象）

王安石畫象（南薰殿歷代名臣圖象）

王安石行書墨迹

臨川文集（王安石變法）

司馬光畫象（參圖類聚天下至寶全補、事林廣記）

司馬光墨迹

元祐黨籍碑（新舊黨爭）

---

① 入政治改革。
② 碑。
  文彦博帖子三幅。
③ 碑。
  邠州石室録。

5. 農民起義①

應運通寶及應感通寶銅錢(拓片)(王小波、李順起義時鑄)

王則起義(尚待補充)②

宋江起義(陳老蓮畫水滸人物)(宋江起義)③

方臘起義(尚待補充)

鍾相楊幺起義(尚待補充)④

第二節　社會經濟的發展

1. 農業

鐵鋤　鐵耬犁　犁鏵　齒鐵耙

砘車圖(農書。版畫)

推鐮圖(農書。版畫)

秧馬圖(農書。版畫)

水轉連磨

(以上説明生產工具)

耕作圖(敦煌壁畫)

收穫圖(敦煌壁畫)

春米(敦煌窟 61 號)

推磨(敦煌窟 61 號)

南宋耕織圖

(以上説明生產技術及過程)

---

① 　花石綱(開封)。

② 　平妖傳。

③ 　折可存墓誌。

④ 　入南宋。

　　墓。

梯田圖（農書。版畫）①

圍田圖（農書。版畫）

塗田圖（農書。版畫）

沙田圖（農書，明刊本。版畫）

圩田圖（農書，明刊本。版畫）

架田圖（農書，明刊本。版畫）

櫃田圖（農書，明刊本。版畫）

授時指掌活法之圖（同上書）（生產經營）

屯田、營田的經營（尚待補充）

馬逵柳陰雲碓（宋人繪畫）

翻車圖（農書。版畫）

牛轉翻車圖（同上）

水轉翻車圖（同上）

筒車圖

衛轉筒車（同上）

（以上水利灌溉）

2. 手工業②

水排　大紡車圖　小紡車圖　水轉大紡車圖

布機圖（農書）

幼織機圖（農書）

（以上紡織工具）

北宋製陶工具二件

宋瓷碗印模

---

① 蘇堤。

② 杭州出漆器。

（以上制陶磁工具）

製海鹽圖（政和本草，金刻本）

製池鹽圖（政和本草，金刻本）

劉松年絲繪圖（宋人繪畫）

采松圖（宋李孝美墨譜）

造窑圖（宋李孝美墨譜）（生産過程）

銅象棋子（歷史博物館）

乾道四年湖州鑄鑒局官鏡①

朝市劉家鏡

姜娘子鑄銅爐

濟南劉家功夫針鋪

建中靖國年製鐵桶

鐵剪（南京宋墓出土）

鐵剪（河南方城宋墓出土）

中嶽廟鐵人　鐵猪

鐵牛 李朝宋雙馬鐵硯

3. **商業與交通**②

張擇端清明上河圖（宋人繪畫）

---

① 　湖州石家照子。
② 　典當業。
　　羅氏舊藏木牌。
　　度牒。
　　刻書牌子所見之商業競争。
　　濟南劉家針鋪廣告。
　　李嵩。
　　尺。

蘇漢臣貨郎圖（宋人繪畫）

李嵩貨郎圖（宋人繪畫）

宋南京應天府圖（事林廣記二集卷二）

南京平江府圖（拓片）

西湖圖（咸淳臨安志，版畫）

浙口圖（咸淳臨安志，版畫）

（以上說明商業和都市的發展）

北宋銅錢 南宋銅錢 宋大銀錠 宋小銀錠 會子銅版

（以上說明貨幣）

銅範（說明度量衡）

郭忠恕雪霄江行（繪畫）

李嵩巴船下峽圖（繪畫）

宋天下安晏鏡船圖（拓片）

駝運歸來（敦煌壁畫）

山鄉引旅（敦煌壁畫）（交通）

莆田祥應廟記（石刻）

祈風石刻（泉州石刻）（說明對外貿易）

4. 土地佔有

淳祐二年契紙 景定元年（說明土地關係）

義田贍族圖（說明莊園制）①

5. 人民生活

征人曉發圖（宋人繪畫）

踏歌圖（宋人繪畫）（說明生活情況）

---

① 范氏。

陽燧(取火器,拓片)①

烹飪兩種(雕磚)

雙耳三足鐵釜

銅罐

銅盆等用具(鉅鹿出土)

銅燈盞

銅石炊器(鉅鹿出土)

石磨(鉅鹿出土)

石乳鉢(鉅鹿出土)

陶盆(鉅鹿出土)

白瓷小罐黑釉罈(鉅鹿出土)

鉅鹿宋故城桌椅(鉅鹿出土)

宋人捕魚圖(繪畫)

夏珪山水卷拉縴人夫(繪畫)

夏珪山水卷漁船捕漁(繪畫)

夏珪山水卷撐船人夫(繪畫)(説明勞動情況)

6. 皇室官僚地主生活②

李嵩水殿納凉圖(繪畫)宋人宮樂圖(繪畫)宮沼納凉圖(繪畫)

閒居玩物圖(繪畫)春游晚歸圖(繪畫)梧陽清暇圖(繪畫)

平間秋興圖(繪畫)東四村古墓彩畫(壁畫)花石崗"瑞雲峰"(照片)

---

① 入唐。

② 鉅鹿打波羅球圖。

宋太祖踢球圖。

宋太宗强幸小周后圖?

趙丸翁夫婦像(壁畫)

7. 社會風俗

村童鬧學圖(繪畫) 傀儡牽機圖(繪畫) 骷髏幼戲圖(繪畫)
蘇漢臣童年嬰戲(繪畫)

第三節　宋代的文化

1. 科學技術

武經總要火藥部分插圖(明墨口本)

宋陶"疾藜火炮"三件(説明火藥)

開寶藏(北宋本)

文選注北宋本

太平御覽、文苑英華、册府元龜(選用宋本)

(以上兩件説明印刷)

指南針、指南龜、指南魚(事林廣記插圖)

(説明羅盤)

"武經總要"(營、陣及武器插圖)(明黑口本)(説明軍事學)

李誡"營造法式"(插圖)(説明建築學)①

蘇頌新儀象法要(選用善本)②

天文鐘(新儀象法要插圖)

水運儀象臺(復原模型和設計圖紙)

淳祐天文圖(石刻拓片)

---

① 宋本。大典本。
② 像。
　　敦煌宋初曆書刻本。
　　南宋會天具注曆。

秦九韶數書九章（選用善本）（以上説明天文、數學）

政和本草插圖（宋本、金大定刻本）

大觀本草插圖（宋刻本）①

新刊補注銅人腧穴針灸經（插圖三幅）

明堂針灸銅人（明代複製。故宫、南博各有一具）

李唐炙艾圖（繪畫）

醫學家宋慈墓和洗寃録（照片）（醫學）

沈括像和夢溪筆談（元刻本）

2. 哲學思想

周敦頤像和太極圖説　張載像和正蒙　邵雍像

程顥像　程頤像　朱熹像

吕祖謙像　葉適像　陳亮像

陳傅良像　陸九淵像

3. 史學②

資治通鑑（宋本）（編年體）

袁樞通鑑紀事本末（宋本）（紀事本末體）

鄭樵通志（元本）（通史）

太平寰宇記　元豐九域志　禹迹圖　華夷圖（阜昌石刻）

黄裳地理圖（淳祐石刻）（以上五種説明地理學）

歐陽修像　集古録跋尾墨迹　趙明城金石録（宋本）

吕大防考古圖（元本或四庫寫本）

王黼博古圖（元本）嘯堂集古録（宋本）薛尚功鐘鼎彝器款

---

① 種痘如王旦。

② 唐五代會要。王溥。
　宋太宗實録。

識法帖（宋拓本）

4. **文學**①

梅聖俞宛陵集（宋刻本）　　蘇軾畫象

蘇轍和欒城集（宋大字本）　曾鞏和元豐類稿

秦觀和淮海集（宋本）　　　陳師道後山集（宋本）

范成大墨迹　　　　　　　　陸游墨迹、劍南詩稿

辛棄疾帖子　　　　　　　　姜夔像和白石道人歌曲

李清照像

（以上詩詞古文）

五代史平話（董康刻本）

京本通俗小説（繆刻本）②

（以上小説）

5. **書法**

蔡襄自書詩册

蘇軾、黃庭堅黃州寒食詩卷跋

黃庭堅自書松風閣詩

米芾珊瑚帖③

6. **繪畫**

董源洞天山堂圖（或就宿郊民圖）（故宮，現在臺灣，用照片）

范寬雪山圖（或臨流獨坐圖）（故宮，現在臺灣，用照片）

---

① 語録。詞人。
　　王禹偁。王安石王命。周邦彥。柳永。
　　嚴羽滄浪詩話。
② 大唐三藏取經詩話（二種宋本）。
③ 另選一。蜀素帖。

趙幹江行初雪圖(部分,故宮)①

李成寒林圖(故宮)

趙佶美蓉錦鷄圖(故宮)

崔白花鳥圖軸

北宋洛陽耆英會圖部分(故宮)

李公麟西園雅集圖部分(故宮)

宋人黃鶴樓圖(天籟閣藏宋畫)

宋人滕王閣圖(天籟閣藏宋畫)②

胡環卓歇圖(入馬部分)(故宮)③

李嵩巴船出峽圖(故宮)④

蘇漢臣貨郎圖(故宮)

夏珪溪山清遠圖(部分)

郭熙江行雪霽圖(二船)(故宮)⑤

陳居中胡笳十八拍圖(部分)⑥

繪荷花圖

宋人繪八哥圖册頁(故宮)

宋人繪疏荷沙鳥册頁(故宮)

宋人繪柳閣風帆册頁(故宮)

林椿繪林擒山鳥圖

宋人繪(傳劉寀)輕備圖册頁(故宮)

---

① 入漁民。生活。

② 入唐。

③ 入漢。

④ 入交通。

⑤ 入交通。

⑥ 入漢。

王希孟千里江山圖卷部分（故宮）

趙伯駒仙山林閣圖（故宮）

王詵漁村小雪圖部分（故宮）

易元吉猿圖、北宋（或作五代）秋林鳴鹿圖（故宮）

宋人水墨百花圖卷部分（故宮）

朱銳赤壁圖（故宮）

李唐晉文復國圖（部分）①

肖照中興禎應圖

江貫道百牛圖

李公麟百事圖（故宮）

燕文貴山水圖（故宮）

7. 雕塑

太原晉祠水母祠塑相四種

麥積山宋供養人塑相

四川昭化迴龍鄉出行圖石刻

四川榮縣石刻

山東長清靈岩寺羅漢

宋墓雕磚相四種，二雜劇人，二厨娘（歷博）

王夫人墓誌石刻（蘇博）

四川成都出土彩釉陶武院和僕從（故宮）

山東曲集孔廟大成殿前盤龍石柱（曲阜）

耀州窰毛女（故宮）

定窰孩兒枕（故宮）鳳穿花瓷枕（申博）

晉祠鐵人

---

① 入春秋。

開封鐵人

8. 音樂舞蹈①

宋人演樂圖（歷博照相）

宋雜劇圖

河南白沙宋墓壁畫樂舞圖（歷博摹本）

敦煌宋壁畫佛本生經中樂舞圖（敦煌研究所）

宋雕磚雜劇人相二種（歷博）

宋石刻樂舞圖（貴州楊粲土司墓中浮雕）

宋會茗按樂圖（故宮，音研所有複色摹本好）

宋人繪聽阮圖（傳周文矩）

（音研所摹本）

宋人繪高士圖（有阮咸在榻）（故宮）

宋人斲琴圖（故宮）②

9. 陶瓷

官窰瓶洗（故宮）

汝窰爐（故宮）

均窰曾（玫瑰紫色）（故宮）

哥窰花式碗

定窰瓶（故宮，江南出土）

定窰印花椀（故宮）

景德鎮影青瓷壺（故宮）

龍泉窰翠青瓶爐（故宮）

廣窰瓶

---

① 大儺圖。

② 入南朝。

磁州窑大瓶

當陽峪窑刻花瓶（故宮）

耀州黃堡鎮窑刻花瓶（故宮）

永和鎮赭釉印花椀（故宮）

建陽窑兔毫盞（故宮）

山西黑釉罐（故宮）

扒村窑大盆（故宮）

鉅鹿出土白瓷罐（歷博）

10. 漆器

杭州老和山宋墓出土漆椀有"臨安"——字樣，杭博

江蘇揚州出土扣銀漆小合三種（蘇博）

又大漆合（蘇博）

鉅鹿出土漆盤（故宮）

11. 刻絲

沈子蕃作挑鳩圖軸（故宮）

紫鸞鵲譜（東北博）

朱克柔作山茶、牡丹小幅（東北博）

蓮塘乳鴨圖（申博）

雙塔寺紫陽荷刻絲（京文物處）

12. 刺繡

瑤臺跨鳳圖小幅（東北博）

宋繡金剛經引首諸護法神將及經文部分（東北博）

虎丘塔中發現宋繡經袱（蘇文管會）

雙塔寺發現繡帕（北京市文物處）

宋銹枕當和衣領邊沿雜件（故宮）

13. 錦綉和印染絲綢

虎丘塔發現印花綢子經袱三種（蘇文管會）

虎丘塔發現殘錦（蘇文管會）

宋式錦：樗蒲，青緑簟紋、連錢、球路，六種（故宮、歷博）宋花綢三種（故宮）

14. 金屬工藝

草花官工鏡六種（歷博）

蓮鳧鏡（歷博）

雙魚鏡（歷博）

雙鳳鏡（歷博）

15. 其他①

宋官印璽②

北宋磚

鉅鹿出土北京琉璃佛背光

鉅鹿出土木器椅案（歷博）

鉅鹿出土圍棋子③

附金屏會棋圖

16. 建築

開封鐵塔	浮梁西塔	棲霞寺舍利塔
松江興聖教寺塔	泉州開元寺塔	曲陽高塔
西安府文廟	安平橋（福建安海）	八字橋和寶祐橋
李嵩焚香祝聖圖	李嵩水殿招凉圖	

---

① 法帖。淳化。絳。大觀。

② 入官制。

③ 雙陸。象棋。打毬圖。嬰戲圖。

17. 宗教①

悉達太子五欲娛樂（敦煌壁畫）

第四節　宋金和戰關係

1. 宋金戰争②

中興禎應的一部（金兵南下的一段）

五國城雲淵碑

吳山第一峰（照片）

抗金領袖李綱墓（照片）③

韓世忠抗金的古迹遺物

韓世忠楷書真迹④

宋金戰場大散關（照片）

岳飛畫象（南熏殿畫象）⑤

岳飛畫象（河南文管會）

岳飛塑象（杭州岳廟内）

岳墳（照片）

杭州岳廟碑文

張憲牛臯塑象

宋高宗付岳飛手札

---

① 大補。
　佛（禪）、道、景、回、摩尼、以思樂業教。
② 忠義軍。
③ 畫像、墨迹（宗澤）。
　陳東（祠堂）。
④ 墓碑，在蘇州靈巖山（木瀆）。
⑤ 刘松年畫四將像。

2. 宋金和戰①

中興禎應圖的一部（迎金使臣）

岳飛墓前秦檜夫婦跪象

第五節　南宋人民反對蒙古侵略

1. 南宋軍民反抗蒙古

四川合州釣魚山（照片）厓山（照片）

陸秀夫墓碑 陸秀夫墨迹②

（尚待補充）

2. 文天祥

文天祥畫象 文天祥祠堂及教坊牌樓 文天祥石刻象③

文天祥祠堂内"孔曰成仁,孟曰取義"對聯④

第八章　遼⑤

第一節　遼的建國⑥

遼的地理圖照片（據"契丹國志"元刻本）

又蘇州府學地理圖石刻上半部

遼都上京遺址照片四幅

---

① 南宋的政治。高宗。孝宗。

　　趙州橋下石刻名題。

　　洪皓。朱弁。范成大。

② 厓山集。

③ 北大藏明拓本未殘缺。

④ 在像上。

⑤ 放在北宋之前。

⑥ 伊犁新發現契丹文官印（西遼）。

　　金銀面具。

　　人物畫像。

遼都中京大定府土城遺址四幅
遼南京(燕京)都城遺址一幅
(以上説明政治中心)
鐵鐐照片(説明刑法)
石炮彈、鉛彈(説明武備)

第二節　社會經濟情況

鐵犁(山西天鎮縣出土)
鐵鏟(内蒙古赤峰駙馬墓出土)
鐵鋤(内蒙古昭烏達盟出土)
鐵鏵(山西天鎮縣夏家灣出土)
鍘刀(山西天鎮縣夏家灣出土)
鐵斧(内蒙古赤峰駙馬墓出土)
燒瓦窑址(説明手工業)
巴林石橋 (説明交通)
遼代蕭太后運河遺址(説明交通運輸)
銅錢(説明商貿貨幣)①
"南京"銅權(説明度量衡)

第三節　遼的文化

1. 契丹文字

中京城内刻磚
東陵内契丹文字
遼道宗哀册(契丹文與漢文並行)
龍龕手鑒(釋行均)

① 馬具(鞍鐙)。

續一切經音義（釋希麟）

星命總括①

（以上說明契丹大字）

蕭元中墓誌（說明契丹小字）

2. 壁畫②

平泉遼墓壁畫兩幅

遼陵内山水壁畫春夏秋冬四幅③

遼陵壁畫多幅（契丹侍女圖，夫婦對坐圖）

3. 雕塑

臺石雕刻（石上雕有飛天音樂舞蹈等狀）

白塔底部浮雕

遼中京城内石獅子

遼上京城内石獅子

遼陵（道宗）陵中出土木犬

4. 陶磁

白瓷盆

馬蹬壺

白瓷馬蹬壺

三色釉刻花瓷枕

麻醬釉馬蹬壺

5. 瓦當

巴林遼代慶州城出土瓦當

---

① （以上三項）遼代的著作。
　　焚椒録。

② 傳李贊華（故宮）。蕭瀜（故宮）。

③ 春秋二幅。

巴林遼代慶州城出土綠瓦

6. 金屬工藝

塗銀馬鞍

契丹文字鏡

遼值形素銅鏡

7. 建築

赤峰洞山遼代石窟寺

華嚴寺薄迦教藏殿內天宮壁藏

佛宮寺釋迦木塔

奉國寺大殿

獨樂寺全景（觀音閣及內景）

天寧寺磚塔

開元寺毘盧殿藻井

遼中京大塔

中京城內八角十三重塔

8. 宗教①

巴林遼代千佛刻石

大同下華嚴寺薄迦教藏殿本尊

涅槃象

威侍

僧形象

遼皇都磚塔寶生佛,阿彌陀佛,不空成就佛

---

① 景教。

遼雲居寺續祕藏石經記。

房山雷音洞石經有高麗僧達牧書,查年代。

第九章　西夏①

第一節　西夏的建國②

西夏首都遺址（興慶附近風景）

額齊納河畔黑城遺址

第二節　社會經濟情況

西夏銅錢

第三節　西夏的文化

1. 西夏文學

西夏文字圖（敦煌千佛堂之一窟）

西夏文佛書（刻文，敦煌發現）③

感通寺碑（漢文和西夏文）

掌中珠（漢文和西夏文）

附錄：河西字大藏經（元）

2. 壁畫

西夏供養人（榆林窟壁畫）

西夏壁畫

3. 工藝

石馬

黑釉刻花磁瓶

西夏文銅牌

---

① 　置北宋之後。

② 　官印。銅牌。

③ 　佛教。
　　宗教析出。

西夏文銅鏡

西夏文字紺紙金泥妙法蓮華經縹紙

4. 建築①

藻井

第十章　金②

第一節　金的建國③

金上京會寧府遺址五幅

金中都城西遺址

房山縣雲峰山下金太祖陵

女真文摩崖刻文

韓州刺史之印

猛安謀克官印

楊四娘子“此山下寨”摩崖刻石（紅襖軍起義）

第二節　社會經濟情況

山西絳縣金墓壁畫二幅

（夫婦對坐享樂及廚房男女僕人勞動情況）

---

① 西夏陵寢在寧夏賀蘭山中，享堂、原廟遺迹尚存。

② 置南宋之前。

③ 金南京圖（事林廣記）。

　　北京發現金的炮石。金銀面具。

　　禮部令史題名記（行書，在北京）。

　　壯義王完顏公碑（任詢書，在寧古塔）。

　　貞憲王完顏希尹碑（任詢書，吉林舒蘭縣）。

　　大金得勝陀頌碑陰金國書。

　　國書摩崖石刻（遼寧海龍縣）。

捧灑瓮侍者圖

磨碓圖

燒竃汲水圖

陶官屯金元農家遺址

金代楮幣

金紙幣印板

銅錢、大定銀錢

土地買賣契約（石刻本，見葉昌熾語石）①

銅權

盧溝橋（交通）②

第三節　金的文化

1. 女真文字

陝西乾縣大金皇第都統經略郎君行記碑

河南開封宴臺碑

女真文字玉杯（福開森舊藏，捐贈金陵大學）

華夷譯語所載女真文字（明鈔本）③

2. 印刷

平陽姬家刻四美圖

金刻本尚書注疏

雲齋廣録

---

①　卷三38，大安元年真清觀牒。

②　三門峽題名。

③　方氏墨譜卷一、三（二頁下）。
　　明王慎德四夷咸賓（用本葉）。

曾南豐文集

趙城藏

雲笈七籤

3. 醫學

成無己 傷寒明理論

劉完素 宣明論方

張元素 病機氣宜保命集

李杲 內外傷辨惑論

4. 私人講學

黃花老人碑(石刻)

5. 全真教①

道家七祖象(山西天龍山石象)

6. 詩詞古文②

中州集 湻南遺老集 滏水集

7. 小說

歸潛志 續夷堅志

8. 戲曲

董解元西廂記 劉智遠傳

侯馬金墓出土泥俑和戲臺

9. 繪畫

金墓出土壁畫(歷博)

---

① 佛、景教。

　　雲笈七籤金刻道藏另本。

② 遺山集。

10. **書法**①

党懷英寫碑拓本

11. **建築**

上華嚴寺大雄寶殿

晉祠獻殿

萬部華嚴塔②

第十一章　軍事封建的元帝國

第一節　元帝國的建立

蒙古舊都喀喇和林遺址

內蒙古多倫縣元上都遺址

內蒙古克西克騰西元上都遺址

成吉斯汗象

成吉斯汗陵帳幕

新建成吉斯汗陵正殿

耶律楚材墓(在頤和園)

忽必烈象

元上都宮殿遺址

元大都圖

北京城北元大都古城堡

元世租忽必烈汗肖象

張弘範碑

---

① 琅琊碑(沂州普照寺)。

　東昌碑。

　王琯奇石山磨崖。

② 瓷器。

元加封袞國公復聖公制詞碑首

元勅賜復聖爾新廟碑跌

曲阜顔子廟加封顔子父母制詞碑①

手拷脚鐐（刑具）

元典章　通制條格（法制）

銅鏃、矛、刀、撓鈎、狼牙錘、繩鞭、縹頭（武器）

元至正辛卯銅火銃

元至順三年銅火銃

騎士象②

蒙古時代武裝騎士圖

蒙古兵相撲爲戲圖

蒙古騎兵們之格鬥

蒙古襲來繪詞

中世紀蒙古人之帳幕及大車

蒙古人的兵船

第二節　社會經濟的發展③

1. 農業④

鐵犁　鋤頭　钁　麥籠　耕索　呼鞭　牛衣　抄竿

---

① （以上三項）巴思八字。

國子監題名碑。

登科録（余□）。

② 站赤。

③ 少數民族問題。

④ 要元代的新東西，舊東西只選重要的。

授時指掌圖。

藕鼓。

（後五件據農書）

戽斗 刮車 轆轤 瓦竇 石籠

（農書）

浚渠 水塝

（農業）

槽碓 水輪三事 水碾 水礱 耕穫圖

（農書）

蠶織圖(事林廣記)

蠶室 火倉 蠶槌 蠶筐 蠶槃 蠶架 蠶網 蠶杓 蠶簇

上簇 繭甕 繭籠 南繅車 北繅車

熱釜 冷盆 蠶連

（說明養蠶業）

桑兒 桑梯 斫斧 桑鈎 桑籠 桑網 劙刀 切刀 桑堪

桑夾

（說明桑農）

2. 手工業

絲□ 經架 緯車 絡車 臥扣 梭 砧杆

（說明絲織業）

絮車 撚棉軸 綿矩 木棉攪車 木棉彈弓 木棉卷筵

木棉軒床 木棉綫架 木棉紡車 撥車 碾布石 上海黃道婆廟

雙塔寺出土元代棉紡織品

（說明棉織業）

漚池 刈刀 苧刮刀 績篗

蟠車 纑刷 經車 繩車 紉車 旋推

（說明麻織業）

裹築灰淋 築疊池井 蓋池井屋 海潮浸灌 削土取平 掉水潑

水 擔灰攤旺 篩灰取勻 篩水曬灰 扒掃聚灰

　擔灰入淋 淋灰取滷 滷船鹽船 打滷入船 擔載運鹽 打滷入團 砍斫柴缶 砌柱承拌 排湊盤面 煉打灰草 裝泥拌縫 上滷煎鹽 撈灑撩鹽 乾拌在鹽 出扒生灰①

　日收 散鹽

　(説明制鹽。熬波圖)②

　鐵勺 鐵盤模樣 鑄造鐵拌

　(説明鑄造)③

　鉋刀 墨斗 膠鍋 斧 石夯 團内便倉 起蓋皂舍

　(説明木工。熬波圖)④

3. **商業交通**

　春景貨郎圖

　錢幣 楮幣 元寶

　銅權

　元代金銀符牌 元代八思巴文長牌 元代八思巴文圓牌⑤

　運河照片

　通惠河圖(用明人通惠河志)

　元京幾都漕運使王德常去思碑

---

① 精選。

　收鹽税。冶鐵鑄器。專賣。

② 用文津閣四庫全書本(北京圖二抄本)。

③ 元代煤礦(鶴壁？見考古)。

④ 木工蓋屋。築牆(土)磚。全相平話(三幅)。補桶(盛懋畫)。

⑤ 站赤。

　入政治。

　文姬歸漢圖(波士頓61、62、63)。64長安歸來。

4. 階級關係①

元統契紙（照片）

延祐地契

天曆元年地契

永樂宫元聖旨碑

（以上説明土地佔有情况）

元耶律世吕墓誌銘②

元墓壁畫墓主夫婦及侍者像（平定出土）③

馬槽圖　庖厨圖　銅六畜圖

元代金銀器皿（元貴族奢侈生活用品）

色目人陶俑

元提筐陶俑和執鞭陶俑

陶製男女俑

（以上官僚地主生活）

權、鈎、熨斗、六耳鐵鍋

陶製酒瓶、陶罐（内蒙古察右前旗）

陶盆（張家口市茶坊區）

（從生活用具看人民生活）

①　鬥茶圖。
　　襄陽五龍廟碑（語石三 26–28）至元三年寺廟免税敕。
②　附録。
③　事林廣記貴族生活版畫。
　　打球圖（有正印卷子）。
　　球門圖（事林廣記）。

第三節　元代的文化①

1. 科學技術

①數學

測圓海鏡

②天文曆法

元代天文臺遺址 告成鎮觀星臺(河南登封)②

渾儀、簡儀(郭守敬造)

銅壺滴漏(廣州) 銅壺滴漏(上虞拓本)③

元代銅製羅盤

③農學

農桑輯要 農桑衣食撮要

王禎農書(明嘉靖刻本)

④醫學

王好古醫壘元戎 瑞竹堂經驗方(沙圖穆蘇)

世醫得救方(危亦村) 飲膳政要(忽思慧)

⑤印刷術

朱墨套版印佛經(被掠至臺灣)

活字版韻輪法(農書)

金剛經注插圖 磧砂藏扉圖三幅

2. 哲學、史學、宗教

①理學

困學紀聞

---

① 蒙古色目分不分？

② 周公開元。

③ 葉恭綽元拓本。

許衡象和許魯齋集①

②宗教②

北京城西白雲觀 太原龍山昊天觀道教石窟及道尊象 龍虎山志 茅山志

後藏夏魯寺(有壁畫) 藏文經板(西藏經典)

福建春江華表山摩尼教遺址

③史學

元朝秘史 國朝名臣事略 文獻通考 河朔訪古記 安南志略 真臘風土記 島夷志略 河源記 齊乘 至大金陵新志 大元一統志 河防通議(沙克什,色目人) 治河圖略 浙西水利議答録 海道經③

3. 文學、藝術

①蒙古語文

漢文八思巴文百家姓(事林廣記)④

至元譯語(事林廣記)

華夷譯語(洪武刻本)

②詩、詞、古文

元遺山集⑤

③白話文碑、白話注書

---

①　劉因静修集。

②　佛。喇嘛。回教。景教。

③　輟耕録。

④　畏吾兒文。

⑤　入金。

　　楊維楨。倪瓚。王冕。

元代白話碑 孝經直解 通鑑直解（白話文體的中國歷史）①

④話本小説

全相平話五種 宣和遺事（明刻有圖本）

施耐庵水滸傳（明嘉靖刻本）

⑤元曲②

竇娥冤（關漢卿） 西廂記（王實甫）

漢宮秋（馬致遠） 梧桐雨（白樸）

元代戲曲壁畫（山西洪趙縣明應王廟）③

⑥樂舞

永樂宮壁畫伎樂部分

⑦繪畫④

趙孟頫鬥茶圖 嬰戲圖 元人畫春景戲嬰

盛懋曹知白山水册子（故宮） 王振鵬揭缽圖（故宮）

錢舜舉點鼠圖、秋瓜圖 倪雲林竹石圖（故宮）

秋飲馬圖 元錢選畫馬似趙雍 蒙古人牽馬圖

王淵花鳥大軸（故宮） 任仁發出圉圖（故宮）

元人繪沙原散牧 元人射雁圖 雙竹軸圖（柯敬仲）

竹石某禽圖 元人漁莊秋色 元人溪橋風雨

王蒙深林叠嶂 密宗曼荼羅（敦煌 465 窟）

婆叟仙（敦煌 3 窟） 榆林窟壁畫元供養人象

永樂宮壁畫 興化寺元代壁畫 元代通教壁畫

塑象及壁畫（四川閬中永安寺） 元墓畫（歷博）

---

① 忠傳。
② 南戲。永樂大典戲文三種。
③ 録鬼簿。青樓集。
④ 黄公望:富春山居。

⑧雕塑

密理瓦象、三面一臂菩薩象、飛天（西湖石窟藝術）

觀音造象（石刻）歷城龍洞 居庸關雲臺及門洞內雕刻 居庸關門東壁北端石刻持國天象

（元）陶俑（西博）侍臣（陶塑）

衛士（陶塑）

背包馬 耶律世昌墓出土陶馬

牙、狗

⑨瓷器

釉裏紅瓷扁壺、大盤、和油壺（故宮）青花大尊（故宮）

內蒙察右前旗土城子出土瓷量 十四世紀黑花大盤

元至大元年琉璃香爐 元均瓷瓶、爐（故宮）

元樞府窑瓶高脚椀（蘇博、故宮）

⑩漆器

張成造漆盒（故宮）楊茂造剔紅雕漆盤（故宮）江蘇青浦章偃鄉北廟出土漆器

元任月山媳墓漆奩、剔紅漆合（申博）

⑪刺綉

妙法蓮華經卷 黃底綉花綢包袱

⑫銅器、金銀器

⑬建築

安慶出土金銀器十種（徽博）任氏墓出土金器（申文管會）

妙應寺白塔 普陀落伽山太子塔 居庸關過街塔全景

天寧寺 少林寺 永樂宮的元代建築和壁畫 雪竇寺石幢 趙城廣勝寺明應王殿前持

第四節　公元十世紀至十三世紀國內各民族關係、中外文化文流

1. 國內各民族文化交流①

蒙漢文及少數民族文字碑刻：

居庸關雲臺元六種文字石刻

莫高窟刻文

陝西盩厔元延祐元年蒙漢文對照碑②

各民族作家著作：

飲膳正要（忽思慧）③

酸齋集（貫雲石）

雁門集（薩都剌）

鶴年詩集（丁鶴年）

啓文集（昂吉）

金臺集（廼賢）

其他：

蒙漢文對照百家姓（事林廣記）④

2. 中外文化交流⑤

宗教石刻：⑥

---

① 平大理碑。
② 當用兩種。
③ 重。
④ 重。
⑤ 這一部分如果要，要大事補充。
　打雙陸圖。
⑥ 長清靈巖寺讓公禪師碑至正元年日本國僧邵元撰行書。邵元撰書有四碑：貢副寺長生供記、新撰玉佛殿記、少林寺息庵禪師碑。

元代石刻十字架

泉州出土耶穌教石刻

揚州仙鶴寺阿剌伯人墓碑記、阿拉伯縱橫圖

泉州出土阿剌伯文石刻

泉州出土希臘式柱頭

泉州出土婆羅門教石刻

馬可孛羅：

馬可孛羅象

馬可孛羅還家被拒圖

德文版馬可孛羅遊記

馬可孛羅携歸歐洲八角形磁鼎

第十二章　明帝國的建立和滅亡

第一節　反元農民大起義和明帝國的建立

1. 紅巾軍起義

韓林兒：

龍鳳元年（1355 年）"管軍總管府印"、又五年（1359）"管軍總管府印"

龍鳳元年"管軍都督府印"①

津寧縣印（隋唐以來官印集存）（韓林兒頒發的官印）

龍鳳權（1356 年製）

龍鳳通寶銅錢

劉福通：

---

① （以上二者）選一。

劉福通墓

徐壽輝：

統軍元帥府印（隋唐以來官印集存）

天啓通寶、天定通寶

郭子興：

郭子興墓碑（鎮江）

2. 紅巾軍以外的起義軍

陳友諒：

陳友諒璽

陳友諒墓（武昌）

大義通寶

方國珍：

黃林港照片（1352 年方國珍起義殲滅元台州路達魯花赤泰不華處）

張士誠：

張士誠像

天祐四年瓮城碑（蘇州）

天祐通寶

3. 朱元璋勢力的擴張

鄱陽大戰圖（"雲合奇踪"插圖,描寫朱元璋戰敗陳友諒於鄱陽湖）

大中通寶

朱元璋爲吳國公時頒佈的命令（1363 年）

朱元璋像

皇陵碑（鳳陽明祖陵）

手諭（武英殿舊藏）

李文忠象（岐陽世家文物圖録）

常遇春象

劉基象

徐達像、徐達府第遺址（南京瞻園）

4. 帝位爭奪與"靖難之役"

朱棣（明成祖）像

黄子澄像

方孝孺像

姚廣孝像

5. 明帝國的政治中心：南京和北京

南京（洪武京城）

皇城圖（洪武京城圖説）

南京明故宮遺址中的石欄杆雕龍柱頭

北京

順天京城圖（三才圖會）

明北京宮殿圖

第二節　明帝國中央集權統治

1. 法律①

大誥

大明律

2. 封建統治機構

官署圖（洪武京城圖説）

南京明代刑部及都察院遺址、柱礎、殘石硯、鐵刑具等

---

① 皇明祖訓。

天啓七年兵部任命軍政人員的命令文稿

勘案圖（二刻拍案驚奇插圖）

監獄圖（義烈記插圖）

充配圖（金瓶梅插圖）

買囑解人圖（明富春堂本周羽教子尋親記）

3. 軍隊衛所：

兵器：

刀、劍、銃等兵器圖（經國雄略） 步人甲（武經總要）①
戰鬥圖（經國雄略） 武術圖（武備志） 放槍、打放火器、虎頭
車、虎翼車打放神器圖（神器譜） 上腰開弩圖（武備志） 弩
臺、敵樓、團樓、白露屋、戰棚圖（三才圖會）

崇禎十六年鐵砲、銅旋風炮、車行炮、炮樓②（武經總要）
折疊橋、浮□、飛緝式（武經總要） 走舸（金湯十二籌） 叭嘛
唬船（經國雄略） 大福船（武備志） 攻城避矢石半截船（明崇
禎十二年刻師律）③

兵制及軍隊職能：

北平都指揮使司夜巡銅牌 永昌衛指揮使司巡銅牌

兩廣督部稽查銅牌 神威軍都指揮印 涿鹿衛所後千戶所
百戶印 西安右護衛後千戶所百戶印 寧山衛前千戶所百戶印
銅印 木答里山衛指揮使司印銅印 關塞圖（三才圖會） 角
頭巡檢司通緝奴隸徐用等告示 許論"九邊圖" 明代長城碉
堡中戍卒使用武器的一部（內蒙涼城）

---

① 武經總要入宋。

② 明炮保存尚多。

③ 兵船（梁山發現）。

4. 科舉、學校

明狀元及第銅鏡　明五子登科銅鏡　狀元圖考插圖

(以上説明當時人的科舉思想)

入試圖(玉茗堂還魂記)　明朝試卷　嘉靖刊本會試録

進士題名碑

廣東貢院照片　太學、學校圖(三才圖會)①

"永樂大典"(世界上最早最大的百科全書)②

皇史宬和翰林院舊址照片③

5. 黃册和魚鱗册

明洪武魚鱗册

洪武丈量魚鱗圖(吳氏先塋志)

萬曆魚鱗圖册

嘉靖45年泉州府德化縣黃册

6. 里甲制度

閭里圖(三才圖會)(説明鄰里共居)

河南汲縣明初遷民碑(説明明代村社基層的組織形式)

里正奪糧圖(琵琶記) 民社圖、申明亭(三才圖會)(説明里甲作用)

萬曆里甲朋充合同

崇禎里甲合同(説明三房輪充里長及分攤費用辦法)

7. 等級制度

益都"衡王坊"照片

---

① 南京。
　五經、四書、性理大全。
② 入文化。
③ 明實録和皇史宬。入史學。

滋陽"魯王府"遺址照片

濟南"德王府"遺址照片

北京出土明彩色陶明器(騎馬的旗手、樂工、背印帽等物的侍從、皂隸、轎夫、奴婢等)

河南杞縣高高山明墓出土陶制院落、影壁、奴僕等

榆次明墓壁畫

成都白馬寺6號明墓出土瓷俑

　　第三節　明中葉以後的政治和社會矛盾①

1.統治階級的内部鬥爭

宦官的專橫、廠衛:②

景泰司禮太監金英墓出土文物

錦衣衛木印

錦衣衛所在地——東廠舊址照片③

趙南星的鐵如意(相傳趙製此如意是預備用它痛擊魏忠賢的)④

東林黨對閹黨的鬥爭:

東林書院照片

東林書院石牌坊照片

道南祠圖(東林書院志卷首)

顧憲成象及試卷

高攀龍象、墨迹、投水處及墓

---

① 移後。
② 王振衣冠冢。碧雲寺。
③ 無。
　　腰牌之類。
④ 三朝要典。

魏大中絕命書

復杜：

張溥象

張采象（吳郡名賢圖傳贊）

2. 社會矛盾的激化

土地兼併：①

明故張孺人秦氏墓誌銘

明故招勇將軍河南宣衛使張公墓誌銘（説明貴族地主佔有大量土地、勞動力）

明代高亭"流民圖"長卷（説明地主階級兼併土地、農民失産流亡）

地主的封建特權：

崇禎十五年麥積山開除常住地糧碑（寺田全免地糧）

曲阜顔廟碑（賜田免糧）

曲阜孔府孔廟碑（賜田、賜各種戶、免役）

隆慶文約（租田耕種要納租、守墳及聽從使喚）

農民的封建負擔：②

糧倉圖（三才圖會）（人民納官糧）

窖糧圖（三才圖會）

弘治佃契（無力耕種，並租轉佃，並貼備輸納銀）

地主奪糧圖（女範編）

---

① 有明初地契。

② 官吏貪污。四川發現銀錠。
　　地主階級奢侈生活。
　　看紙牌（馬幣）。

崇禎13年減山東曲阜大地主顏氏地租強派老姓增繳錢糧碑

明代銀錠（秋糧解京銀、祿米銀鹽鈔銀……等）

採木、運木圖（忠勤圖録）

造橋修路圖（關帝寶訓圖説）

一條鞭法的改革和失敗（張居正和海瑞）：

張居正象（張文忠公全集插圖）

海公遺象（明刊本新刻海剛峰先生居官公案傳序卷首）①

海公判案圖（同上）

萬曆十一年賣地契（因均徭無銀支解而賣地）②

萬曆十二年賣地契（因户役無措而賣出）

萬曆十四年賣地契（缺少户門差役而賣出）

萬曆卅四年賣地契（解户錢糧無銀而賣出）

階級矛盾的尖鋭化：

萬曆四年賣地契（因缺糧錢軍需無銀解納而賣出）

萬曆廿二年賣地契（無衣食而賣菜園）

萬曆卅五年當妻契（因貧苦當妻）

河南焦作市"炎帝宮記"碑（記載明末天災、民饑、米價昂貴、人至互食情況）

3. 繼續不斷的各地人民起義和反封建鬥爭

唐賽兒起義

"女仙外史"插圖

浙閩農民起義（葉宗留、鄧茂七）：

明代福建佃約（説明冬牲及其他封建特權的壓迫是起義的原因）

---

① 不能用？不如三才圖會。

② 地契上寫的理由不盡可據，當時嚴禁販賣田房，故寫理由。

荆襄流民起義

（缺乏資料）

冀、魯、豫農民起義（劉六、劉七）

"江淮平亂"碑

南通"通州狼山重建大聖廟門記"碑

白蓮教徐鴻儒起義

（缺乏資料）

4. 三十年農民戰爭和明帝國的滅亡①

李自成和大順政權：

橫山李繼遷寨李自成誕生處及放羊山頭

李自成住過的窰洞。李自成墓

明朝派兵鎮壓李自成奏摺

鎮壓農民軍抽丁辦鄉團練公約

總兵王景棠報西賊萬分緊急書（說明起義軍的聲勢浩大）

"剿賊圖說"插圖

崇禎吊死煤山照片（標誌明朝政權的滅亡）

李自成治政地點——武英殿照片

大順二年聖諭

李自成用石硯

李自成獻給廟中的黃袍

闖王寄刀廟（陝西華縣西關西露澤院村，傳李自成自河南歸陝時曾將其刀獻於此廟）

---

① 　獨立成一章。

　　滎陽大會。

　　曆書。

陝西韓城縣城西門上大順永昌元年"梁奕西襟"石質門額
（是李自成經過該縣時建）

李自成頒發的錢幣①

張獻忠和大西政權：

大西驍騎營都督府劉禁約

張獻忠頒發的錢幣②

第四節　明帝國的對外關係

1. 明帝國和亞非各國的友好關係和文化交流

鄭和下西洋

江蘇婁東劉家港照片

福建長樂城關天妃宮"天妃靈濟之記碑"

鄭和航海行香碑拓片

鄭和下西洋路錢圖（武備志）

碧峰圖畫西洋圖（三寶太監下西洋通俗演義插圖）

寶船過羅斛國圖（同上）

軟水洋換將硬水（同上）

明初刻天妃經（鄭編明初版畫集）

明和朝鮮的友好關係

（尚待補充）

明和越南的友好關係

（尚待補充）

明和日本的文化交流和貿易往來

朱印船圖

---

① 官印二。

② 官印四。

雪舟像及其畫

寄語雜類(籌海圖編)

西本願寺唐門雕刻裝飾

明和緬甸的友好關係

(尚待補充)

明和印尼的友好關係

明代渤泥國王墓碑石(永樂 6 年)

(尚待補充)

明和波斯、阿拉伯的友好關係①

十四世紀波斯古畫貢麒麟圖

十五世紀阿拉伯人貢麒麟圖

(尚待補充)

明和印度、巴基斯坦的友好關係

十五世紀榜葛剌國貢麒麟圖

(尚待補充)

2. 倭寇

東南沿海各地人民英勇的御倭戰爭②

明海防圖(海防圖論)

防倭船圖(經國雄略插圖)(虔臺倭纂)

嘉定縣備寇水陸路圖(江南經略)

明代人民抗倭遺址

---

① 神州國光集有。

② 明太祖給湯和的手詔。

　　得勝廟碑(正德)。金州亮甲店。

　　重修得勝廟碑(萬曆)。

　　日本一艦浮海圖浮。

蘇州木瀆防倭敵樓照片

戚繼光象及其防倭用刀。"紀效新書"和"練兵實記"①

明軍援朝逐倭

成祖勅書

錢世禎象"征東實記"

邢玠象,朝鮮人民送邢玠的詩卷

朝鮮太宗實録照片(記載有關鄧、李作戰事迹)

李舜臣象

龜船

李如松筆迹

倭塚、絶倭澦

沈惟敬筆迹

豐臣秀吉畫象

3. 西方傳教士和海盜商人的東來

耶穌會士的活動

利瑪竇象,"萬國全圖"

熊三拔及其"泰西水法"

艾儒略及其"西學凡"

鄧玉函及其"奇器圖説"

湯若望象

南懷仁象

北京東城東裱褙胡衕觀象臺圖

北京天主教會北堂舊觀②

---

① 入軍事學。

② 不如用南堂(早,好,北堂是國恥紀念品)。

葡萄牙人佔濠境

廣東香山縣澳門港古圖①

葡萄牙遠東航船隊

西班牙、荷蘭商人……

荷蘭航行東印度之大商船

第十三章　明封建經濟的發展、資本主義萌芽

第一節　農業生產的恢復和發展

1. 明初農業生產的恢復

移民墾荒:

河南濬縣、滑縣,山西洪洞縣明移民碑(説明移民墾荒,包括民墾、軍屯、商屯等)

屯田:

雲南劍川城北中科山明"武略將軍趙侯墓誌銘"(記有明初劍川軍屯情況)

農田水利:

水柵、水閘、陂塘、水塘、浚渠、陰溝……版畫(天工開物、三才圖會選輯)

明人繪黄河與運河工程圖②

2. 生產工具、生產技術的改革

踏車、牛轉翻車、水轉翻車、筒車、水轉高車(天工開物)

水碓、水磨、繩車

北蓋種、北耕兼種、南種牟麥(天工開物)

---

① 　洋船板畫。墨苑。經國雄略。
② 　白英老人廟。照片。鴻雪因緣有之。

濕田擊稻、趕稻及菽、打柨、風扇車(天工開物)

揚穀(顧氏畫譜)

下壅、插蒔、車戽、收割、牽礱、上倉(便民圖纂)

塘網、撒網、綽網、拔罾、趕網、扠網、坐罾

釣蟹鱔、捕黿、釣鱉、打艋艘、蟹籪(三才圖會)

捕魚圖(聖諭象解)

3. 經濟作物的經營①

宮蠶圖

浴蠶、老足、山箔、取繭、擇繭(天工開物)

餵蠶、炙箔(便民圖纂)

紅花場(拍案驚奇插圖)

第二節　官、私手工業的生產狀況

1. 紡織業

棉織:趕棉、彈棉、擦條、紡縷(天工開物)

水轉大紡車(三才圖會)

紡績圖(閨範)

紡織提花(便民圖纂)

夜織(百咏圖譜)

紡織(程氏墨範)

絲織:治絲、調絲、經耙、腰機、花機(天工開物)

南繅車、北繅車(三才圖會)

2. 礦冶業②

煉鐵:淘洗鐵砂、生熟煉鐵爐(明代的熱裝炒煉法)

---

① 林、牧、養蜂。木棉。

② 升汞。

採銀：開採銀礦、熔礁結銀與鉛、沉鉛結銀

化銅

煉錫

昇煉倭鉛

分金爐清銹底

挖煤

蠣灰　鑿取蠣房　煤餅燒石成灰

燒皂礬

燒取硫黃

燒砒

錘鍛　錘錨、錘鉦與鐲、抽綫琢針

冶鑄　鑄鼎、鑄鐘、塑鐘模、北京的鐘王（大鐘寺大鐘）、鑄釜、鑄錢

3. 製鹽業

海鹽　布灰種鹽、淋水入坑、海鹵煎煉、量較收藏

池鹽

井鹽　開井口、下石圈、製木竹、下木竹、汲鹵、煮鹽

4. 陶瓷業

磚瓦：造瓦、泥造磚坯、磚瓦濟水、煤炭造磚窰①

缸甕：造瓶、瓶窰連接缸窰、造缸

瓷器：瓷器窰、過利、汶水、打圈、過銹

四川華陽琉璃廠陶器

5. 印刷業②

雕版：明木刻版　洪武十七年俞良甫在日本所刻的"傳法正

---

① 南京城磚拓本。北京城磚拓本。
② 封面廣告畫。定價。

宗紀"

　　活字:弘治會通館印活字本"宋諸臣奏議"　正德間蘭雪堂銅活字印"白氏文集"

　　餖版:十竹齋箋譜　餖版套印過程

　　6. 文具業

　　造紙:斬竹漂塘、蕩料入簾、覆簾壓紙、透火焙干(天工開物)

　　製墨:浸油、水盆、油鐹、煙椀、燈草、燒煙、篩煙、熔膠、用藥、搜煙、蒸劑、杵擣、秤劑、錘煉、丸擀、樣製、入灰、出灰、水池、研試、印脫(墨法集要)①

　　7. 釀造業　涼風吹變

　　8. 製糖業　軋蔗取漿、澄結糖霜(造白糖)

　　9. 榨油業　南方榨、去殼取仁、油榨、蒸油

　　10. 建築業　五架、架屋、垂魚、風箱、馳峰、鏡架、製案桌、羊圈(魯班經匠家鏡)

　　11. 造船業　寶船廠圖(武備志)

　　龍江船廠遺址

　　廣東船式(籌海圖編)

　　艟艣船(武備志)

　　子母舟圖(金湯十二籌)

　　尖尾船

　　12. 其他

　　暴室圖

　　採珠圖

---

　　①　精選。

　　　　墨苑。墨譜。

第三節　商業、城市、交通

1. 商業

商店、商販：

市里圖（帝鑒圖説）

綢緞店、藥店、酒店、茶坊、麵粉店、鄉村飯店（唐寅畫金瓶梅插圖）

肉鋪（閨範）

絨綫胭脂鋪（警世通言）

客店、代書店（聖諭象解）

書店、衣莊、雨傘店、古玩店（仇英摹清明上河圖）

占文英賣玩郎圖

市場：①

杭州北關夜市圖（海内奇觀）

商人活動：

汪廷訥（坐隱棋譜）（汪廷訥是大商人、大地主和劇作家，這幅圖表現着他的豪華生活的一部分）

翠隱堂木刻卷（徽州商人）

貨幣：

洪武寶鈔②

大明通行寶鈔

明代的錢幣

銀錠

度量衡：

洪武五臺縣銅權，又應天府銅權

---

① 廣告印刷（墨譜）。

② 崇禎寶鈔。

牙尺①

萬曆造戥子

2. 城市

市井圖（三才圖會）

城圖（三才圖會）

金陵總圖（海內奇觀）

南京街市橋梁圖（洪武京城圖説）

廣東港古圖（17世紀末）

3. 交通②

陸運：

邸驛圖

手車圖

手推車圖（黃氏刻西廂記插圖）

馬車圖（黃氏刻列女傳插圖）

合掛大車圖

雙繼獨轅車圖

南方獨推車圖（天工開物）

竹兜圖（閨範）

擔運圖（金瓶梅插圖）

河運：③

橋圖、浮橋圖、釣橋圖（三才圖會）

蘭州明代鎮遠橋鐵柱④

---

① 嘉靖尺。萬曆尺（中舟藏墨樣）。

② 倗船合同。弘治。杭州。北大藏三張。

③ 龍江船廠志。

④ 四根。

客舟（警世通言插圖）

三板船圖（南船記插圖）

船、航船、站船、□船、樓船、開浪船（三才圖會）

漕舫、漕運圖（檔案館藏品）①

六槳課船（天工開物）

山東梁山發現的兵船②

海運：

印度南洋航海船

第四節　　資本主義萌芽的出現

1. 資本主義萌芽及其阻礙③

門頭溝炭窑契約

嘉靖封禁礦山碑（婺源等地）

2. 市民運動和反礦監、反税監鬥爭

葛賢墓碑

葛賢廟照片

五人墓碑拓片

周順昌象（吳郡名賢圖傳贊）

第五節　　社會狀況

1. 地主階級生活

五王醉歸圖

宴飲圖（百咏圖譜插圖）

仇英畫人物圖（描寫地主、官僚行獵、宴飲的情況）

---

① 　漕船（濟南）。

② 　入兵制。

③ 　管理三省織造關防。

唐王聽經圖軸

莫氏慶壽圖（石湖志插圖）

飼雀圖（關帝寶訓圖説）（描寫地主把糧食飼養飛雀）

厨房圖（閨範）（聖諭象解）

益莊王墓出土文物

山西榆次猫兒嶺明墓墓室内壁畫

鄭州明墓殉葬陶屋

晉城明墓出土文物和壁畫

2. 勞動人民生活

舊廬圖（三才圖會）

守舍圖（同上）

狩戶圖（閨範）

漁民圖（紅拂記插圖）

漁村圖（海内奇觀）

借貸圖（勸善圖説插圖）

夜績圖（閨範）

舂米圖貸米圖

厨房圖、竈圖（三才圖會）（金瓶梅插圖）

浴具圖（三才圖會）

豬圈圖（同上）

3. 朱翊鈞（萬曆）和他的地下宮殿

定陵地宮第一道門

中殿寶座全景

後殿全景

長明燈

玉碗

玉兔耳環

金王冠

金壺、金爵、金粉盒、金盒、玉盂

金錠

寶印

木俑

朱翊鈞象

4. 宗族和家庭

宗族組織：

家廟圖

祠堂三間之圖

明刊本宗譜

封建倫理道德：①

聖諭圖解

大明集禮（嘉靖內府刊本）

帝鑒圖説（選圖二幅）

人鏡陽秋（同上）

養正圖解（同上）

閨範（同上）

女訓（同上）②

谷詒匯（同上）

---

① 漢畫像石已有之。
　 北朝石棺有廿四孝圖。
　 明初勸善書。

② 女兒經。女四書。

衣錦還鄉(警世通言插圖)

梁山伯祝英臺墓碑、寧波梁祝墓

5. 風俗畫①

元宵觀燈(拍案驚奇)、觀燈圖(詩餘畫譜)、燈市圖(警世通言)②

放烟火圖(金瓶梅插圖)

張宏競渡圖、賽龍舟圖(唐詩畫譜插圖)

迎親圖(金瓶梅插圖)、結婚圖(琵琶記插圖)

出喪圖(金瓶梅插圖)、靈堂圖(閨範)、掃墓(埋劍記)

傀儡圖、角觝圖、緣竿圖、走火圖、弄甌圖、高絙圖③

吞劍圖(三才圖會)

擊球圖(帝鑒圖說)、蕩秋千(金童玉女嬌紅記)

射獵圖(圖繪宗彝插圖)

宴飲圖(金瓶梅插圖)、跳舞圖

百子圖(程氏墨苑)

薅鼓圖④

第十四章　明代的文化

第一節　哲學·思想⑤

1. 王守仁、陽明學派

王守仁象、王守仁手迹、傳習録

---

① 文娛體育。

② 張翀。

③ 百戲圖。隋煬艷史。

④ 生産。

⑤ 元末明初對農民戰爭和民族思想的宣揚。
　　五經、四書、性理大全、永樂大典。

2. **泰州學派**

王艮和"心齋約言"

李贄墓碑、李氏焚書

3. **明中葉後有唯物主義思想的學者**

丘濬象（原象摹本）、大學衍義補

第二節　科學・技術

1. **醫藥**

李時珍故居、坊表故址碑、李時珍墓、本草綱目

仰人經圖、穴法圖（針灸大成）

人身經絡全圖（圖書編）

心黃、腎黃（弘治刻安驥集）

永樂刊本普濟方

外科正宗

2. **農業**

徐光啓象、徐光啓手書熟糞法、農政全書①

救荒本草

野菜博録

群芳譜

3. **天文、曆法②**

赤道地平合璧日晷儀、地球儀圖（皇明禮器圖式）

璿璣玉衡（方氏墨譜）

明崇禎大統曆

---

① 　袁了凡。

② 　崇禎新法曆書。天學初函。幾何原本。
　　算學。

4.地理學

廣輿圖（嘉靖本，羅洪先據朱思本圖增補）

徐霞客象、徐霞客"山中逸趣叙"墨迹

5.機械

王徵象、自行車、代耕圖（新製諸器圖説）

引重圖、取水圖（奇器圖説）

6.軍事學①

武備志

師律

蹶張心法

神器譜

7.建築、工藝

魯班經匠家鏡

髤飾録

園冶

8.其他

宋應星天工開物

河防一覽

<h2 style="text-align:center">第三節　文學②</h2>

1.詩詞散文③

宋濂象

歸有光象（練川名人畫象）

---

① 紀效新書。練兵實紀。

② 王世貞。胡應麟。李開先。馮惟敏。謝榛。

③ 高啓。王世貞。

楊文憲象（楊慎，古聖賢象傳略）

陳子龍象（古聖賢象傳略）

袁宏道（中郎）①

2. 小説

水滸傳（嘉靖本）書影及插圖

三國志演義插圖

隋唐志傳

西游記插圖、吳承恩墨迹

封神演義插圖

金瓶梅插圖　又仇英繪西美圖

三言二拍插圖、凌濛初象

三寶太監下西洋通俗演義

今古奇觀

3. 戲曲②

青藤山人小象（徐渭，萬曆刊本徐文長逸稿）、四聲猿插圖

副末開場（萬曆刻本目蓮救母戲文插圖）

山西萬榮縣四望鄉后土廟前戲臺

明末臨時戲臺（明刊本弁而釵插圖）

拜月記插圖

---

① 　聖迹。
② 　陳與□墓志，北大藏。
　　雜劇。
　　散曲。
　　時調。
　　昆曲。
　　弋陽青陽池州調。

琵琶記插圖、琵琶記演奏場面(仇英䴢美圖)

牡丹亭插圖

第四節　工藝

1. 陶瓷

永樂釉裏紅大碗、水綠釉罐(故宮) 宣德紅爐碗(故宮) 宣德青花大盤、白龍瓶、青花壺、正德黃綠彩缽、高足碗(故宮) 成化豆彩罐、豆彩杯、青花盞(故宮)

嘉靖青花大罐、龍缸(故宮)

萬曆五彩大瓶、盤、法花大瓶(故宮)

夏州窰、廣窰、彭城窰(各選三種,故宮)

德化窰觀音和達摩(故宮)

2. 漆器

永樂雕漆大合、大椀

宣德雕漆大盤、剔紅人物盤

嘉靖雕漆盤餞金塡彩器

萬曆剔紅趕珠龍盤、黑漆灑嵌螺鈿描舍雲龍書格、雙龍藥櫃、綵繪方匣

明羅甸嬰戲圖提箱

3. 銅器

宣德刻獅滾綉球衝天耳乳足銅香爐

張鳴歧製銅熏爐

胡文明製螭耳凸雕怪獸銅香爐,開花折枝花香爐

石叟製嵌艮相觀音和鼎爐(故宮)

金玉滿堂大銅鏡(歷博)

4. 金銀器

金冠(杭州)、金鳳冠

定陵出土金銀器萬曆七妃子墓金銀器

5. 琺琅、景泰蘭

花果雙螭耳熏爐

龍鳳盤

葫蘆瓶

宣德款掏絲琺琅大尊,雙龍盤

嘉靖、萬曆款掏絲琺琅瓶、鼎

6. 染織

灑綫繡龍袍(故宮)

水墨綫繡羅漢(故宮)

顧氏綉彩繡花鳥(申博)

彩繡三官經引首(故宮)

彩繡天王(歷博,大型)

緙絲:

花鳥册頁(故宮)

通景屏風(綉球花)(東北博)

錦緞:

定陵出土織金紗

紅織金牡丹緞(故宮)

各色花(故宮、歷博)

7. 雕刻①

象牙、筆筒等二種(故宮)

玉:

----

① 雕版印刷。版畫。筆譜。
　　墨。

肖玉壺,瓶四種(故宮)

角:

犀角杯四種(故宮,包括盤螭、折枝花、戲嬰等不同主題共作一頁)

<h3 style="text-align:center">第五節　藝術</h3>

1. 書法

宋克　松江本急就章

祝允明(枝山)象(吳郡名賢圖傳贊)、祝枝山書箜篌引(故宮)

文徵明(衡山)象(吳郡名賢圖傳贊)、文徵明書楷書西廂記

黃道周　榕壇問業墨迹

2. 繪畫

沈周象(吳郡名賢傳圖贊)

唐寅象(吳郡名賢傳圖贊)

陳洪綬　荷花雙梟大軸(故宮)

呂紀、邊景昭、林良、徐青藤　花鳥(故宮、申博)

戴文進、庸寅　山水(故宮)

仇英、吳小仙　人物(故宮)

3. 音樂、舞蹈

朱載堉:樂律全書

擊鼓伎樂人、托盤、抱琴俑象

樂舞圖(陳老蓮博古葉子)

仇英繪人物圖卷中演樂圖(用蘊輝齋藏畫一部分)

明憲宗行樂彩繪百戲樂舞部分(歷博)

獻舞圖(漆畫)

百子鬧元宵(填彩漆案)

第六節　建築

1. 長城
萬里長城（河北延慶）（八達嶺）

2. 宮殿
南海瀛臺（明初移廣寒殿材料而作）

故宮明代殿陛

3. 壇廟
北京大高殿多角亭

武當山紫霄宮

北京智化寺如來殿藻井（正統九年,1444）

山東曲阜孔廟奎文閣（弘治十七年,1504）

4. 園林
明人繪拙政園圖册

明人繪師子林圖（徐賁）

明刻海内奇觀

5. 橋梁

6. 陵墓
長陵 梭恩殿、明樓、石牌坊

7. 其他
北京正覺寺塔（成化九年,1473）

大同九龍壁

王紱畫北京八景圖

第十五章　滿洲的興起和清帝國的建立①

第一節　滿洲的興起

1. 女眞風俗②

女真人

七姓野人冰上狩獵圖

哈喀拉人的樺皮船

山丹人的交易

赫哲人

赫哲人犬橇圖

赫哲人的魚皮袋

赫哲人的日曆

薩滿祭儀的樂器

滿洲人的家族

滿洲人的穀倉

滿洲人的住宅

滿洲人的門松

2. 努爾哈赤和後金的建立

努爾哈赤象（沈陽清故宮藏太祖實録）

漢文天命通寶（努爾哈赤建國稱帝時鑄）

---

① 滿洲的興起和明末的社會危機。明末農民大起義和清帝國的建立。
　分爲兩章。
② 奴爾干永寧寺碑（永樂）。碑陰女真國書及元國書。
　重建永寧寺碑（宣德）。
　吉林船廠石刻。

滿文天命汗錢（努爾哈赤建國稱帝時鑄）

後金的雲版（有銘文"大金天命癸亥年鑄中莊城"，是夜深報時和軍中發號令的用具）

3. 滿洲勢力的擴張（滿洲實録插圖）

4. 赫圖阿拉城、沈陽故宫、滿文……古物古迹

赫圖阿拉城

赫圖阿拉城外壕

赫圖阿拉城土城遠望

赫圖阿拉城外郭殘壁

赫圖阿拉城金鑾殿址

沈陽城内全景

沈陽城門

沈陽清故宫大政殿

沈陽清故宫大政殿寶座

沈陽清故宫崇政殿寶座

天聰年間聖旨木牌

滿文"天聰汗之錢"銅幣

崇德元年行軍木牌（清太祖12子何濟格進攻北京附近時用的）

滿洲人甲冑圖

女真文①

第二節　清軍入關和各地人民的抗清鬥爭

1. 袁崇焕等的抗清鬥爭

袁崇焕象②

---

① 女真文已見70頁，這裏當是滿文？

② 墓在北京附近。

大金國皇帝致袁崇焕書

袁崇焕遺墨

盧象昇的獸紐玉印一方(崇禎十一年盧抗清炮盡矢窮而犧牲)

2. 大地主階級(吳三桂等)的降清①

吳三桂致多爾袞書

明官僚馬紹愉致吳三桂書

明將領劉澤清致吳三桂書

陳浜範致吳三桂書

劉澤清致洪承疇、馮冷、金之俊書。

吳三桂鬥鵪鶉圖(説明大地主階級的荒淫生活)

北京西郊車道溝村洪承疇墓墓誌②

3. 清軍入關和定都北京、圈佔土地

山海關照片

清京城地理圖(部分)

天安門頒詔圖(唐土名勝圖會)③

乾清宮寶座

1645 年清政府頒佈的圈地令照片

白玉軒畿地圈撥將盡本(説明當時畿地已幾被圈盡的情況)

4. 南明政權④

弘光通寶(福王朱由崧發)

隆武通寶(唐王朱聿鍵發)

---

① 唐通。
　　陳圓圓像。
② 洪氏住宅尚存,畫像捐贈歷博。
③ 删,全屬想像。
④ 順治二年頒發江南詔書(周紹良)。

永曆通寶(桂王朱由榔發)

永曆帝玉璽

永曆年號的抗清銅炮

5. 江南人民的抗清鬥爭

史可法象。揚州史可法墓祠

史可法筆迹

侯峒曾象、墨迹

張煌言象、墨迹

瞿式耜象、墨迹

夏允彝的蟠螭紐蜜蠟章一對

(清兵入關後,夏企圖反抗沒達到目的,後作絕命辭投水死)

6. 李定國和西南人民的抗清鬥爭

李定國抗清文獻照片

7. 鄭成功的抗清鬥爭和經營臺灣

鄭成功像(1668 年黃梓繪)

鄭成功筆迹

國姓瓶(鄭成功兵士盛火藥用的陶瓶)

鄭成功攻打赤嵌城(鄭成功收復臺灣事迹)

鄭成功和荷蘭人談判圖

荷蘭殖民者投降書

荷蘭殖民者投降圖

第三節　清統治者的鞏固和加強

"三藩之亂"及其平定

吳三桂的銅印(吳三桂自稱周王後用印)

吳三桂"分守漢興道關防"照片(以周紀元)

吳三桂兵部護照

吳三桂昭武元年兵部執照

周元年人民訴訟文件

周紀年和昭武元年鐵炮

2. 滿漢聯合統治

（缺乏圖片資料）

3. 康、雍、乾三朝政治

康熙帝像

康熙筆迹

雍正帝像

雍正筆迹

乾隆帝像

（尚待補充）

4. 軍機處、八旗兵、清律……

軍機處照片

滿清八旗防衛京畿圖（故宮週刊）

八旗、綠營纛圖（清實錄）

滿州正黃旗佐領印　漢軍鑲黃旗佐領印

清代武將穿的全副盔甲

清代武臣象（紫光閣功臣像）

清朝兵營圖二幅（中國通商圖）

海戰圖（靖海圖）

大清律

順治勅諭鐵牌（禁宦官干政）

刑部重囚招舟

公堂勘案（"政迹"圖）

押解犯人圖（中國通商圖）

5.賦役

順治魚鱗册

清代上饒田畝册

賦役全書

順治十八年河南省河南府永寧縣"奉旨便民易知由單"

乾隆年錢糧册

築路圖("政迹"圖)

潞河督運圖(潞河漕運狀况)

6.思想統治和文字獄

大義覺迷録

禁毀書籍:江西巡撫郝碩棠解禁書目録

文字獄:清代文字獄檔

吕留良象。徐述夔案:江蘇學政劉塘摺。王錫侯案:江西巡撫海成第一摺

"古今圖書集成"和"四庫全書"書影、北京文淵閣、杭州文瀾閣照片①

7.科舉和學校②

科舉考試規則

考卷小鈔

順治鹿鳴宴銀杯

鄉試圍墨

會試圍墨

---

① 承德文津閣。沈陽文溯閣。
　　入文化。
② 武試有圖。

順治三年李士鎬殿試卷

北京貢院(唐土名勝圖會)

江寧秦淮貢院

國子監照片

書院圖(聖諭象解)①

8. 清代的等級制度

康熙服役文書(僕人悔罪,照舊服役交租)、

順治服役文書(僕役取贖後,照舊爲主服役,不得另賣並招親投主)

　第四節　腐朽的清政府和各地人民的反清鬥爭②

1. 腐朽的清政府

清朝統治者的奢侈豪華:

"南巡盛典"。"萬壽盛典"插圖選。清御膳單。乾隆行圍圖。熱河避暑山莊全景

嘉慶行樂圖

滿洲貴族的嚴重寄生化:

圍獵圖(西堂餘集插圖)

吏治的敗壞:③

(缺乏圖片資料)

2. 社會矛盾的激化④

嚴禁賣索贖暨頑佃踞耕逋租告示

---

① 　詁經精舍。學海堂。

② 　獨立成一章。

③ 　捐官的文憑執照。

④ 　鑲白旗安租帖(貨幣地租)。

曲阜孔府殘剝佃戶賬册

曲阜孔府催錢糧票照

隨園圖、分家單、隨園食譜

江蘇崑山縣鎮壓江南各地農民抗租情况碑拓片

道光初年山陰縣嚴禁惡佃架命抗租碑拓片

康熙廿三年賣田契（因錢糧無辦）

雍正五年賣身契（賣男爲僕）

雍正十年何如壽出賣親侄女爲奴僕的賣身契

乾隆九年賣身契（因虧空租穀、患病缺食、賣女爲婢、賣男爲僕）

乾隆十年賣房契

乾隆廿四年牛玉賣地契

乾隆五十三年常有貴因官糧緊急出賣住宅契約

乾隆四十九年傳興常借銀賣房契

嘉慶二十年賣身契

道光十三年左有庫賣子契約

3. 各地人民反清鬥爭①

反清秘密會社：

洪門總圖、洪門會場圖（英國博物院）

木楊城圖（The Hung Society）

洪門會場陳設圖

三合會會所圖

天地會圖象

---

① 階級矛盾，不要強調民族矛盾。
　臺灣。

天地會旗幟、腰憑（英國博物院）

天理教徒起義

林清供詞照片

山東王倫領導的農民起義（缺乏資料）

白蓮教領導的川楚陝大起義（缺乏資料）

第五節　清帝國的對外關係①

1. 清和帝俄的關係

康熙 59 年(1720)俄國安德雷委尼龍斯寫信給清內廷大臣索額圖關於奉俄皇諭旨派遣商邦來中國貿易

北京俄國商館及教堂照片

十八世紀俄國在我國景德鎮定燒的瓷器——五彩雙鷹藥罐

十八世紀俄國贈送我國的書籍及公文

2. 清和亞洲各國的關係②

朝鮮

漢文舊檔案、朝鮮國王來信簿

十八世紀朝鮮贈送我國之高麗紙、高麗髮箋

（尚待補充）

越南③

安南贈送我國之整支象牙

安南修好禮品書

（尚待補充）

日本

---

① 移至本書最後。
② 異域錄。
③ 緬甸。尼泊爾。

唐船長崎入津之圖

唐船(日本畫)

(尚待補充)

琉球

琉球國王印(中山傳信録)

封舟到港圖(同上)

錢文、錢幕（琉球貨幣)(同上)

重陽宴圖（同上）

3. 馬戛爾尼和阿美士德的來華①

馬戛爾尼象

馬戛爾尼進長江圖

英使馬戛爾尼謝恩圖

阿美士德象

直隸總督梁肯堂奏呈使原廩貢單

4. 英、美、法商船在中國沿海的活動②

廣東黃浦港圖

東印度公司貿易船　鴉片大船

英國東印度公司鴉片工廠倉庫

東印度公司在澳門的商館照片

林則徐銷燬鴉片奏摺

兵部加强澎湖防守題本

兵部加强禁止洋船以弭真盜源題本

---

① 　意大利。葡萄牙。西班牙。荷蘭。

② 　洋船。

5. 十三行

十七世紀的廣東

廣東的外國商館

洋銀和中國銀元

洋商伍敦元照片

第十六章　十七世紀末葉以後社會生產的發展①

第一節　農業生產

1. 農田水利

浸種、春碓（耕織圖）

耕織圖（年畫）

淮陽農民捕打蝗蟲圖

京畿水利圖

修黃河圖

王石谷畫黃河圖和運河圖長卷

引河搶江、牟工合龍（鴻雪因緣圖記）

鶴飲圖（授時通考）

2. 經濟作物種植的推廣

棉花：選種、芟苗、摘尖、採花、曬棉、入市（棉花圖）採棉、彈棉花（授衣廣訓）

蠶桑：采桑（耕織圖）

養花：豐臺賦芍（鴻雪因緣圖記）（北京豐臺居民多以種花爲業，其中以芍藥最著名）

---

① 清中葉社會生產的發展和各族人民聯繫的加强。

養花(唐土名勝圖會)

第二節　手工業的發展

1. 生產技術的發展

陶瓷業:江西景德鎮和御窰廠、御窰廠圖

取土、練泥、鍍匣、修模、洗料、做坯、印坯、鏇坯、畫坯、蕩沏、滿窰、開窰、彩器、燒爐

礦冶業:開採銅礦、煉銅(唐英:陶成圖)

銅礦採冶工具(滇南礦廠圖略)

廣東佛山煉鐵爐照片

英德發現的合金鋼(廣東)①

鑄炮圖式(海國圖志)

制鹽業:

鹽務圖

廣東海鹽生產:曬鹽、煮鹽(兩廣鹽法志)

自流井井鹽生產和運輸:自流井小溪圖、井鹽生產

鹽運(鴻雪因緣圖記)(自流井風物名實圖説)

印刷業:②

成造木子圖、刻字圖、套格圖、擺書圖(武英殿聚珍版程式)

榨油業:

清代油榨(授時通考)③

製茶業:茶園澆水、摘茶與運送、風乾和日曬、茶葉炒烘(Willam H. Ukers, *All About Tea*, 根據 18 世紀中國畫家的繪畫

---

① 去。

② 製墨業。

③ 棉花圖。

複製）

2. 手工業工場

漢府機房圖（江南織造衙門）

廣東製茶工場製珠蘭茶（Robert Fortune, *A Residence among the Chinese, 1853—1856*）

3. 工匠

裁縫、磨鏡、木工、鐵工……（聖諭象解）

流動鐵匠及其設備、換馬掌鐵匠、補碗匠、補鞋匠（S. Wells Williams, *The middle Kingdom, 1848*）

第三節　商業、城市、交通

1. 商業①

商店、商販：

城市商店、攤販（萬壽盛典插圖）

招牌（蘇州戈老二房咳嗽藥店……）

姚文瀚賣漿圖

冷枚貨郎圖

市場：

北京東四牌樓、棋盤街、燈市圖（唐土名勝圖會）

蘇州閶門圖（三百六十行）

2. 城市

京兆市容圖（聖諭象解）

蘇州市街圖、萬年橋（年畫）

徐揚姑蘇繁華圖

虎阜納涼（續泛槎圖）

---

①　發票。仿單。價目表。貨樣説明書。

秦淮留别（泛槎圖）

黄鶴晚眺（續泛槎圖）

海珠話别（同上三集）

淮安大關圖（淮關統志插圖）

鳩江午泊（泛槎圖）

臨清社火（鴻雪因緣圖記）

3. 交通

陸運：

牛車（顧氏畫譜）

小車掛帆（鴻雪因緣圖記）

大車（讀畫齋偶輯插圖）

河運：

清運河圖（通州部分）

運糧船模型

遊船圖（寫心雜劇插圖）

黄河晚渡（泛槎圖）

清江候閘（同上）

海運：

海船圖（南船記）

海舶望洋（鴻雪因緣圖記）

第四節　資本主義萌芽的滋長

1. 有關蘇州手工業行會和工人罷工的碑刻

蘇州織造經制紀碑（順治）（官營織造業）

定踹匠條例碑（康熙）（禁踹匠"聚衆停工"）

踹匠永遵定例碑（康熙）（限制踹匠工價並禁止聚衆罷市）

核定踹匠工價給銀永遵碑（康熙）

驅逐踹、染"流棍"禁碑(康熙)(禁踹匠罷工)

(核定踹坊條約章程碑(康熙)(核定染坊經營管理制度及工資標準)

核定踹功條約章程碑(康熙)

永禁機匠叫歇碑(雍正)〔機户立碑禁止機匠結幫行叫歇(罷工)〕

染坊公所碑(乾隆)

嚴禁紙坊工匠把持勒增工價永遵碑(乾隆)

核定紙坊條例章程碑(乾隆)(反映蘇州三十六家紙坊手工業已進入手工業工場階段)

流民在蘇放債碑(嘉慶)(反映蘇州高利貸情況)

永禁工衆倡議滋事碑(道光)(禁止金箔工匠聚衆罷工)

燭業公所碑(道光)

2. 手工業工場和工人集會場所遺迹

蘇州玄妙觀機房殿遺址

蘇州廣化寺橋、花橋遺址

江寧河灣新橋遺址

3. 行會和其他文物

北京玉器行會館祀譜

南京絲織業工人執照

壓迫修路工人碑(嘉慶)(洞庭東山蝦綴嶺)

第五節　社會狀況

1. 地主階級生活①

宴飲圖(紅樓夢插圖)(雙玉環全傳插圖)

地主享樂圖(彩繪)

---

① 聚賭。抽菸。

女樂圖(紅樓夢插圖)

盲人賞古玩(蕭晨繪)(這幅畫不僅反映當時情況,還帶有諷刺意義)

王府演戲(萬壽盛典)

五福祭神、風閣吟花(鴻雪因緣圖記)

陝西三原孟店村周姓地主莊園照片(道光)

2. 勞動人民生活

栖流圖

貧者爲"盜"圖(聖諭象解)

犁田圖

春米圖

乾隆村社合同(關於全村使用鼓手和供給俸金的規定)

4. 封建倫理道德

七世同居圖

宗族同居共爨圖

"五代高節"圖(歷代名媛圖説)

惠施存殁圖

尊親正嫡圖

治奴告主圖

寺廟圖(聖諭象解)

闕里觀禮圖(鴻雪因緣圖記)

胞兄禁妹返家和夫家訂立的合同

5. 風俗畫①

説書(王素繪)

---

① 文娱體育。

演戲(廣州茶園)

溜冰(唐土名勝圖繪)

載花船(歌女)(順治木刻)

出喪圖(聖諭象解)

虎丘燈船圖(蘇州桃花塢木刻)

第十七章　清代的文化①

第一節　哲學・史學

1. 明清之際啓蒙思想家②

黃宗羲像、黃宗羲書鄭母施恭人六十壽序、明夷待訪録

方以智(歷博)

王夫之像、王夫之書雙鶴瑞舞賦(歷博)③

顧炎武像、天下郡國利病書原稿、顧炎武書西嶽華山廟碑後(歷博)

唐甄著潛書④

顏元像

李塨像

戴東原像(皖派代表人)

2. 考據學派⑤

胡渭像

---

① 十七世紀初至十九世紀中葉的文化。
　　少數民族文化問題。
② 哲學和思想家。
③ 故宮有手札。
④ 呂留良。
⑤ 毛奇齡。江永。汪中。程瑤田。王念孫。俞正燮。阮元。

閻若璩像

惠棟像(吳派首領)

段玉裁像

龔自珍像

3. **史學**①

顧祖禹、讀史方輿紀要插圖

萬斯同像

全祖望像

章學誠像

崔述像

趙翼像

4. **其他**

洪亮吉像

第二節　科學技術

1. **天文**

王錫闡和曉庵新法(王錫是世界上第一個發明水星凌日計算法的天文學家)

2. **數學**

梅文鼎　青朱出入圖

明安圖(蒙族,17 世紀數學家,研究三角函數的級數展開式,獲得很高成就)

焦循和"里堂學算記"

---

① 劉繼莊。錢大昕。
　　金石考古學。
　　黃小松訪碑圖。錢坫十六長樂堂古器款識。

3. **地理學**①

康熙內府輿圖(1817)

乾隆內府輿圖(十三排圖)(1760)

行水金鑒②

4. **農業**

補農書、張履祥象

農蠶經

梭山農譜

荒政辨要

捕蝗書

蜂衙小記

5. **醫藥、植物**③

醫宗金鑒插圖

廣群芳譜插圖

吳其濬和植物名實圖考插圖

6. **機械**

戴梓製連珠火炮模型

齊彥槐製天文鐘

7. **建築**

營造則例圖版

樣子雷燙樣

---

① 大清一統志。

② 及續。

③ 葉天士。陳修園。徐靈胎。

8. 其他①

女發明家袁秀貞

第二節　文學

1. 詩詞古文②

魏禧象

朱彝尊象

方苞象、姚鼐象（桐城派）

張惠言象、惲敬象（陽湖派）

納蘭性德

2. 小説

聊齋志異

蒲松齡象、蒲松齡故居、墓、墓碑

蒲松齡手稿農桑經、贈張杞園詩墨迹

畫皮（聊齋志異插圖，蘇聯送回）

儒林外史

吳敬梓象、儒林外史插圖

紅樓夢

曹雪芹象、紅樓夢插圖③

3. 戲曲④

---

① 音樂學。凌廷堪。
　聲韻學。
② 吳偉業。王士禎。
　袁枚。用隨園女弟子圖卷。
　東海漁歌（太清）。
③ 鏡花緣。
④ 俗曲。

長生殿

長生殿插圖

桃花扇

孔尚任象、手稿、桃花扇插圖

古柏堂傳奇①

吟風閣雜劇

崑曲

亂彈

演戲圖（"萬壽盛典"插圖）

乾隆年間戲臺照片

暢音閣（清宮中戲臺照片）

查樓（唐土名勝圖會）（今北京廣和戲園前身）

灤州影戲演奏圖（歷博）

樂舞圖（廣輿勝覽）

第三節　工藝

1. 陶瓷

康熙五彩瓷瓶（耕織圖）、孔雀綠瓶（瘦高的）、硬三彩瓶

雍正豆青魚簨尊、豆粉雙耳罐、琺琅彩團蝶碗、窑變扁壺、琺琅彩碗、豆彩合

乾隆釉裏紅鳳穿花瓶、仿戰國銅器壺、五彩大瓶

2. 琺琅

畫琺琅

康熙畫琺琅花蘭

雍正畫琺琅皮球花壺、黃地彩鳳盤、紫地枝菊壺、粉盒、綠地

---

① 彈詞。

菊花壺(故宮)、帽架、乾隆串枝花大方食盒

　　嵌琺瑯

　　選五種(故宮)

　3. **漆器**

　　康熙描金盤、剔犀方盒、螺嵌案子

　　乾隆填金雙鳳長方盤、填彩盒、剔紅屏風

　　盧葵生製堆彩料工具盒子

　4. **雕塑**

　　雲南筇竹寺泥塑

　　雍和宮、熱河八大廟、西藏拉薩雕塑佛相十種

　5. **染織**

　　乾隆時刻絲赤壁圖卷(部分)

　　刻絲瑤池集慶圖、九九消寒圖(刻絲兼刺綉)

　　綉衣

　　玉蘭富貴屏風綉

　　紫地串花絲絨大毯

　　織綢(團龍錦、花緞、寧緞、加金織絨)

　　印花綢、絹、布五六種(彩印花綢被、彩印花衣)

　　南京、蘇州、四川、杭州、緞、紗、羅十種

　　新疆織金回回錦二種(故宮)

　　西藏彩印普羅二種(故宮)

　　苗族蠟染印花三種(黔博物館)

　　土家族編織彩色被面二種(湘自治州)

　　僮黎瑤族綉花編織四五種(故宮)

　6. **其他**

　　密勒塔山玉大禹治水圖(故宮)

宮燈(象牙製)(故宮)

象牙編扇子,套盒(故宮)

木雕黃楊木、紫檀、鷄翅木等雕刻五種(故宮)

雕磚(懷仁堂外照壁)

金花紙 清初空花鳳、花喋、乾隆小折枝,流雲春燕(歷博)

匏製樂器

第五節　美術

1. 書法

劉石庵墨迹

翁方綱墨迹

鄧石如墨迹

包世臣墨迹

何子貞墨迹①

2. 繪畫

朱耷(八大山人)花鳥圖

道濟(石濤)山水圖

蔣廷錫 花卉圖

蕭雲從(尺木)人物圖

傅山(青主)

王時敏(煙客)象

王鑒象

王翬(石谷)象②

王原祁(麓臺)

---

① 日記。太平年。門頭溝。

② 吳歷(墨井)。

惲壽平（南田）花卉圖

郎世寧 花卉圖

金農 花卉圖

鄭板橋①

3. 年畫

桃花塢年畫

楊柳青年畫

4. 音樂、舞蹈

乾隆金編鐘、金編磬 匏樂器（故宮）

康熙青花瓷瓶繪樂舞圖

西藏宗教樂器（音研所，故宮，雍和宮）

西南兄弟民族樂器，各種蘆笙（廣輿勝覽，民族音樂研究所）

新疆維吾爾族樂器（清會典、職貢圖、圖書集成）

第六節　建　築

1. 宮殿

北京故宮全景

北京故宮太和殿

2. 壇廟

北京天壇全景、天壇祈年殿

陝西西安清真寺內部

熱河八大廟

西藏拉薩布達拉宮

青海塔兒寺

傣族廟宇

---

① 羅兩峰鬼趣圖。諷刺畫。

3.園林①

北京圓明園圖、圓明園殘迹(圓明園爲 17—18 世紀世界著名園林)

北京五園三山及外三營地圖

(三山是香山、玉泉山、萬壽山;五園是暢春園、静明園、静宜園、圓明園、頤和園;三營是健鋭營、精捷營、火器營)

北京頤和園全景

揚州園林建築圖

蘇州滄浪亭照片

杭州兩湖平湖秋月

4.其他②

僮族橋梁、住宅

第十八章　14 至 19 世紀的國内各民族和多民族國家的形成③

第一節　國内各民族的社會經濟、文化狀況④

1.蒙古族

蒙古族圖(廣輿勝覽)

---

① 北京半畝園。
② 入僮族。
③ 移前(文化前)。
　 "少數民族的文學藝術"一項散入少數民族章?
④ 四夷館則例(志書)。
　 各種譯語。西番譯語(藏)。高昌譯語(日)。
　 峒溪纖志。
　 皇朝職貢圖(广輿勝覽)。
　 乾隆銅版圖。

除日保和殿宴外藩蒙古圖(唐土名勝圖會)①

瓦剌

于謙象、于謙墨迹

大同城和陽門圖

大同三邊馬市遺址照片

土木堡遺址照片

韃靼②

蒙古俺答汗貢馬圖卷

蒙古俺答汗上明神宗表文

2. 回族、維吾爾族和西北各族

回族

回族圖(廣輿勝覽)

(尚待補充)

維吾爾族

維吾爾族圖(廣輿勝覽)

(尚待補充)

3. 藏族和西南各民族③

藏族

西藏番族圖

---

① 想像。

② 蒙文材料。

③ 藏族文學作品(于道泉譯)。

彝族。正德嘉靖間保保文碑二件。

保文經典刻本。明末,板尚在。

武定土司文物。

黎族。

牧民之家(卷軸畫)

扎什倫布寺的廟會(壁畫)

(尚待補充)

苗族

苗民圖

湖南苗民圖(彩繪)

大定苗人樂舞

(尚待補充)

雲南永昌府永平縣屬風土人情圖

耕種的木犁

(尚待補充)

傜族

傜族記事竹刻

傜族造紙工具和紙

(尚待補充)

侗族

侗族人民的風雨橋和鐘鼓樓

(尚待補充)

僮人

興安縣僮人圖

(尚待補充)

4. 臺灣高山族

臺灣風俗圖(彩繪)①

高山族木刻

---

① 故宮曾印 24 幅。乾隆。

清代臺幣

（尚待補充）

第二節　各族之間的經濟、文化交流

西南各族和平交易彩雕

各族交易中心地點圖

西寧——四川屏山縣極西地區漢彝族貿易地區照片

蒙漢合型的蒙古包照片

內蒙普會寺大殿照片

五體清文鑒

蒙、漢、滿文三合便覽

第三節　明清政府和各族的關係

1. 土司制度

十八土司圖（滇系）①

（尚待補充）

2. 宗教政策

喇嘛教②

雍和宮

打鬼圖

黃教

宗喀巴（銅製圓雕）

宗喀巴事迹壁畫

布達拉宮

---

①　湖南有材料。

②　紅寺。黃寺。

達賴歷世象選

扎什倫布寺

班禪羅桑益布(銅制圓雕)(16世紀)

3. 武力征服①

征蠻、撫蠻圖(忠勤錄插圖)

擒胡山銘刻②

康熙帝外蒙古親征行軍略圖

乾隆帝準、回兩部"平定得勝"圖

清平定兩金川告成太學碑拓片

"平定"臺灣銅版畫

第四節　各族人民反抗統治階級的鬥爭

1. 明代少數民族起義

(尚待補充)

2. 清代回民起義

回民馬明心、蘇四十三起義檔案材料

回民田五起義檔案材料

"回匪"焚殺各村堡圖(檔案館藏)

(尚待補充)

3. 清代貴州苗民起義

禁止苗漢通婚的文告

禁止苗民在市場買賣的文告

---

① 駐藏大臣。

　伊犁將軍。

　平準。

② 玄石坡銘刻(北大)。

苗民石柳鄧起義檔案材料

石柳鄧、吳隴登身世檔案材料

嘉慶時鑄大銅炮(内有"殊除苗氛委員監鑄"字樣)

(尚待補充)

4. 清代臺民起義

林爽文起義檔案材料

林爽文的竹盔

(尚待補充)

5. 清代傜民起義

(尚待補充)①

---

① 清帝國對外關係。

　天津,河北省立第一博物院畫報。

回憶父親二三事
——代《張政烺文集》編後記

今年是父親百年誕辰,距離他去世也有七年時間了。父親的朋友和學生們早就開始著手籌備一系列紀念活動,包括整理出版父親遺作《馬王堆帛書〈周易〉經傳校讀》、《張政烺論易叢稿》、《張政烺批注〈兩周金文辭大系考釋〉》,重新修訂《張政烺文史論集》,以及編輯出版《張政烺先生學行錄》等。父親作爲歷經百年滄桑巨變的一位近代中國普通知識份子,在離開我們這麼些年之後,仍然得到他的朋友、學生的愛戴和懷念,我想父親的在天之靈應該感到十分欣慰了。

父親是一個不善言辭、生活嚴謹到近於木訥的人,這些在他學生的回憶文章中有着非常生動的描繪。他對子女更是如此。記得 1982 年 1 月我從合肥工業大學畢業,整理行裝準備回京,因過於興奮不慎摔了一跤,面部重創,眉骨上縫了七針,慘不忍睹。但是,當我帶傷乘火車回家後,走進父親書房對他說"我回來了"時,父親坐在書桌前,頭也沒抬地答應了一聲,就繼續忙他的事情去了。我當時的女朋友(現在的夫人)見狀甚爲不解,我只能對她說,這就是我的父親。

然而,父親對我的影響是深刻的,這些年來我還會在夢中不時見到他,看見他的音容笑貌。回想起來,父親和我很少有深入的思想交流,可是有三次簡短談話却使我終身難忘,對我的人生道路產生了重要影響。第一次是在 1966 年夏秋之季,我十一歲。那年"文革"動亂初起,社會秩序蕩然無存。一天晚上,父親把我叫到他的卧室，對我說，現在搞文化大革命，要打倒資產階級反動學術權威，我還算不上學術權威，應屬於資產階級學者一類，估計沒有太大問題，但情況也可能變得更壞，你們要自己管理好自己的生活。我當時懵懵懂懂，並不能完全理解他的意思，却也知道以後很多事情可能需要依靠自己了。

第二次是在 1977 年底，我在農村插隊，參加了"文革"後第一次高考。我報考的志願是中國科技大學物理系，夢想成爲一名高能物理學家。但是考試成績並不理想，最後被合肥工業大學真空技術與獲得專業録取。我很鬱悶，準備放棄入學資格而繼續留在農村，等第二年再考。一天下午，我正躺在家裏床上發呆，父親走進我的房間，坐在床邊（也是記憶中唯一一次）對我說，你應該去上學，這算不上什麽挫折，讀大學實際上是培養一種學習的思維和方法，以後還會有很多的機會。

第三次是在我加入中信集團之後。1984 年底我從中國社會科學院研究生院畢業，在同學的鼓動下，加入剛剛成立幾年的中國國際信托投資公司（現在的中國中信集團公司），開始了我的職業生涯。對於我的選擇，作爲傳統讀書人的父親很有一些不以爲然。儘管如此，我在工作中取得的一點一滴進步，父親還是很關注和高興的。1988 年，我三十三歲時被任命爲中信集團下屬地區子公司——中信澳大利亞公司總經理，負責管理當時中國在海外最大的工業投資項目。母親幾次對我說，父親知道我的消息後顯得很高興，不時就會念叨一句："小青蛙怎麽會進步這麽快？"然而，給我留下深刻印象的却是，在上世紀 80 年代末，有一次我從澳洲回國，在回家看望父母時，父親正式地把我叫到客廳裏坐下，要求我鄭重承諾，不在工作中利用職權行任何貪腐之事。對父親的承諾，我至今誠惶誠恐，不敢懈怠。

　　父親的書法在學術界有一定的名氣,但他從來没有主動給我寫過一個字。我去澳洲工作之後,經過多次要求,父親才前後給我寫過三個條幅:一幅是《周易》上的"天行健,君子以自强不息";一幅是宋人張載的"爲天地立心,爲生民立命,爲往聖繼絶學,爲萬世開太平";還有一幅是荀子《勸學篇》中的"無冥冥之志者,無昭昭之明;無惛惛之事者,無赫赫之功"。我想,這些除了是父親對自己兒子的期許之外,也許還代表着他們那一代傳統知識份子的精神追求和揮之不去的家國情懷。另外,父親最愛書寫的一句話是"真誠求實是爲人爲學之本"。我以爲,這是他對自己一生的要求。因此,我選擇把這句話刻在了父親的墓碑上,陪伴他到永遠。

　　對於父親的學問,我是門外漢,不敢妄加評論。他的學生們已有大量的回憶文章。但是有一個不爭的事實,就是父親留下來的著述、文章並不多,和其他一些學者的"著作等身"是無法相比的。所以,整理出版《張政烺文史論集》和其他尚未出版的著述,成爲父親病重乃至去世後,我母親生活的主要內容,甚至可以説是唯一的生活目標。也正因爲這樣,母親對《張政烺文史論集》第一版中的錯誤和瑕疵,深惡痛絶。每次我回家看望她時,母親總是反復和我討論這些問題,而我却很慚愧,拿不出任何有價值的意見來。

　　晚年的母親也是疾病纏身,特別是多年編輯生涯的伏案工作造成脊椎嚴重變形,壓迫她的神經,使她對於許多問題無法做出深入思考,更遑論實際動手了。因此,大量的工作母親都委托給了父親的學生兼好友:張永山、土曾瑜、李零、林小安、朱鳳瀚、王世民、李伯謙、顧青、張文彬等去完成。我每次回到永安里家中,母親都會詳詳細細地告訴我,某人在做什麽,某人已完成了什麼,還有哪些工作需要請某人完成,等等⋯⋯

如果没有上述這些(還可能有一些我所不熟悉的)學者的艱辛付出和無私奉獻,我們今天就不可能見到新版《張政烺文集》(五卷本)和父親的其他著述。他們的工作精神和學者風範使我深受感動。我相信,我母親的在天之靈也一定是充滿感激的。

在今天的市場經濟環境下,有一句流行的時髦話語叫做"時間就是金錢"。我想,這些學者的付出,怎樣用金錢來衡量呢?能够用金錢來衡量嗎?我以爲是不可能的。至少從我作爲一名企業高管的角度看,他們的投入與産出是完全不成比例的。但我又想,這也許正代表着中國知識份子的一種傳統、一種精神。正是由於一代又一代知識份子對人文精神的追求、對傳統信念的繼承和發揚光大,才使得我們這個民族的五千年文化歷經磨難而生生不息!

謹以此文紀念父親百年誕辰,並向所有參與到編輯出版父親文集和著述的學者們表示最誠摯的謝意!

張　極　井

2012 年 3 月 12 日於香港